中国社会科学院　学者文选

浦　山　集

中国社会科学院科研局组织编选

中国社会科学出版社

图书在版编目(CIP)数据

浦山集／中国社会科学院科研局组织编选. —北京：中国社会
科学出版社，2006.11（2018.8重印）
（中国社会科学院学者文选）
ISBN 978-7-5004-5581-3

Ⅰ.①浦…　Ⅱ.①中…　Ⅲ.①浦山—文集②经济—世界—文集
③国际政治—文集④经济—中国—文集　Ⅳ.①F1-53②D5-53

中国版本图书馆 CIP 数据核字（2006）第 122373 号

出　版　人	赵剑英	
责任编辑	周兴泉	
责任校对	石春梅	
责任印制	李寡寡	

出　　　版	中国社会科学出版社	
社　　　址	北京鼓楼西大街甲 158 号	
邮　　　编	100720	
网　　　址	http：//www.csspw.cn	
发　行　部	010-84083685	
门　市　部	010-84029450	
经　　　销	新华书店及其他书店	

印刷装订	北京市十月印刷有限公司	
版　　　次	2006 年 11 月第 1 版	
印　　　次	2018 年 8 月第 2 次印刷	

开　　　本	880×1230　1/32	
印　　　张	13.125	
字　　　数	314 千字	
定　　　价	79.00 元	

凡购买中国社会科学出版社图书，如有质量问题请与本社营销中心联系调换
电话：010-84083683

出 版 说 明

　　一、《中国社会科学院学者文选》是根据李铁映院长的倡议和院务会议的决定，由科研局组织编选的大型学术性丛书。它的出版，旨在积累本院学者的重要学术成果，展示他们具有代表性的学术成就。

　　二、《文选》的作者都是中国社会科学院具有正高级专业技术职称的资深专家、学者。他们在长期的学术生涯中，对于人文社会科学的发展做出了贡献。

　　三、《文选》中所收学术论文，以作者在社科院工作期间的作品为主，同时也兼顾了作者在院外工作期间的代表作；对少数在建国前成名的学者，文章选收的时间范围更宽。

中国社会科学院

科研局

1999 年 11 月 14 日

目　录

序　一

诺贝尔经济学奖获得者　劳伦斯·R. 克莱因

麻省理工学院与哈佛大学都坐落在马萨诸塞州的坎布里奇市，历来保持着紧密的校际关系。一所大学的学生可以到另一所去听课，还可以取得相应的学分。当然，许多学生不过是利用这种良好的校际关系去旁听自己感兴趣的课程和讲座，而并不拿正式的学分。正是这种双重便利共享的做法使我与浦山（在美国曾称浦寿山）结下了终生友谊。

当时成立了一些课余讨论小组，我属于麻省理工学院小组，其中有位朋友建议我们吸收浦寿山参加我们定期的非正式讨论。我则常去听哈佛著名教授的课，而浦寿山也对其中许多教授的课感兴趣。同样，当时美国经济学界新秀保罗·萨缪尔逊（Paul Samuelson）也吸引浦寿山到麻省理工学院来听课。

我们的课余小组开展了许多有意思的讨论，有了这一层关系，在大家都离开坎布里奇市后，我们多年以来一直保持断断续续的联系。我离开学院后加入了芝加哥大学的考勒斯经济研究委员会（Cowles Commission for Research in Economics），浦寿山则完成了他在哈佛的博士学业，到明尼苏达州的卡尔顿学院（Carleton College）去教书。在卡尔顿学院的经济系，有我们共同的朋友肯尼斯·梅（Kenneth May）。后来在中国经济改革初期，浦山曾回到卡尔顿学院进行短期访问，并就中国经济改革问题在一个沃顿计量经济学会议上作过演讲。

我曾一直认为浦寿山是当时哈佛大学经济学博士生中最优秀的一个。在1949年我取得密歇根大学的教职后，发现在密歇根人们都记得有一个"华人本科生"后来去哈佛攻读博士学位了，这是挺有意思的。他们常问我在坎布里奇市是否见过他，每次我都高兴地回答"是的"，并且称赞密歇根大学在选择和培养经济学本科生方面做得如此出色。显然，在密歇根大学，浦寿山给人们留下了深刻的印象——品德高尚，治学严谨，在美国深造很有前途。

1949年浦寿山告诉我他要回中国了，我们的交往暂时中断。从那以后，我只能获得有关他活动的零星消息，尤其是他作为中国代表团的成员，参加解决朝鲜战争的外交活动。特别是，一次《纽约时报》描述了中国代表团一位年轻成员的特征：精通英语，有很好的英语文学功底，并有广博的经济学知识，我确信他们说的就是我在马萨诸塞州坎布里奇的麻省理工学院—哈佛大学岁月中的这位挚友。

我们的联系中断了数十年。但在中国改革初期，当我随同美国国家科学院与其他学术机构组成的经济学代表团访问中国时，我立即打听到了浦寿山博士，那时他已改名为浦山。1979年，我们没能见面。到了1980年，在北京的一个计量经济学的研讨会上，我们终于重逢。此后，我们一直保持经常的联系，有时在美国，有时在日本，有时在中华人民共和国。我非常珍惜我们在80年代、90年代以及新世纪初期进行讨论的美好回忆。当时我们的夫人和其他家庭成员也加入了我们的交谈。

1979 年，我们的访问团来到多所中国大学和学术机构时，我惊讶地发现在经济学知识方面的差距是如此之大。有时，人们跟我们谈起在 20 年代教过他们的美国教授，但有关当代高级经济学的知识只有浦山和极少数的同行了解。浦山对改革时期中国经济学所做出的贡献是深远的，他运用了自己在安·阿伯（Ann Arbor）①、坎布里奇以及在美国、欧洲和亚洲其他几个研究中心工作的经验。在中国成为世界银行成员国的谈判中，他起了关键的作用。

浦山的一些学术著作

中国改革以来，我们的话题主要围绕宏观经济学、世界政治事务和社会主义的经济理论。作为中国社会科学院研究生院院长、世界经济与政治研究所所长，浦山对中国高等教育的重要贡献反映了他的总体管理能力和对国际事务的广博知识。仅仅这些，足以显示其才干，但还不足以充分反映他卓越的经济分析能力和影响深远的学术成就。

我在前面说过，浦山在哈佛读书时是班里的顶尖学生，在安·阿伯的密歇根大学时应该也是如此，不过当时我不在那里。他在哈佛的博士论文题目是《技术进步与就业》。在这篇论文通过的 1949 年，这是个重要的经济问题。这篇论文显然受到了约瑟夫·熊彼特（Joseph Schumpeter）、威斯利·里昂惕夫（Wassily Leontief）、保罗·萨缪尔逊（Paul Samuelson）等许多学者的影响，这些学者或者是他的导师，或者是他认真研读的对象。他

---

① 安·阿伯市是密歇根大学所在地。——译者注

提到的其他有影响的学者还有尼古拉斯·卡尔多（Nicholas Kaldor）、米歇尔·卡莱斯基（Michal Kalecki）、西蒙·库兹涅茨（Simon Kuznets）、约翰·梅纳德·凯恩斯（John Maynard Keynes）、伊夫塞·多马（Evsey Domar，他也来自密歇根）、罗伊·哈罗德（Roy Harrod）、奥斯卡·兰格（Oskar Lange）、弗里德里希·哈耶克（Friedrich Hayek）等。

正如所有学者都继承和发展了前辈一样，他显然学到了很多，也创造了很多。二战后他在美国和其他西方国家时如此，后来也一直不断地学习和创造。直到现在我们也还很容易看到这一点。

1946—1949 年间，人们关心的问题是战后制造业和总体工业体系的重建，技术有许多新发展，但公众普遍担心会退回到战前就业机会短缺的局面。

随着喷气机、雷达、原子能和计算机的诞生，技术进步的影响逐渐体现出来了。现在，我们面对的是计算机、晶体管、激光、纳米技术的全面发展，以及对劳动力市场条件的新的关注，因为信息技术的进步带来了"减员"效应。

2000 年的情况与 1949 年的情况已有很大的不同，所以浦山博士论文中的许多论证一定会作出相应的修正，然而浦山关于应付当前问题的方法的许多真知灼见早在当时已经了然于胸。它们是：

（1）当所有价格和工资并非充分弹性时市场出清的重要性。资本主义社会商业周期之所以普遍是为了出清市场，因此在充分弹性条件下的纯粹静态求解并不可行。

（2）规模收益不变的对数线性函数（如简单的柯布—道格拉斯函数）并不能很好地反映技术生产过程。

（3）将高度相互关联的工业经济中的技术进步作为内生变

化去分析比作为外生变化去分析更好。

（4）在开放的资本主义制度下，产业联合有成为垄断或寡头垄断模式的趋势。这一点在并购活动中已属显见，特别是存在规模收益递增情形时。

（5）技术变化建模的一种有远见的方法是通过引入资本—劳动比率来修正纯粹的柯布—道格拉斯函数，这种方法50年以后正被用来研究信息技术。浦山将这种方法作为他生产模型的核心。

（6）货币政策必须应对迅速变化的货币流通系数，正是这种系数扰乱了古典稳定的简单（货币）数量理论方法。使（货币）数量理论家们懊恼的是，信息技术已经使现代金融发生革命性的变化。

浦山论文的理论基础是宏观经济学分析，为此，他考察了微观经济学和宏观经济学的关系。在这方面，他超越了威斯利·里昂惕夫和我的建议，即寻找独立变量的各个子变量之间的数学关系而不去细究它们的经济和概率分布。他采用了一种更为直接得多的方法，即区分了两种关系：一是资本与产出的关系，二是劳动和资本的关系。

浦山的博士论文是一篇逻辑推理严密的宏观经济学的理论分析，对于了解战后经济中可能发生的情况同样具有启发意义。它运用新的计量经济学统计推理的方法，为经验分析提供了坚实的平台。里面的引文和参考文献包括丁伯根（Tingbergen）、弗里希（Frisch）和哈维尔莫（Haavelmo）的著作（这些人后来都获得了诺贝尔经济学奖）。但是，这条道路从未为浦山铺开——他在中华人民共和国成立之初就回了中国。

关于社会主义经济学的观点

浦山的同学们追寻着他在中国政治经济学方面的工作，但却只是从极远处关注。除此之外，浦山还将他的注意力转向社会主义经济的理论分析。他的一篇文章发表在 Cato Journal（1989 年冬季版）上，这是针对米尔顿·弗里德曼（Milton Friedman）题为《运用市场促进社会发展》（Using the Market for Social Development）的文章的评论。这两篇文章同刊在上述 Cato Journal 关于"中国经济改革"的专集中。

浦山早年在那里学习和教书期间，美国发生过一场关于社会主义条件下理性的经济行为是否可能的大讨论。极端保守主义者展开了非常激烈的辩论。特别是，路德维希·冯·米塞斯（Ludwig von Mises）辩称，在生产资料公有制的直接计划之下，经济是不可能按经典意义有效运转的。在这样的条件下，价格体系怎么能运作呢？弗里德里希·哈耶克（后来的诺贝尔经济学奖得主）承认，从理论上讲，在社会主义条件下有可能制定对经济行为的理性定价的指导原则，但是，却缺乏创造技术进步的激励因素。此外，他还觉得，决定合适价格的实际过程过于繁琐，在实践中根本行不通。当然这些观点提出的时间，是在 20 世纪下半叶计算机和信息科学工程迅速发展之前。

米尔顿·弗里德曼常发表类似哈耶克的观点，而浦山就在 Cato Journal 上对弗里德曼的文章作了回应。请允许我在这里插入一段有关米尔顿·弗里德曼和他夫人罗斯·弗里德曼的一件小事。1961 年夏天，我和家人与弗里德曼教授夫妇被邀请参加达特茅斯学院（Dartmouth College）附近举行的一个晚宴。晚餐前大家谈起太空飞行和苏联经济的运行。弗里德曼的观点是，尤里·加加林（Yuri Gagarin）的航天飞行①根本不可信，因为有关这个事件的唯一的原始信息来自苏联方面的广播。按照弗里德曼夫妇的说法，关键是一个缺乏合理价格体系的国家不可能在科学和工程方面取得如此突破性的成就。

这一点意味深长，因为热忱相信市场出清价格体系具有无上能力的人认为这个非凡工具是可靠的，尽管大量的市场失调导致了金融危机。特别是，在 20 世纪 30 年代发生过，在 80 和 90 年代再度发生。

在评论中国向市场社会主义的成功转变时，浦山指出，中国采取了渐进的改革方式，并且已经取得很多成就，比哈耶克和弗里德曼这些极端保守主义思想家认为可能的要多得多。渐进方式非常符合中国文化。浦山认识到改革中可能出现的问题，如通货膨胀以及在生产、消费和市场出清方面把各种决策主体捆绑在一起的不同程度的经济互动关系等等。浦山指出了中国正在采取的促进社会主义制度有效率地运行的那些局部的和渐进的步骤。他描述了乡镇企业所发挥的独特作用，是它们把一年不同季节里的乡村活动与工业经营联系起来。他还设想了中国如何避免突如其来的通货膨胀和作为市场经济特征的商业周期的波动。他把中国 80 年代的改革看作是局部的和渐进的，但新老方法结合使改革进行得很好，他呼吁应该在经济改革的同时实行政治改革。从实际效果来看，在相当长一段时间，浦山为中国经济所取得的进步进行了有力的辩护。在浦山做出上述评价的 10 年之后，考察中国在 90 年代的经济形势时，世界上的市场经济国家无不对中国取得的进步感到惊奇，他们都从自身利益的角度出发来解释中国

---

① 1961 年 4 月 12 日，前苏联宇航员尤里·加加林乘坐 Vostok 宇宙飞船，进行了人类第一次环球太空飞行。——译者注

的成就。我给他们的忠告是，好好读一读浦山的经济分析，并对不断演变的中国体制采取互动合作的态度，这个体制变化的方向，与浦山多年前所提出的非常接近。

在日本为同是麻省理工学院的经济学博士、同样受到保罗·萨缪尔逊影响的市村政一（Shinichi Ichimura）教授而组织的一系列讲座中，浦山曾更详细深入地介绍了有关社会主义经济的运行情况。他的演讲题目是"论中国社会主义市场经济的前景"。1996年5月，浦山就同一题目在密歇根大学发表了演讲。

这个演讲很重要，因为它表明浦山已经就中国经济问题发展了自己的观点，而不仅限于对米尔顿·弗里德曼有关社会主义经济运行的观点进行评论。

在他的正面论述中，浦山明确指出，他认为中国处在转型阶段——从中央计划经济过渡到社会主义市场经济。这个过程正在进行中，效果不错但尚未完成。他说，恰当的描述应该是"……具有中国特色的社会主义……而不是社会主义向资本主义的转变"。遗憾的是，一般记者和其他非专业的经济学家们没有能够领会这个要点。总的来说，许多局外人没能把市场机制的作用跟生产资料所有制的作用区别开来。

浦山强调政治稳定是当今中国的一个重要特征。许多粗心的观察家没有理解这一观点，但它对那些经历了"文化大革命"的人们来说却至关重要。

最后，在这篇政治经济学演讲的结束语中，浦山指出了转型时期正在出现的不平等现象，对他来说，这些不平等现象产生了许多道德和伦理的副作用，但他希望通过财政体制来扭转这种不断加深的不平等。

他预期中国的经济转型将于2010年前完成，到21世纪中叶中国将达到经济发展的中等水平。

序 二

余永定

　　时光荏苒，深受经济学界同仁尊敬的浦山教授离开我们已经三年多了。光阴的流逝并未磨灭我们对浦老的怀念，相反，它却使我们对这位杰出学者有了更深的理解，更多的崇敬。浦老是一位世界级的经济学家，在 20 世纪 40 年代浦寿山（即后来的浦山）博士是与克莱因、索洛等不分轩轾的明日之星。50 年代中期，浦老重返经济理论研究。但是，他已经永远告别了西方经济理论前沿，而致力于把马克思主义政治经济学原理运用于对世界经济形势的研究。浦老在 1972 年所撰写的关于布雷顿森林体系崩溃后国际金融发展新趋势的论文反映了他在这方面的进展。在 70 年代末浦老和世界经济学界的其他一些学者提出了国家垄断资本主义的概念，后来他又对中国经济发展、改革和开放提出了一系列极有见地的看法。由于历史的原因，浦老"述而不作"，所发表的为数不多的论文也大都用的是笔名。80 年代以后，尽管浦老成为世界经济学界公认的领军人物，但他依然不太愿意动笔。"著作等身"之类的赞美是用不到浦老身上的。因而，除了浦老的老友和少数一些同他十分接近的晚辈外，学界的大多数人对浦老的学术思想和学术造诣始终不甚了了。浦老生前告诉我，熊彼特当年曾经说过，一个经济学家，如果在25岁（也许是23岁，我记不清了）之前不能创新，25岁之后就不可能创新了。"曾经沧海难为水"，大概是早就辉煌过的浦老在重返经济理论界之后懒于动笔的原因之一吧。

浦老去世之后，浦老的夫人陈秀煐女士花费大量时间和精力找到浦老的部分著述，编辑成册，终于有了我们眼前的这部《浦山集》。尽管这部文集依然无法使读者了解一位杰出经济学家的思想全貌，至少它可以使我们瞥见作为一位才华横溢的年轻学者的创造性思想的泉涌（见《技术进步与就业》），一位身处"围城"的中年学者对曾经熟悉的外部世界的关注（见《法美货币战和资本主义世界国际货币体系的危机》），一位历经沧桑、"虽九死其犹未悔"的智者对改革和开放的冷静思考（见《计划与市场》）。浦老的著作与思想是中国社会科学界的宝贵财富。作为浦老的学生和世界经济与政治研究所所长职务的继任者，我对中国社会科学院中国社会科学出版社推出《浦山集》表示衷心的感谢。

浦山教授在20世纪40年代就学于密歇根大学，专业是经济学与数学。其后在哈佛大学师从经济学大师熊彼特攻读博士学位。新中国成立不久，根据组织安排，早在1945年就是共产党员的浦山教授回国参加"抗美援朝"。在中美停战协议的谈判和签署过程中，拥有哈佛大学博士学位的浦山上校发挥了重要作用。浦山教授的好友诺贝尔经济学奖获得者克莱因教授曾回忆道："我在当时的《纽约时报》上读到，朝鲜停战谈判中出现了这样一位参加者，他英语纯熟，在严肃的英语文学上训练有素，经济学知识非常广博。我马上想，这个人不是浦寿山又能是谁呢?"在朝鲜停战谈判期间，周恩来总理曾专门派飞机把浦山教授接回北京，安排他一项重要任务。浦山在朝鲜的出色表现，曾受到总理的表扬。后来浦山教授成为周恩来总理的秘书，跟随周总理参与了共和国早期的大量外交活动。

当一位受过最完善的中西教育，充满报国理想的新星正在冉冉升起的时候，一场政治风暴突然降临。同成千上万的中国知识精英一道，浦山的名字在那些熟悉他、对他抱有极高期待的朋友中间消失了（克莱因教授曾多次同我说，浦山是他们一群人中最年轻、最优秀的一位）。对于更多的人来说，他们根本没有得知浦山这个名字的机会。在 80 年代的国际会议上，我常常诧异于在国内并不知名的浦山教授在国际上竟是如此知名。许多国外经济学家和华人经济学家都曾对我说，如果浦山一直从事经济学研究，他一定会成为诺贝尔经济学奖获得者。

在 1978 年，时任世界经济研究所所长的钱俊瑞教授告诉我，我在"文化大革命"期间写的读书笔记、文章和所翻译的萨缪尔逊名著《经济分析基础》第三章"静态比较分析"等求职材料已转给浦山同志审阅，并特别补充说："浦山同志是内行。"这是我第一次听到"浦山"这个名字。浦山（当时还没有人称他为"浦老"）是 1982 年出任世界经济研究所所长的。1983 年我被评为助理研究员。人事处通知我到所长办公室领取聘任书。于是，我第一次见到了久仰大名的浦山所长。以前听所里其他人说"浦山所长十分严厉，不好接近"。但我见到的这位浦所长却十分平易近人。此后，他开始要我陪同他见外宾，带我出国，帮我改正英文，同我谈古论今。随着同浦山接触的增加，我越来越被他的人格魅力、渊博学识、深厚的经济学功底和运用自如的英语所折服。

浦山的严于律己是全院闻名的。80 年代初，作为访问学者浦山到美国教书。回国后数万美元收入悉数交了党费。在历次出国中，所有收入也一律上交。1985年我同浦山同志一道访问日本。一回国，第一件事就是问我日本的收入（稿酬）全部上交没有。我告诉他，根据国务院文件，我可以保留一部分收入。他不肯相信，直到我把文件拿来念给他听，他这才作罢。1990年初，他再次到美国讲学，又再次把相当部分收入上交。一直到80年代末，浦山夫妇一直同另一家人合住一个不足100平方米的3居室单元。直到去世之前，浦老夫妇居住条件的唯一改善是由与别人合住改成自家独住，由住在第五层搬到了第三层。外交学院内的老楼没有电梯，而浦老由于腿病再也爬不动五层楼了。当年的美国驻华大使温斯顿—洛德想拜访浦老。浦老婉拒的方法很简单："你爬得了五层楼吗？"

在80年代我经常陪同浦老参加外事活动。浦老从容不迫，不卑不亢的风度、他的幽默感和纯熟的英语，无不给见过他的外国客人留下深刻印象。在我所亲身经历过的浦老和外国对手的辩论中，浦老从来没有处过下风。你可能不能接受浦老的观点，但你找不到浦老的逻辑漏洞。即便是那些政治观点与浦老大相径庭的外国学者和官员对浦老也尊敬有加。有一次，在同一位外宾谈话的间歇中，浦老暂时离开会场。会客室里只留下我和那位客人。这位重要国际组织的总干事望着浦老渐渐离去的背影，情不自禁地对我说："这真是一位了不起的人！在中国我还没有见过第二个。"一位意识形态和政治理念同我们非常不同、浦老从来都是敬谢不敏的华人学者对浦老的评价是：这是一位真正的 gentleman（绅士）。每次同浦老一起参加外事活动，我都不禁油然升起一种自豪感。我为自己有这样一位集学者、外交家于一身的领导而感到自豪。这也是当年社会科学院外事局工作人员的普遍感觉。

在初期，我并不清楚浦老的哈佛背景，我们谈论的大多是国家垄断资本主义、世界政局、经济格局之类的问题。直到后来有一次在讨论我的一篇论文的时候，浦老狡黠地一笑，突然问我："你假定收入在工资、利润中完全分配干净，其理论前提是什么？"我这才知道他对那些他所称之为"垃圾"的西方经济学绝不是外行。80年代中期的一天，所里讨论股票市场问题。发言者云山雾罩，听者一头雾水。听众中的浦山所长可能实在不耐烦了，于是开始发言。这是我第一次接受关于股票市场的启蒙教育。我清楚地记得，正是在这次讨论会上我第一次听到"margin"（保证金）的概念。"曲高和寡"，在形式化的经济理论的掌握上，浦老同我们之间的差距实在是太大了。由于差距太大，我们甚至不能判断这种差距到底有多大。

早在20多年前，我就曾多次要求浦老让我拜读他的博士论文，但每次都遭到拒绝。他总是说，那些是Rubbish（垃圾，劣作），不值一读。浦老去世之后，我终于有机会读到他半个多世纪前撰写的博士论文《论技术进步对就业的影响》。读完论文，我才真正认识到为什么克莱因等经济学大师对年轻时代的浦山如此赞不绝口。在论文中，浦山建立了一个考虑技术进步的宏观经济模型，并运用静态比较和动态比较分析方法，分析了在不同条件下，给定技术进步对就业的各种可能影响。而后浦山又把技术进步内生化，分析了在一个更为复杂的经济系统中，技术进步对就业的影响。在这一时期，克莱因正在从事把凯恩斯理论模型化的工作，而浦山所做的则是把熊彼特关于技术进步的一些重要概念同凯恩斯收入决定理论相结合，建立一个更为复杂的宏观经济模型。在这篇论文中，除内升技术进步等概念，浦山还讨论了集总、预期等等后来在经济学文献中得到发展的重大问题。不难看出，同克莱因的工作相比，浦山的工作更为困难。但浦山取得了同样的、如果不是更大的成功。从浦寿山的论文中可以看出，50—60 年前的浦山不但谙熟古典经济理论、凯恩斯理论和当时的各种最新理论成果，而且熟练地掌握了萨缪尔逊所开创的静态比较分析和动态比较分析方法。当年浦寿山所运用的数学工具包括微积分、微分方程、拉普拉斯变换等等，这些数学工具，即便在今天，对中国的大多数经济学研究生来说，不下一番苦功夫也是难于掌握的。为了撰写这篇序言，我最近又反复阅读了浦寿山的博士论文。坦率地说，直到现在我也未能透彻理解浦寿山博士论文的全部。然而，时间已经不允许我继续拖延下去了。为了赶写这篇序言，我只能暂时停止对浦寿山模型的推敲。现在我所能说的是，本书序言中克莱因对浦寿山博士论文的讨论是不充分的。可能克莱因老先生已经没有精力再次仔细推敲这篇技术性极强，当年曾令他极为兴奋的论文了。我以为，浦寿山博士论文对经济理论的最大贡献可能是他在把技术创新作为内生变量的条件下所给出的一个形式化的经济周期模型。在经济文献中，关于经济周期的形式化理论汗牛充栋。但是，浦氏创新—周期理论则是"前不见古人，后不见来者"。

当初熊彼特对浦寿山试图把自己技术创新—经济周期思想变为一种严格的形式化理论颇不以为然。大概他不认为这种尝试会获得成功。出乎他的意料，浦寿山的论文受到学术界的高度评价。于是，熊彼特竭力劝说浦寿山留下来一同发展他的理论。但是，浦寿山毅然决然地走了。当浦寿山、现在的浦山重新踏上美国土地的时候已经是 40 年以后了。浦寿山所开创的研究路线早已被经济学家们，包括浦山自己所遗忘。这真令人扼腕。我衷心希望，经历过 IT 革命冲击，对经济创新的兴衰以及与此息息相关的经济波动有切肤之感的年轻一代经济学家，能够完成浦老未竟的研究。

　　本文集收录了浦老在 1980—1990 年代有关经济改革和开放的一系列短文。这些短文一方面反映了浦老对改革、开放方针的坚定支持；另一方面，我们也必须承认，浦老当年对改革、开放的设想，同后来改革、开放的实际进程是存在一定距离的。一些读者可能会认为浦老的一些想法过于保守。这些感觉可能正确，也可能不正确。改革与开放只有 26 年的历史，历史没有完结也不会完结，谁能自称对历史有最后的发言权呢？我们应该做的唯一事情就是以诚实的态度对待历史。为保持历史的原貌，文集中所收浦老的文章和讲话，原则上不做改动。

　　浦老是一位为自己的信念而生的人。他不愿意谈论自己，也不在乎人家对他有什么评价。"亲戚或余悲，他人亦已歌。死去何所道，托体同山阿。"但我还是要说，浦老是我们的楷模，一个民族需要楷模。我们有浦老这样的楷模是民族之幸。"高山仰止，景行行止，虽不能至，然心向往之。"

2006 年 4 月 22 日

技术进步与就业[*]

摘　要

I．问题

自从凯恩斯的《就业、利息与货币通论》出版以来，在劳

---

　　* 本文是作者（原名浦寿山）1949 年 5 月在美国马萨诸塞州坎布里奇市哈佛大学经济系所作的博士论文。原文是英文，由王智勇译。

动力就业的经济理论方面已经取得了许多进步。特别是作为凯恩斯理论重要贡献的消费函数的决定因素和作为近来所有动态商业周期理论基石的引致性投资支出的决定因素这两大问题，无论是在理论构建还是在统计估计方面都取得了相当大的进步。然而，与此同时，与技术进步相联系的投资支出问题却依然少有人关注。技术进步或者仅仅被认为是一种趋势因子，或者被认为是对于经济体系的冲击，而不是作为直接影响着经济结构并且也受其他经济变量所影响的根本因素。本论文旨在分析资本主义社会里技术进步对于劳动力就业量的影响，试图填补就业决定理论方面依然留有的空白。本论文并未给出任何政策建议，其原因在于认为这样的政策建议不可能有实际意义，除非包括了政治学和社会学方面的考虑，然而这些考虑却超出了本论文的范畴。

II. 方法

本文的分析分成四个部分。首先，分析了静态条件，也就是没有技术进步条件下就业量的决定因素。其次，将技术进步对于就业的影响作为一个比较静态学问题来加以分析，此时技术进步是作为一个外生因素。第三，将技术进步对于就业的影响作为一个比较动态学问题来加以分析，此时所考虑的是某种类型的技术进步带来的全部变化过程。第四，在技术进步作为一个内生变量，也就是技术进步本身也受那些它所影响的其他经济变量的影响的条件下，研究技术进步对于就业的影响。纵观全文，本文特别注意到了源于价格和工资率的非弹性，生产过程中的限制性因素和资本品过剩能力的存在而产生的问题。

本文的分析主要依据是宏观经济关系。本文就宏观经济关系能够得以从相应的微观经济关系中唯一地推导出来的必要条件进行了详细的探讨。

Ⅲ. 结论

1. 如果价格和工资率具有完全弹性的话，静态则是内在不稳定的。因此，任何假定价格和工资率具有完全弹性的分析，都不可能是就业理论的满意基础。

2. 技术进步对于劳动力就业量的影响，如果当作是一个比较静态学问题来考虑的话，取决于劳动力生产率提高与消费函数上升这两者之间的对比。以引入新产品为形式的技术进步，相比于以现有商品生产成本下降为形式的技术进步，更有可能提升消费函数，因此可能更有利于就业量（的增加）。然而，在两种情况下，都不存在任何补偿力量可以不断地吸收因技术进步而失业的所有工人。

3. 如果资本品存在过剩能力，则促进资本使用的创新比节约资本使用的创新对于就业量的影响可能更为有利。如果现有资本品存量已经得到充分利用，则情况恰好相反。就现有的历史来看，在资本主义发展的早期阶段，其特征通常是资本品的相对充分利用，意愿储蓄的较低水平和货币市场的不足状态，因而首要的问题是资本的稀缺。在资本主义发展的较晚阶段，随着资本品过剩能力变得越来越频繁，越来越流行时，首要的问题就变成是有效需求的不足了。

4. 由于繁荣与萧条之间的不对称，那些并未考虑到技术进步或者只是将其视为仅仅是一个趋势因素或者随机冲击而不是直接影响经济结构的基本因素的商业周期理论在解释复苏，特别是复苏与繁荣之间的关系的时候，是完全无法令人满意的。特别是，如果考虑到在耐用资本品的投资时，"自我产生"的周期几乎就不可能产生。

5. 当技术进步重新被视为直接影响经济结构的基本因素时，

虽然依然仅仅是一个外生非周期过程，就业量的周期模式却有可能产生。避免通货膨胀和危机并且持久维持充分就业的平衡经济发展是极不可能达到的。

6.（经济）危机的解释并不仅仅依赖于技术进步所施加影响的经济结构的性质，而且也依赖于技术进步自身的性质和它影响经济结构的方式。如果产生的技术进步的性质主要是引入新产品型，主要是资本使用型，而且如果现存资本品又处于高度利用水平，则很有可能会出现资本的稀缺，过度投资学派们所描绘的危机也就更有可能发生。如果技术进步的性质主要是导致现有商品生产成本的下降，主要是节约资本型，而且如果资本品的过剩能力是普遍的现象，则有效需求不足的情况更有可能产生，消费不足学派们所描绘的危机更有可能发生。如果扩张的过程由于资本稀缺和有效需求不足的危险而受到萎缩，则社会依然将面临着由于消费品行业维持消费品扩张的现实不可能性所导致的（经济）危机可能性。

7. 一旦技术进步被视作是内生变量，（也就是）它显著地受到它所施加影响的经济变量变化的影响，就业量也就必然呈现出周期性的振荡，即是当技术进步发生的过程中需要新投资支出时就业量会增加，而当生产能力增加到足以让大量厂商破产时，就业量就会下降。

8. 在资本主义社会里，技术进步的过程显著地加强了经济力量的集中趋势。经济力量的集中反过来又显著地限制了技术进步只向资本节约型方向发展，它们可能由一些大厂商的萧条补贴所融资。随着资本主义体系发展进入晚期阶段，经济力量急剧集中，大规模的长期失业可能是难以避免的，在每个周期的繁荣阶段也不太可能实现充分就业，而在萧条阶段则失业问题更加严重。

第一章　静态条件下的就业

I

任何经济变化的完全理论分析都可以方便地分成两个过程。第一个过程包括在所有相关经济量中函数关系系统的构建，假定所考虑问题中的经济变化是不存在的。第一个过程有两个目的。首先，它提供了对于经济机制的基本理解，从而也就可以分析所考虑问题中经济变化的影响。例如，如果我们感兴趣于消费者对于特定商品的偏好变化的影响，则我们必须首先试图理解在没有发生变化之前，该商品交易的价格与数量是如何决定的。其次，它通过对比的方式有助于在变化发生时，将这一特定经济变化的影响分离出来。在第一个过程中函数关系的构建可以是动态的也可以是静态的。在前一种情形下，在关系中所包括的诸变量指的是不同时间点的变量，而在后一种情形下，它们指的是一个时间点的变量①。一个静态系统可能总被认为是对一个动态系统均衡值的研究。当均衡值在一个动态系统内广泛存在时，所有具有动态因素的术语将或者被忽略或者变成纯粹静态术语。因此从这个意义上说，一个静态系统只是一些动态系统的特殊情形。给定一个动态系统，我们总可以将它缩减成为一个确定的静态系统，只要前者有均衡值。换言之，静态系统的存在需要这样一个事实作为前提，也就是它所属的动态

---

① 使用"变量"这一术语，我们指的是理论变量而非历史变量。因此，一个动态系统中变量所指的不同时间点与历史时期没有关系。参见 J. A. 熊彼特：《商业周期》，1939 年第 1 卷，第 194—196 页；R. 弗里希：《关于均衡与不均衡》，《经济研究评论》，1936 年 2 月；以及萨缪尔逊：《经济分析基础》，1947 年，第 313—316 页。

系统有均衡值①。函数关系可能构成或者是微观经济系统或者是宏观经济系统，取决于相关的经济量是诸如单个厂商和居民各自的经济决策还是一组这类单个经济决策的加总或者平均。

第二个过程是确定经济变化对于在第一个过程中所包括的其他变量的影响。经济变化可以由在我们系统中的一个或者多个函数关系的变化来代表，也可以由一些数据的变化来代表。如果在第一个过程中所构建的所有关系都已经被量化认识，也就是说，如果我们知道了所有函数的确切形式及所有涉及系数的大小，第二个过程实际上要相对简单一些。因而这一过程的第一步就是要从已经知道的函数关系中尽可能地找出经济变化所可能造成的影响。对于经济系统的影响可能反过来影响经济变化本身，在这种情形下，我们就必须将经济变化作为一个变量而不是一个纯粹的数据加进我们的系统中。这么做，我们并不一定需要将我们的系统变成一个完全内生的系统。我们系统中的变化可能影响到经济变化的进程，而独立于我们系统之外的力量可能依旧会造成经济变化的其他形式。

在我们对于技术进步与就业的分析中，我们同样应该将问题一分为二。在这一章里，我们将考虑在一个静态条件下就业量的决定因素，所谓的静态条件，也就是不存在消费者行为的变化，不存在与生产的初始要素的供给相关的制度和心理因素的变化，特别是不存在生产技术的变化。在下一章中，将会引入技术的变

---

① 当然，一个静态系统可能与多个不同的动态系统相一致。例如，两个动态系统，$\frac{dp}{dt} = \alpha \left[D\left(P \right) - S\left(P \right) \right]$ 和 $D\left(P_t \right) = S\left(P_{t-1} \right)$ 有着相同的静态系统 $D\left(P \right) = S\left(P \right)$。在涉及静态系统的充分性，特别是均衡的稳定性问题时，这一考虑具有重要的意义。参见 P. A. 萨缪尔逊：《均衡的稳定性：比较静态学和动态学》，《经济计量学》，1941 年 4 月。

化并分析技术变化对于其他经济量的影响，特别是对于劳动力就业量的影响。

　　考虑到这一事实，即是"静态"这一术语已经在经济学文献中赋予了不同的含义，因此从一开始就有必要指出在某种意义上我们对于此术语的定义不同于"环流"（circular flow）。后者被定义为这么一种经济过程，即每个经济量都以一个固定时间率流动，仅仅是复制自身而已①。按照我们对于静态的定义，所有"静止"这一术语所指的都是我们系统中的数据而不是经济过程中的任何变量。经济过程是否在我们的假设下维持着环流这是我们的一个问题但不包括在我们的假设中。按照我们对于静态系统的定义，我们也许会说环流是我们静态条件下动态系统缩减至静态系统的结果。这样一种环流是否存在取决于动态系统是否有均衡值。

II

　　如此定义的静态事实上是新古典经济学构建大部分理论的隐含假定。加上完全竞争从而价格的完全弹性及生产要素的完全流动性这些额外假设，新古典经济学家们就得出了结论，认为如同所有商品一样，就业量是由劳动力的供给与需求所决定的。劳动力的供给假定是实际工资率的给定函数。劳动力的需求则是由劳动力的边际生产率所决定的，后者取决于资本品的可获得数量和给定的生产技术。投资，也就是交配品数量的增加，反过来是由已经存在的资本品数量和利息率所决定的②。利息率决定了消费者的收入在消费品和储蓄之间的分配情况。由于投资是现有资本

---

　　②　这里我们遇到了静态分析与流程分析之间的第一个差异。在后一种情况下，由于每个经济变量都在一开始就被假定为是不变的，资本品的增加也就不需要考虑，而在我们的静态分析中，并没有假定资本品的数量是固定的。

品数量的减函数，利息率必须不断地下降，直至不会有储蓄发生的最低点①。因此，在均衡点上，既无储蓄也无投资。资本品保持不变，劳动力的边际生产率也就唯一地决定了对劳动力的需求，它和劳动力的供给函数共同决定了就业量②。

就业量决定的新古典方案在近些年来已经被越来越广泛地意识到是不充分的。对于这一方案的批评与指责可以宽泛地划分成以下三个基本大类。

首先，在就业量决定的新古典分析中，货币因素几乎被完全忽略掉了。货币被一成不变地认为仅仅是覆盖于实际经济过程之上的"面纱"。任何经济分析的最终目标都是解释实际经济过程，这一点当然是对的。但这并不意味着我们因此完全将货币现象从我们的分析中剥离出来。考虑到货币现象的变化可能对实际价值施以影响，这类变化在任何关于就业的理论分析中都应该予以考虑。

在现实世界中，工资谈判是以货币形式而非实际价值的方式进行的，这一事实很早以前就已经被认识到了。然而在关于就业的古典分析中，却总是隐含地假定通过改变货币工资，工资收入者总可以调整他们的实际工资，从而消除了任何长期失业状态。但是，这样的假设，在没有首先考虑到所有涉及的货币因素之前是无法合理地做出的。

其次，在新古典体系中劳动力的供给方程是就业量的一个决定因子，如果失业被定义为是那些能够并且愿意在流行工资率条件下工作却找不到工作者的存在，则在均衡位置上，就不存在失

---

① 基于现在享受好于未来享受这样一个命题，新古典理论认为利息率的最低点要大于零。

② 这里所陈述的就业量的决定因素并不是新古典一般均衡体系的等高线，即是一种只能够由联立数学方程系统所给出的完全状态。

业[1]。因此，失业与均衡是彼此不相容的。然而除非可以证明系统中无论何时有了一些扰动总是会趋向于均衡位置，在均衡点上的任何信息实际上并不能够引起人们多大的兴趣。经济系统中的均衡稳定性问题是否已经被古典经济学家们所清楚地认识到这一问题还有一些争论。然而他们并没有令人满意地证明这种稳定性的存在，这一点是毋庸置疑的[2]。

---

[1]　然而，需要指出一个例外。如果劳动力的供给函数对于在均衡点之后的一个范围内是水平的，则即便在古典情形下失业依然存在。在图 1 中，W 是均衡实际工资率，N 是均衡就业量，而 NN′就是失业量。

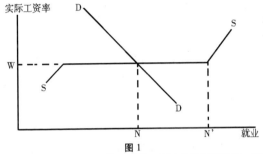

图 1

[2]　在《商业周期》第一卷里（第 47 页），熊彼特教授陈述道：“这个问题首先是由瓦尔拉斯发现的，尽管一些批评家们似乎并不知道这一事实。他的解决方案始于这样的观察，不均衡，也就是意味着至少价格或者数量中的一个从其均衡值上偏离，并不必然导致在它发生的该点上给某人带来利润或者损失。争论认为这个特定的某人在完全竞争条件下，可以抵消损失或者获得利润，但除了削减或者增加他商品的数量之外并无他法。这将使他走向均衡，如果所有的厂商和居民都以同样的方式同时作出反应，则最终会将系统带入均衡状态，前提是所有的行动或者反应都是在从长期的经验与频繁的重复过程中演化而来的熟悉实践的范围之内进行的。常识告诉我们这种建立均衡或者重建均衡的机制并不是被描绘成经济学的纯粹逻辑练习的虚构之物，而是在我们周围的现实中确实存在的。”

然而针对这一陈述可以提出数个反对意见。第一，系统中的利润和损失只能够通过个体减少或者增加他的商品数量来达到并不能保证个体会被引导至均衡状态。通过这类个体的行为或者反应利润或者损失在实际上是否会被减少或者加强这个问题依然没有回答。然而这正是我们必须回答的问题。第二，“从长期的经验与频繁的重复过程中演化而来的熟悉实践的范围之内”这句话存在一些歧义。如果这依然是指“环流”中的抽象内容的话，那么它显然是在回避问题；因为在均衡状态的稳定性被证明之前，我们并没有类似的实践，也没有任何长期的经验，更没有任何频繁的重复。如果它是指现实世界，则抽象系统的稳定性依然未被证明；因为抽象系统所赖以构建的假设被承认与现实世界中观察到的现象远不是一致的。

稳定性问题本质上说是一个动力学问题。在不了解静态系统所属的动态系统之前，我们并不能回答它是否稳定的问题[①]。既然大多数关于就业的古典分析都具有严格的静态系统性质，他们也就不可能声称已经解决了稳定性的问题。

第三，关于就业的新古典分析是基于完全竞争这一假设。固然，竞争事实上并不是完全的，而且在现实世界经济机制中摩擦无处不在这样一个事实在新古典分析中从未被否认过，但是竞争的非完全性却总被认为微不足道故而完全竞争的假设可以被证明为是一种很好的近似。确切的均衡点被诸如"均衡范围"或者"均衡邻域"这样的表达所代替，其理论也就被构想成适用于现实世界[②]。当然，毋庸置疑，在经济学中并不存在一般的理论分析可以考虑到现实世界中的所有复杂因素。理论分析所能够被人们期望完成的也就是提供经济系统的一个近似框架，它在可以与现在经济中的任何一部分等同起来之前必须做一些推衍与修改。然而，下一部分将表明，我们有理由相信如果完全竞争的假说被严格遵循而且如果货币因素也纳入考虑之中，则我们根本就不可能有稳定的均衡。由于不现实的假说而导致本质上不稳定的理论模型当然不能够很好地作为实际现象的一种近似。

---

①   正如我们已经指出的那样，一个静态系统在理论上可以和两个或者多个动态系统相容，其中一些可能是稳定的，另一些则可能是不稳定的。在不知道静态系统得以推导出来的动态系统的条件下，我们对于它的稳定性问题也就是一无所知的。

②   例如，参见 J. R. 希克斯：《价值与资本》，1939 年第 84 页："如果我们可以假设价格超过边际成本的比例既不是很大也不是经常变化的，并且如果我们可以假设（这也是第一假设的结果）在均衡点上边际成本确实随产出而增加（边际成本递减的情况比较少），于是在完全竞争条件下运行的经济系统的各项规则在一个充满了垄断因素的系统里并不会有显著变化。"

III

自凯恩斯经济学提出以来，近些年最受关注的对新古典就业理论的一个指责涉及它对于储蓄的处理方式。基于这样一种分析，即几乎完全忽略了货币因素，新古典理论很自然地自身担当了驳斥定义为收入未被消费掉的部分的储蓄可能与失业问题有关系的任何建议。事实上，新古典理论在这个问题上走得是如此之远，以至于坚信即便储蓄的增加也不会导致总产量和就业量的任何减少。在一个不存在货币的经济里，从总支出与总收入的角度来看，在储蓄与消费之间确实没有多大的分别。以实际货物方式存在的储蓄提供了与消费一样的有效需求。然而，当人们以货币而不是以实际货物的方式储蓄时，问题就变得更加复杂。正如我们所指出的那样，在新古典的分析中，储蓄在大多数情形下都被认为是一个单一变量函数，也就是利息率的函数，通过利息率的变化，在储蓄与投资之间的均衡机制也就得以实现。如果储蓄增加，则利息率就会下降。投资因此也就会增加，直到储蓄和投资再次平衡。因此，储蓄的增加必然会带来投资的增加，而不会导致生产量和就业量的任何减少。在一个没有技术进步的经济中，储蓄的增加通过增加可获得的资本品数量事实上被认为是提高就业水平而不减少实际工资率的唯一方式。

与这种新古典储蓄理论所不同的是，凯恩斯学派认为，储蓄并非是利息率的单变量函数，而实际上是收入的函数。可以观察到，人们以各种方式存储的收入的一部分是他们获得的收入水平的增函数。居民将其收入的部分存储起来的动机可以宽泛地划分成四个类目：（1）为了确保商业项目开展的资源；（2）为了获得未来收入的保证；（3）为了防止未来的意外；（4）为了社会声望和权力而积累财富①。在这些动机中，第一个动机在静态经济中可能是最不重要的。在一个不存在技术进步的经济里，投资机会是有限的。随着投资的继续，不久就会发现再没有任何新的商业项目从长远来看是有利可图的。但是在收入水平较高时，其他的动机，特别是后两个动机，依然有效，即便利息率下降至零。在一个货币系统里通常会有一个行业的（利息率）最低点，利息率将不会低于这个临界点，故而储蓄将总是会自动地被相同数量的投资所平衡这一新古典命题在静态条件下并不能够成立②。

　　也许依然有人会争论认为只要价格和工资率是完全弹性的，它们的变化就将会平衡储蓄与投资之间的差距，因此劳动力和生产的其他要素总是会处于充分就业状态。总实际收入也将得以维

---

①　参见 J. M. 凯恩斯：《就业，利息和货币通论》，1936 年，第 9 章。

②　直到这一点，在我们的论据中我们并没有使用到凯恩斯的命题。事实上，我们的论据可以以完全的古典风格陈述如下。如果以纵轴代表利息率的话，（见图 2），储蓄函数 SS′ 和行业最低利息率 oi。储蓄依然被认为仅仅是利息率的函数（实际收入被假定为在一个极高的水平上）。在没有技术进步的静态条件下，随着可获得资本品的增加，投资函数会渐渐地移向左边，直到新的投资水平为零。投资和储蓄之间的差距由 I′S′ 来衡量，也就是在利率的最低点上储蓄的数量。如果最低利率为零，投资函数会进一步向左移动，而差距将仅仅是 OS。

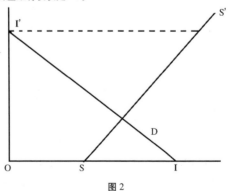

图 2

持。但是只要实际收入不会下降，则实际储蓄也就会得以维持。价格水平和工资率因此也就会自动下降，导致人们不久会预期货币价值的进一步增加。价格的下降（趋势）也就将进一步加强①。

作为新古典理论的最后一个论据，有时候也会认为储蓄是积累财富的递减函数。随着价格水平的下降，货币存量的实际价格会增加。储蓄也就会减少直到人们花费掉了他们全部的收入为止②。然而这一命题就其自身来说是存在诸多疑点的。为了社会声望与权力而积累财富的动机并不是以绝对数量而是以在该社会的相对财富数量来得以满足的。仅仅是绝对数量的财富增长就会完全废除这一动机，这是极不可能的。事实上，如果可以预期到货币的实际价值会进一步增加，则会另有一个储蓄动机。除此之外，该论据还基于以下这一假设，即货币数量保持不变，而且并不考虑在现代社会里货币本质上代表着债务人和债权人之间的一种关系这样一个事实。不管在哪一种情形下，都不能够否认远在货币存量的实际价值增加对储蓄有着任何实质性的影响之前，价格的不稳定将得以累积并且彻底使整个经济系统陷于困境。

因此我们得出结论：如果价格和工资是完全弹性的，则静态是不稳定的。

然而在现实世界中，价格和工资率，尤其是后者实际上并不是完全弹性的。它们的非弹性体现在两个方面。首先，需求和供

---

① 熊彼特教授坚信只有储蓄率的急剧变化才能够带来问题，而且这类变化必须周期性地复发（参见前引书，第80—83页）。然而从我们的论据来看，这一点必须明确，即急剧变化和周期性复发都不是必需的。问题的根源仅仅在于较高收入水平上储蓄的维持。

② 参见 A. C. 庇古：《古典静态》，《经济学杂志》，1943年12月。同样的论调也可以在哈伯乐（Haberler）的《繁荣与萧条》中找到，1941年第3版，第491—503页。

给的不均衡只有在不均衡持续了较长的一段时期以后才会伴随价格和工资率的变化。其次，尽管供给与需求之间的大缺口可能会影响价格或者工资率的决定，然而小缺口可能根本就无效。对于这两种非弹性类型有许多原因。最重要的原因列举如下。

（1）垄断因素。毫无疑问，垄断因素自身并不是价格刚性的充分理由。具有垄断性质的企业有能力将价格维持在比竞争性企业更高的水平之上这一事实，在需求或者成本条件发生变化时并不能够阻止价格变得有弹性。然而，垄断力量确实使企业免于受普通市场力量驱使而改变它们的价格。在完全竞争条件下的企业只要需求或者成本条件变化了，就必须改变它们的价格，否则就将被商界所淘汰。这样一种力量在垄断企业中并不存在。因此，垄断力量尽管自身并不是一个充足理由，但它确实也给价格刚性带来了影响。

此外，有理由预期垄断和寡头垄断厂商很可能将它们产品价格的变化减少至最小。厂商可能因为害怕竞争者报复而不再削减价格。换言之，他们所面临的需求曲线可能是在现在价格点上存在着一个"折点"[1]。除此之外，他们也很可能为了防止公众出现负面意见而避免频繁的价格变动。

（2）不完全信息。在现实世界中没有任何地方是存在着完全信息的。生产者甚至经常不知道自己的生产函数，甚至更不知道对于他们产品的需求函数。在寡头垄断的情形下，关于需求函数的完全信息依然是更加难以获得，因为除了消费者的行为之外，竞争者的反应也必须加以考虑。因此，维持现有价格的惯性

---

① 参见 R. L. 霍尔（Hall）和 C. J. 希契（Hitch）：《价格理论与商业行为》，《牛津经济学论文》，1939 年 5 月号，以及 P. M. 斯维兹（Sweezy）：《寡头垄断条件下的需求》，《政治经济学杂志》，1939 年 8 月。

力量也就自然会产生。消费者之间的完全信息就更加稀少。由于大多数产品是以不同的形式出现的，并没有标准化，价格的削减也就需要经常避免，以免消费者会推断认为低价格常常是低质量①。

（3）技术与管理考虑。理论上很自然会假设价格变化本身并不涉及任何成本。在现实中，会有许多技术和管理上的困难，它们或者是显著地增加了成本或者是严重地限制了价格和工资率改变的可能性。长期契约就是最为明显的例子。贸易实践也可能对于在正常条件下数次价格变化之间的间隔时间会有一个较低的限制。随着贸易领域里商品的广告变得越来越重要，特殊价格往往与特殊商品联系在一起。如果广告想要有效的话，这类商品就必须以广告上的价格销售相当的一段时间。所有这些考虑都进一步限制了价格的弹性。

（4）工资刚性。限制商品价格弹性的大多数因素也在劳动力市场上起着类似的作用。然而在劳动力市场上还有一些额外的因素加强了货币工资率的刚性，特别是向下的刚性。首先，劳动力的服务，不像特定商品的质量一样，它并不是固定的，而是经常随着工资率的变化而变化。例如，工资率的下降，可能挫伤了劳动力的士气以至于它不能够充分发挥。其次，一般而言，一个单独的失业工人通过以比现行工资率更低的工资率来提供其服务这种方式并不能够确保他能够完全替代在职的另一个人的工作。事实上，大多数商品市场，特别是成品商品市场，也都是报价市场②。然而在这些情形下，价格是由卖方所

---

① 参见 E. H. 张伯林（Chamberlin）：《垄断竞争理论》，1942 年，第四版，第107 页。

② 关于报价市场的定义及其对于价格刚性程度决定的显著影响。参见 J. T. Dunlop：《工资决定与工会》，1944 年，第二章。

操纵的，而在劳动力市场上，工资率是由买方所给定的。由于劳动能力方面的异质性和雇佣者方面的非完全信息，后者经常极不情愿降低工资率，即使当存在多个人向他咨询工作的事情时。因而在存在失业情况下可能降低工资率的一个最重要的力量也无效了。因此，货币工资率即使在存在失业的情况下也依然保持了刚性。

由于价格和工资率实际上并不是完全弹性的，生产资源的闲置情形的存在与均衡位置是不相称的。也就可以得出结论，在新古典就业理论中提出的基于完全弹性假设下和经济数量根本关系是不完全的。在下一部分中，我们因而会将这一事实加以考虑并形成一个在静态情形下就业量决定的函数关系新体系。

IV

在我们的函数关系体系中最为重要的是生产函数。因此我们从简单描述生产函数开始，因为它通常在总量经济理论加以阐明。生产函数被定义为是给定时期实际收入，也就是产品与服务的总产出，与同期在生产中实际使用的各种要素之间的关系。它确定了给定时期在现有技术下通过各种不同生产要素的不同组合所可能生产的实际收入的最大可能[①]。生产要素通常可以归成两类：资本和劳动力。因此生产函数通常写成

$$X = X \ (K, \ N)$$

的形式，其中 X 代表实际收入，K 为资本，N 为劳动力。资本与

---

　　① 在这一部分里，我们将主要依靠宏观经济概念。联系这类概念的关系可能唯一地从相应的宏观经济关系中推导而出的各种条件在本章的附录部分将会较为详细地加以检验。

劳动力的边际产出于是被认为是两类要素报酬和两类要素实际雇佣数量的决定因素。

如此描述的话，生产函数会有大量的模糊之处。特别是，它并没有给出在任何具体的资本品被安装之前与计划相关的生产函数和在安装之后发生作用的生产函数这两者之间的区别。因此我们提议以一种不同的方式去分析生产函数的全部问题。

企业家们在决定建立一家工厂之前，他们会面临雇用不同类型的资本品的不同生产过程之间的一个选择。与每一种使用特定资本品的特定生产过程相对应，一般而言这些资本品与一定数量的劳动服务投入流相结合总会有一个正常的产出流。换言之，特定的资本品，作为一般意义上严格限定的要素[①]，必须以特定比例与劳动力相结合。如果我们将特定的资本品标记为 k_i，产出为 X，劳动力为 N，则它们之间的关系可以写成：

$$k_i = a'_i X \quad N = b'_i X$$

其中 a'_i 和 b'_i 都是常数。

由于在规划期里，企业家们不仅对于特定资本品的总产出规模可以有选择，而且对于资本品的类型也同样可以有选择，故而给定资本总量情形下与当前投入的合作流并不必然是固定的[②]。两种同样价值的不同资本品可能需要两种不同规模的合作劳动力流并生产出不同规模的产出流。因此，一方面是产出流的规模，另一方面是资本量和劳动服务流，这两者之间并不必然会有一个固定的系数。这种关系我们称之为是规划生产函数。它可以由下式来表示

———————————

①　参见 R. 弗里希（Frisch）：《土地和劳动力作为生产要素的价格理论的几个要点》，《政治经济学杂志》，1932 年。

②　资本总量被定义为是经资本品价格指数缩减之后的资本货币价值。我们假设不同类型资本品之间价格关系的变化并不显著。

X = X（K，N）

其中 X 代表产出流，K 代表资本量而 N 代表劳动服务①。

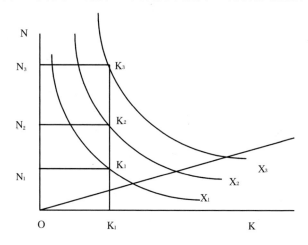

图 3

图 3 是这一规划生产函数的等高线表示。假定每种特定资本品都有一个确定的必须与配套劳动力合作的比例，则任何单一实际资本价值都代表着一系列不同类型的资本品。从而，同样的实际资本价值 K，可能代表着三种不同类型的资本品 k_1，k_2 和 k_3，

---

① 规划生产函数可以直接从单个资本品的关系体系中推导出来，

$$k_i = a'_i X \qquad N = b'_i X$$

由于在 a's 和 b's 之间存在着固定的关系，我们可以写成

$$b' = f（a'）$$

如果 k's 可以通过实际资本价值来加以衡量，则这一关系可以重新写成：

$$N/X = f（K/X）（1）$$

这是一个在三个变量 X，N 和 K 之间的关系，它可以再一次写成如下形式：

$$X = X（K，N）$$

这一结果就是我们的规划生产函数。我们也需要注意由于规划生产函数可以写成（1）的形式，我们的假设意味着如果它可以认为是连续的话，那么它是一个线性齐次函数。

生产三种不同的产出流 X_1，X_2 和 X_3，各自需要三种不同的投入流 N_1，N_2 和 N_3。任何从原点出发的直线都代表了特定类型资本品的扩张路径——"资本深化"。例如，线 Ok_1，指明了特定类型的资本品 k_1 必须与合作劳动力相配套的固定比例，在这一线上的任意一点表明了资本品 k_1 的一个具体数量[①]。因此，实际生产的结构可以由两个变量来代表：资本品的规模，通过资本总量来给出，和资本密集度，通过资本总量与必要合作劳动服务数量的比例来衡量[②]。

这一规划生产函数提供了新投资决策制定的基础。然而这一在生产的静态理论中经常被假设的生产函数并没有直接决定给定时期内的实际产出和投入关系。对于任何给定时期，作为生产的一个要素的劳动力的实际投入是直接由总产出与现有资本品的数量和特征所决定的，而现有资本品的数量与特征只会通过投资或者收回投资而变化。只有在均衡状态下实际产出与实际投入之间的关系才会与被认为是最优组合的规划生产函数的表面点相对

---

① 如果不可分割因素在资本品中是重要的，那么可以用来生产较大产出量的一单位的某种资本品可能无法以任何形式加以分割以使得它能够以同样程序的效率来生产更少的产出。在这种情形下，通过原点的直线中只有一部分代表了特定类型的资本品，而更加接近于原点的那部分就失去了意义。而且，规划生产函数就不再被认为是线性齐次函数了。

② 参见 N. 卡尔多（Kaldor）：《经济理论的年度综述：资本理论的最新争议》，《经济计量》，1937 年 7 月。《关于资本理论：Knight 教授的又一回归者》，《经济计量》，1938 年 4 月，特别是《资本密集度与贸易周期》，《经济计量》，1939 年 2 月。卡尔多提出通过"初始成本"与"每年成本"的比例来衡量资本密集度，在我们的术语里，大致对应于资本的总货币价值与支付给相应劳动服务的工资总额的比例。正如卡尔多自己指出的那样，这一指数存在着缺陷，如果资本品与劳动服务的价格关系发生了变化，则指数也会变化，尽管在生产的实际结构中可能没有变化。在我们的公式中，资本密集度指数是独立于这一价格关系的。我们所假定的是在不同类型的资本品之间的价格关系变化是不显著的，这样一个假设显然比资本品和劳动服务之间的固定价格关系更少有限制性。

应。在整个适应期内，投资或者不投资将会是调整由规划生产函数所决定的产出与投入实际关系的一个因素，而实际关系自身则由现有资本品决定。如果我们将任意给定时期 t 的产出标记为 X_t，劳动服务投入标记为 N_t，则实际生产函数表示为

$X_t = bN_t$

限制条件是总产出 Xt 由现有资本品的生产能力所限制。系数 b 是初始存在的资本品的资本密集度和自初始期以来已经进行的新投资这两者的函数。投资的资本密集度越大，则给定产出量的生产中与之相配合的合作劳动力必要数量也就越少，因此系数 b 也就越大。换句话说，b 是投资的资本密集度的增函数。对于短期分析而言，经常发生于短期的投资与现有资本品总存量相比是如此之小以至于它对于系数 b 的影响是可以忽略的①。在这种情形下，函数关系就由"不变"的现有资本品唯一地决定，b 可以被认为是常数。

因而，任何给定时期的就业决定因素在很大程度上依赖于同期的产出量。由于后者是由社会总支出所决定的，问题就转变成决定支出水平的问题了。任何给定时期的社会总支出可以划分成两部分，消费和投资。只要决定这两类支出的各种因素是不同的，我们就应当分别地考虑它们。

关于消费，我们假设一方面是总实际支出，另一方面是总实际收入水平，利息率和实际收入增加的时间率，这两方面之间存在着某种关系。这种关系我们称之为消费函数。如果我们将总实际消费支出标准为 C，利息率为 r，则我们有：

$C = C (X, r, dX/dt)$

总实际消费支出假设为是实际收入的增函数，也就是说边际

---

① 参见 A. C. 庇古：《就业与均衡》，1941 年，第 33—34 页。

消费倾向 $\frac{\partial C}{\partial X}$ 被认为是正的。由于较高的收入水平是与收入分配的不平等程度加强相联系的，故而边际消费倾向很可能是随着收入的增加而递减。在新古典经济学中，消费通常被设想成是利息率的减函数，尽管经常也会指出例外情况。然而，最近的统计调查表明，利息率作为总消费支出决定因素的量化重要程度是非常小的。为了完整起见，我们在消费函数中将利息率作为一个独立变量包括进来，并且遵循新古典的分析，我们认为消费函数是利息率的减函数。按照我们此前的论述，实际收入与实际消费之间的差异，也就是储蓄，被认为在较高实际收入水平上是远大于零的，即便当利息率等于零。实际收入变化的时间率作为一个独立变量被包括进来，以表示实际收入预期变化的影响和消费支出调整至新收入水平的滞后影响。第一个考虑表明消费支出是实际收入变化时间率的增函数，而第二个考虑则表明情况恰恰相反①。由于消费调整的滞后主要是在收入变化方向改变发生之后的初始时期有效，而收入的进一步增加或者减少的预期将不会有效到收入变化在一个方向上持续了一段时间，因此很有可能消费支出在方向变化刚刚发生之后是收入变化时间率的一个减函数，但如果这一变化在同一方向上持续时，它就越来越变得是同一变量的增函数。

正如我们已经指出的那样，投资决策涉及两个变量的决定作用：新投资的规模和新投资的资本密度。新投资的规模，这是我们需要首先分析的，构成了实际投资支出，它与消费支出一起决定了给定时期的总支出。任何给定时期的投资规模的决定都取决

---

① 参见，P. A. 萨缪尔逊：《战后的充分就业》，收录于《战后经济问题》，S. E. 哈里斯（Harris）主编，1943 年，第 33—36 页；以及熊彼特，前引书，第 2 卷，第 549—550 页。

于由规划生产函数所决定的最优资本数量与资本品现有存量的数量两者的对比。如果资本的最优存量大于资本品的现有数量，则新投资便会发生，如果情况正好相反，则随之发生的为收回投资。对于任何给定的规划生产函数而言，资本的最优数量都取决于资本品的估计未来总产出，实际工资率和利息率。预期总产出越大，实际工资率和利息率越低，则最优资本量就越大。未来总产出的预期，也就是预期的未来产出价格与预期的未来规模数量这两者的乘积，主要是由一般经济活动的当前水平与方向，也就是实际收入变化的当时水平和时间率决定的①。因此，任何给定时期的投资规模取决于实际收入水平，收入变化的时间率，实际工资率，利息率和现有资本存量的数量。这种关系我们应称之为投资函数。投资函数被认为是前两个变量的增函数，是后三个变量的减函数。

如果在没有技术进步的情况下，规划生产函数和实际工资率与利息率的相对变动是如此以至于在过去与资本之间的替代并不显著，除了出于安全的考虑之外，投资支出可以被认为是为了满足当前有效需求而进行生产所需要的资本品数量与现有资本品存量这两者之间的差异的函数。是否会有投资或者投资收回取决于需要的资本品数量是大于还是小于现有资本存量。然而，投资收回在任何给定时期内都要受限于资本品置换率。

类似地，新投资的资本密集度的决定取决于由规划生产函数

---

①　我们与新古典分析的不同在这里需要加以指出。一般来说，许多重点都放在价格变化之上了。产品的需求被认为是价格这一单一变量的函数，需求曲线于是也就隐含地被假定为在未来时期是固定的。任何资本品的预期未来总产出于是也就唯一地取决于资本品能够生产的产出数量。然而在我们的推导中，我们认为预期需求是产品价格和可以通过一般经济活动的当前水平和方向所度量的潜在购买者预期未来收入这两者的函数。由于价格的刚性，其原因我们在此前已经指出过，我们认为在预期的未来总产出决定方面后者要远比前者重要。

所决定的最优资本密集度与现有资本品资本密集度两者之间的对比。前者取决于实际工资率和利息率，在确定其决定因素时，与任何给定规划生产函数相联系。如果实际工资较高而利息率较低，则生产的方法将趋于资本密集型。因此，新投资的资本密集度可以被认为是现有资本品资本密集度和利息率的减函数，是实际工资率的增函数。如果资本品不可分割性这一因素是显著的，那么实际收入水平也必须被认为是一个决定因素①。于是新投资的资本密集度也是实际收入水平的增函数。

任何给定时期里资本品现有存量的数量与其资本密集度都是由初始存在的资本品和在初始期之后的后续投资这两者共同决定的。由于新投资并不能马上投入生产，因而必须引入时滞②。这一时滞在很大程度上取决于投资的特征。在没有技术进步的条件下，当投资属于已有生产方法的简单扩展类型时，则时滞可能并不显著。

投资函数和决定资本密集度的函数在这里已经被认为是从规划生产函数和商业利润最大化条件中推导出来的关系。由于规划生产函数并不能够从统计上决定，因此任何统计估计方面的尝试都不得不将目标直接对准于投资函数和资本密集度函数。规划生产函数的概念在这里给出仅仅是为了指明经济分析常用方法和我们现在推导的函数关系系统之间的联系。实际上规划生产函数自身并不能够进入我们的系统中来，除非间接地通过投资函数和资本密集度函数。

利息率、货币工资率和我们系统中其他变量的价格水平之间

---

① 参见第 19 页注①。

② 参见 M. 卡莱斯基（Kalecki）：《商业周期的宏观动态理论》，《经济计量》，1935 年 7 月；《商业周期理论》，《经济研究评论》，1937 年 2 月。

的函数关系依然需要加以考虑。由于我们有理由相信这些价格机制通常已经过于强调了，这些关系在这里将仅仅是简短地加以讨论。按照凯恩斯关于利息的流动性偏好理论，我们应将利息率考虑为是支付方式种类的减函数，是货币收入水平的增函数。然而，支付手段的种类将不会被认为纯粹是独立于我们系统中各种变量变化的一个参数。在资本语言社会里支付方式的创建问题将在后面一章里从另一个角度来加以讨论。在这里我们仅仅指出支付方式的创建是与一个经济系统的投资活动密切相关的。

货币工资率将被认为是价格水平和就业水平的函数。充分就业水平①在这个函数里是一个临界点。在这一水平达到之前，就业量的增加或者价格水平的提高将并不会显著地改变货币工资率。"劳动力储备大军"的存在，虽然并不必然是无效，但确实是抑制了货币工资率上升的趋势。在充分就业水平达到以后，就业量或者价格水平的任何提高趋势都将促使货币工资率的上升。然而这一函数却并不是一个可逆的函数。如果由于就业水平或者

---

① 如果接受古典主义的观点，即劳动的供给是实际工资率的函数，则充分就业水平，也就是通常定义为不存在失业的状态，将不会意味着一个固定的就业水平。它自身是一个变量而不是一个数值。按照古典主义的观点，实际工资率的提高其影响是增加了每个愿意工作工人的劳动小时数和工人的总数。然而在现实世界里，个体工人的工作小时数一般来说是相对固定的，或者是通过惯例或者是通过法律的方式。尽管通过部分个体工人的"旷工"，一些变动也许是可能的，然而这类变动并不太可能很显著。因此，实际工资率的变化，并不能够很有效地影响到这类相对固定的工作时间。此外，实际工资率对于工人总数的积极影响也是可疑的。尽管在特定行业里实际工资率的下降，在其他工资率保持不变的条件下，在大多数情形里会起着减少该行业劳动力供给的作用，工资率的总体下降并不太可能减少所有行业的劳动力供给。在一个工人并不拥有生产手段的社会里，没有它们生产几乎无法想象，因而大多数工人实际上将不得不为了生活而以任何正的实际工资率而工作。如果作为单个工人工作意愿的指示的劳动力供给可以被认为就是实际工资率的函数，因此它极有可能在一个相当的范围内是无弹性的。故而，作为一种近似，充分就业水平在我们的系统里可以认为是常数。

价格水平的提高趋势导致货币工资率从一个水平增加到另一个水平，则这种趋势的消失并不会将货币工资率带回到它的初始水平。由于货币工资率向下的刚性，新的货币工资率水平很可能保持在较变化发生之前的初始水平更高的一个水平之上。因此，货币工资率的决定，也取决于它的过去水平[1]。

价格水平的决定取决于现有资本品存量是否已经充分利用。在前一种情形下，总实际收入是由有限的现有能力所决定的，而价格水平则通过总支出与可能的生产量这两者之间的相互作用决定的，它们的函数关系已经在前面推导过。另一方面，如果现有资本品存在着过剩能力，则价格水平是由货币工资率和市场不完全及寡头垄断的程度决定的[2]。当存在着过剩能力，市场不完全和寡头垄断的状态可以通过总边际的比例，也就是价格水平 p 和单位工资成本 w/b 之差与价格水平的比来衡量，

$$\mu = \frac{p - w/b}{p}$$

市场不完全和寡头垄断程度越高，则总边际比例越大。除非是深重而长期的萧条，市场不完全和寡头垄断的状态是相对稳定的，这时候存在过剩能力。只要就业水平位于充分就业水平以下，存在着资本品的过剩能力，货币工资率就会相当稳定，价格水平也是如此。

决定价格水平的关系可以被认为是与经济分析的一般方法中劳动力的需求函数相对应的。由于我们关于特殊资本品是严格有限制的生产要素这一假设，决定劳动力需求的关系在不存

---

① 关于经济关系可逆性问题，参见 T. 哈维尔莫（Haavelmo）:《经济计量学的概率方法》,《经济计量》,1944 年 7 月增刊, 第 17—21 页。

② 参见 M. 卡莱斯基（Kalecki）:《成本与价格》,《经济动态学研究》,1943年。

在资本品过剩能力情形下，已经通过商业利润最大化条件融合进入投资函数中①。针对存在过剩能力的情形下假设的价格函数实际上是对于考虑到市场不完全和寡头垄断的价格弹性的一个额外限定。

我们对于静态情形下各种函数关系的分析现在可以简要总结并以各种方式加以简化。在没有技术进步的假设情形下，我们推导的各种关系可以公式化如下。

（1）实际生产函数

（a）X = bN

如果不存在资本品的过剩能力，则

（b）X = aK

b 和 a 都是资本密集度的函数。K 是资本品现有存量的总数量，它与实际中使用的资本品总量并不完全一致，除非没有过剩能力。

（2）支出函数

X = C + I

（3）消费函数

$C = C \ (X, \ r, \ \dfrac{dX}{dt})$

（4）投资函数

$I = I \ (X, \ \dfrac{dX}{dt}, \ \dfrac{w}{p}, \ r, \ K)$

（5）资本密集度

$\dfrac{d\omega}{dt} = T \ (\dfrac{w}{p}, \ r, \ \omega, \ X)$

---

① 参见 N. Georgescu-Roegen：《固定系数生产与边际生产力理论》，《经济研究评论》，1935 年 10 月。

其中 ω 是资本密集度指数。

（6）资本品存量

$$K = K_0 + \int_0^t I_t dt$$

（7）流动性偏好函数

$$r = r(M, pX)$$

其中 M 是支付方式的总数量；由于它与投资活动密切相关，因而它也可以暂时地被认为是收入的一个函数。

（8）工资函数

$$w_t = \beta L(p, N, w_{t-0}) + w_{t-0}$$

其中当就业水平小于充分就业水平时，$\beta = 0$。

如果存在资本品的过剩能力，则会有一个额外的关系。

（9）价格水平

$$p = \frac{w}{b(1-\mu)}$$

其中 μ 是市场不完全和寡头垄断程度的指数，在存在过剩能力时它被认为是固定的。

在我们的系统中一共有九个内生变量，X，N，K，C，I，ω，r，w，和 p，以及九个方程。在资本品没有过剩能力时，这九个方程包括（1a），（1b）到（8）；而当存在过剩能力时，它们包括（1a），（2）到（9）。

这一基本系统可以以各种方式加以简化。首先，对于短期分析而言，新投资对于资本品存量的数量与资本密集度可以被认为是可忽略的。通过将 K 和 ω 视为常数就可以获得一个简化的系统。

（1s）X = bN

（2s）X = C + I

（3s）$C = C\ (X,\ r,\ \dfrac{dX}{dt})$

（4s）$I = I\ (X,\ \dfrac{dX}{dt},\ \dfrac{w}{p},\ r,\ K)$

其中 K 被认为是一个参数。

（5s）$r = r\ (M,\ pX)$

（6s）$w_t = \beta L\ (p,\ N,\ w_{t-0})\ + w_{t-0}$

其中当 $N \leqslant \overline{N}$ 时，$\beta = 0$，$\overline{N}$ 是充分就业时的就业水平。

（7s）$p = \dfrac{w}{b\ (1-\mu)}$

如果不存在资本品的过剩能力，则就业量将直接由以下关系式决定

X = aK 和 X = bN

其次，如果我们从这一短期系统中去掉除了投资以外的所有具有动态性质的项，我们就可以获得短期静态系统，它直接决定了我们分析的各种变量的均衡值，如果这样的值存在的话。

（1e）X = bN

（2e）X = C + I

（3e）$C = C\ (X,\ r,)$

（4e）$I = I\ (X,\ \dfrac{w}{p},\ r,\ K)$

（5e）$r = r\ (M,\ pX)$

（6e）$w = \beta L\ (p,\ N)\ + \alpha w_0$

其中当 $N \geqslant \overline{N}$ 时，$\beta = 1$，$\alpha = 0$，而当 $N < \overline{N}$ 时 $\beta = 0$，$\alpha = 1$

（7e）$p = \dfrac{w}{b\ (1-\mu)}$

最后，对于当就业水平低于充分就业水平的特殊情形而言，

w 和 p 都被认为是常数。于是短期静态系统可以缩减成一个更简单的系统。

(1k)　$X = bN$

(2k)　$X = C + I$

(3k)　$C = C \ (X, r,)$

(4k)　$I = I \ (X, r)$

(5k)　$r = r \ (M, X)$

可以很容易地看出这最后一个模型本质上就是简单凯恩斯系统，它已经被广泛而频繁地使用于最近的经济计算与预测中。虽然在后面关于技术进步与就业的分析中我们将总是参照我们关系函数关系的基本系统，但我们也将偶尔使用这些简单的模型。

第一章附录　宏观经济学注释

按照第一章给出的定义，如果包括在函数关系中的经济变量仅仅是指单个厂商和居民及其他个体经济决策单位的话，则这个经济系统就是微观经济系统；如果它涉及的是一组厂商和居民的总量或者平均，或者是一级任何其他经济单位，则这个经济系统是宏观经济系统。在对一个经济问题的几乎所有的分析中，相关单位经济值的数量总不变地是如此之大以至于完全基于微观经济值的系统彻底无法管理，除非以公式的方式进行。公式化描述，例如瓦尔拉斯一般均衡体系，它假定了给定的函数关系都与所有单个微观经济值相联系，我们知道一些关于所有以及每个假定的关系否则并没有多少实际用处。然而收集这类知识几乎是一项不可能的任务。事实上，关于我们确实掌握的任何经济结构的知识实际上是以对一组厂商和居民的平均或者加总行为的方式来存在的。此外，在大多数情况下，我们最感兴趣的经济数量确切地说是具有加总属性的，例如一个社会的总国民收入和总就业量。因此，宏观经济概念，被广泛地应用于经济学文献中。

然而，在我们构建一个宏观经济体系时，却有一些复杂的理论困难我们必须加以解决。大多数宏观经济量值纯粹都是微观经济量值的推衍，它们自身并没有任何现实实体。在这类情形下，只有存在于微观经济量值之间的函数关系才可以假设为存在于事先假定的基础之上，任何联系宏观经济量值的关系都需要首先从相应的微观经济关系中推导出来。但是从相应的微观经济关系中推导出一个有意义并且唯一的总量经济关系却并不总是可行的。例如，考虑这样一个情形，A 个不同的厂商生产出 m 种不同的商品 x_i，投入为 r 种劳动 n_i 和 s 种资本 k_i。连接单个厂商产出与投入的微观经济关系，也就是单个生产函数，就有如下形式：

$$F_\alpha = (x_{1\alpha}, \cdots x_{m\alpha}; n_{1\alpha} \cdots n_{r\alpha}; k_{1\alpha} \cdots k_{s\alpha}) = 0 \quad \alpha = 1, 2 \cdots A$$

很显然并不能够保证在总产出与总投入之间会有一种类似的唯一关系存在，使得：

$$C (X, N, K) = 0$$

其中 X，N 和 K 分别是总产出、总劳动量和总资本的指标。在这个附录里，我们将尝试着，首先去构建能够从相应的微观经济关系中推导出唯一宏观经济关系的条件[①]，其次，去检验这样的条件是否能够由我们在第一章中构建的宏观体系里实现。

---

① 这部分附录第一部分的相当一部分内容已经以同一标题发表，《宏观经济学注释》，载于《计量经济》，1946 年 10 月。

I

首先，微观经济函数和定义了宏观经济量值的函数之间是存在着函数依存关系的，并且总量关系可以唯一地决定，这当然是可能的。为了获得这样的一种函数依存关系，或者微观经济函数或者宏观经济量值的定义，或者两者都必须具备一定的特性。这些特性可以借助于函数依存性的数学理论很精确地加以表达①。以非数学术语而言，这种函数依存关系的存在就意味着宏观经济关系必须独立于所有宏观经济量值的分布，无论是在不同经济决策单位，例如厂商或者居民之间，还是在构成宏观经济量值的不同要素之间，例如不同类型的产出与投入。在生产函数的情形里，它意味着，总产出 X 仅仅依赖于总劳动和总资本的规模 N和 K，而不依赖于 N 和 K 在不同独立厂商之间的分布方式，也不依赖于 N 和 K 在任何单个厂商内不同类型的劳动与资本的分布方式。换言之，只要 N 和 K 是固定的，那么它们的分布方式必然是不重要的。

已经有人建议，所有的宏观经济量值都应该如此构建以保证存在这样一种函数依存关系②。然而很显然这一要求极不可能在所有的实际情形中得以满足。切莫忘记任何宏观经济体系的目的不仅仅在于缩减变量的数目，而更加重要更加基本的目的是在于提供一个用于分析我们实际感兴趣的宏观经济量值的可行方案。如果函数依存关系存在这一要求严格遵从，人们会发现在大多数情形下或者是没有满意的总量可以发现以满足这一要求，或者通

---

① 参见劳伦斯·R. 克莱因（Lawrence R. Klein）：《宏观经济学与理性行为理论》，《计量经济》，1946 年 4 月，第 98—100 页。

② 克莱因，同前引，第 94—95 页。

过操纵总量构建以使要求得以满足时，总量会变得如此巨大以至于它们完全没有任何经济上的意义了①。从而宏观经济学可以应

---

① 在柯布—道格拉斯生产函数扩展的情形下，克莱因发现要求可以满足（同前，第102—103页），然而所构建的总劳动 N 和总资本 Z 显然与我们实际上感兴趣的任何经济变量没有任何关系，如总就业量和总资本量等。即使我们可以在一个包含了总生产函数并作为其中一种关系的宏观经济体系中解出 N 和 Z，我们依然会完全不知道总就业量和总资本量的规模。

为了回答以上批评，克莱因辩论道：（1）通过在他初始论文中的特殊柯布—道格拉斯情形中的个体生产弹性，分布效应得以解释，（2）微观经济量值的加权几何平均和加总同样很好地代表了生产总量，就业总量等等，即便是在存在着通用衡量单位的情形下。（参见《加总理论评论》，《计量经济》，1946年10月）然而，可以很容易地看出，这样的辩论是站不住脚的。首先，在克莱因特殊情形下构建总量时包括个体生产弹性从性质上说就完全不同于我们使用基于边际生产率方程之上的特定分布模式，这一点会在后面的论述中以特殊例子给出以说明我们在构建宏观经济关系中的必要条件。仅仅将个体弹性包括进来并不能以任何方式否定我们的批评，即函数依存条件的满足要求这么一个不现实的假设，只要总量保持不变，那么它们分布的方式必然是不重要的。另一方面，基于边际生产率方程的特定分布模式的使用，就有可能省去这一不现实的假设。克莱因的阐述，"由于弹性和边际生产率两者给出了近乎相同的信息，因此它们之间也就没什么可选择的"（《评论》，第310页），很显然透露出对于我们批评性质的完全误解。其次，我们的批评，出于满足函数依存条件而特殊构建的总量很可能完全没有经济意义，是直接针对总量可能是相应微观经济量值的任何特殊函数这一一般情形的。这样的总量与任何我们设想去探究的实际宏观经济量值，例如就业总量，可能没有关系。一个无法告诉我们相关经济规模，只是包含了由一些微观经济量值的奇怪函数定义的总量的宏观经济体系显然不能说有任何经济意义。在定义总量的函数具有几何平均的性质的特殊情形下，同样也很显然，这样的几何平均与我们感兴趣的实际总量相比可能在相反的方向上存在很大的差异，在那种情形下，普遍存在的单位是加总。我们的批评与涉及算术平均和几何平均的相对优势问题的老争论问题没有任何关系。事实上，如果有共同的衡量单位的话，就不会有任何这类争论的产生。究竟是使用算术平均还是几何平均，或者实际是任何其他函数的问题必须由所探究的目标来决定，而不是由关于函数依存的任何非必要要求而定。此外，我们的批评也不会因为以下辩论所削弱，即实际上不同方式构建的总量彼此很接近因而对于我们的目的来说是一样的。如果严格遵循这个辩论的逻辑，人们将会不可避免地得出结论，涉及总量构建的包括克莱因在内的所有讨论都是没有必要的，因为无论人们使用何种构建方法，构建的总量和总量关系在实际上大致是一样的。

用的领域实际上就变得非常有限。

幸运的是，在微观经济函数和定义了宏观经济量值的函数之间的函数依存，尽管是唯一宏观经济关系存在的一个充分条件，却并不是一个必要条件。在生产函数的情形里，并不是要求投入的分布必须与总产出的决定因素完全不相关，我们所要求的全部只是存在着一种确定的分布模式，也就是说，投入在不同单个厂商之间的分布及投入在不同类型投入之间的分布都是一种确定的方式。一些决定了宏观经济量值的明确关系的存在提供了构建唯一宏观经济关系的第二种可能性，这种可能性比函数依存关系的那种可能性更为可行。

首先考虑最简单的情形，即产出、劳动和资本全都是完全齐次的。单个生产函数于是就具有这样一种形式

$$(1)\quad x_\alpha = f_\alpha\,(n_\alpha,\ k_\alpha)\qquad \alpha = 1,\ 2,\ \cdots,\ A$$

里昂惕夫（Leontief）教授最近推导出关于函数独立性的理论，它也与加总问题密切相关。参见《具有连续一阶导数的连续函数独立变量子集内部关系的注释》，《美国数学协会公告》，第 53 卷，第 4 期，以及《函数关系内部结构理论介绍》，《计量经济》，1947 年 10 月。在这两篇文章中，他表明了诸如 $F\,(x_1,\ x_2,\ x_3,\ \cdots,\ x_n)$ 的函数可以转换成函数 $G\,(y_1,\ y_2,\ y_3,\ \cdots,\ y_m)$，m < n 的条件，其中

$y_1 = {}_1f\,(x_1,\ x_2,\ \cdots,\ x_i)$，

$y_2 = {}_2f\,(x_{i+1},\ x_{i+2},\ \cdots,\ x_{i+j})$，

……………………………………

$y_m = {}_mf\,(x_{i+j+\cdots+1},\ \cdots,\ x_n)$，

然而，这一理论当应用于总量和总量关系的构建时，从根本上还是会受到我们已经提出的针对克莱因方法的同样批评，尽管可能是更松的程度。假定函数 F 表示一个个体的消费函数，x_1，x_2，…x_i 是食物项，x_{i+1}，x_{i+2}，…x_{i+j} 是衣物项，等等。假设我们发现函数独立性条件得以满足，因此有可能将函数 F 转换成函数 G（参见里昂惕夫教授发表在《计量经济》上的文章，第 371—372 页）。我们如何确信 y_1，y_2，…y_m 是我们实际上感兴趣的食物、衣物等的充分加总测度呢？为了使变量能够符合我们感兴趣的加总量值，依然有必要首先指定函数 ${}_1f$，${}_2f$…${}_mf$，然后再确定是否可能将函数 F 转换成唯一的函数 G。但是因此这样一种转换的充分和必要条件就变成了函数依存关系的充分和必要条件，后者比函数独立性的充分和必要条件要严格得多。

能够给我们以总就业量和总资本量的加总的自然类型显然是简单相加。因此我们有

(2) $N = \sum\limits_{\alpha=1}^{A} n_\alpha$, $K = \sum\limits_{\alpha=1}^{A} k_\alpha$

现在，如果我们假设不同单个厂商之间投入的分布是由单个厂商的边际生产率方程所决定的，我们有

(3) $\dfrac{\partial x_\alpha}{\partial n_\alpha} = \dfrac{\partial x_\beta}{\partial n_\beta}$ $\dfrac{\partial x_\alpha}{\partial k_\alpha} = \dfrac{\partial x_\beta}{\partial k_\beta}$ $\alpha = 1, 2, \cdots A$ $\beta = 1, 2, \cdots, A$

在（1），（2）和（3）中，我们有3A个方程和3A个变量，N 和 K 不算作变量。因此，转换①就可以以这样的一种方式来进行，即所有的 n_α 和 k_α 都以 N 和 K 来表示。用 N 和 K 替换掉（1）中的 n_α 和 k_α 并加总所有单个生产函数，我们就获得了唯一的总量生产函数

(4) $X = F(N, K)$

其中 $X = \sum\limits_{\alpha=1}^{A} x_\alpha$②

由于边际生产率方程用于确定投入在单个厂商之间的分布模式，总生产函数只有在各个厂商都处于均衡时的相对位置上才成立。这一限制将我们的总生产函数限定于宏观静态体系之中。然

---

①　当然，这一转换取决于雅可比（行列式）的非零性。然而这一条件实际上总是可以满足的，只要单个厂商的边际生产率方程可以满足。

②　可以很容易地证明 $\dfrac{\partial X}{\partial N} = \dfrac{\partial x_\alpha}{\partial n_\alpha}$，$\dfrac{\partial X}{\partial K} = \dfrac{\partial x_\alpha}{\partial k_\alpha}$，$\alpha = 1, 2, \cdots, A$

因此，在这个特殊的情形下，克莱因的构建宏观经济量值的第二个标准也可以满足，即如果利润是由各个厂商最大化实现的以至于边际生产率方程在完全竞争条件下是成立的，那么总量的边际生产率方程也必然成立（《宏观经济学》，第95页）。然而这个第二标准似乎也是非必需的，似乎是任意的。如果存在唯一的，那么尽管这个第二标准并不满足，总生产函数依然在宏观经济体系中将会有用。利润最大化的条件可以用其他形式的方程来表达，而不一定需要用常用的边际生产率方程来表达。

而这种情形用在这里只是为了说明一个明确的分布模式如何可以获得。在不同的假设下，与动态分析相容的唯一总生产函数也可以以同样的原则加以推导。

在一般情形下，也就是 x_α，n_α 和 k_α 不都是齐次的，则除了投入的分布模式是作为不同单个厂商之间的分布以外，我们还必须有关于 X，N 和 K 在不同类型的产出与投入之间的明确分布模式。如果存在着这样的一个明确分布模式，每个单个生产函数

$$f_\alpha(x_{1\alpha},\cdots,x_{m\alpha};n_{1\alpha},\cdots,n_{r\alpha};k_{1\alpha},\cdots,k_{s\alpha}) = 0 \quad \alpha = 1,2,\cdots,A$$

就可以转换成（1）的形式，而它已经被证明可以转换成一个唯一的总生产函数[①]。

我们从具有明确分布模式的相应微观经济关系中推导宏观经济关系的过程，说明总量关系的特征并不总是可以直接从那些对应的微观经济关系中借用。总量关系的特征不仅取决于相应的微观经济关系而且还取决于涉及的特殊分布模式。也需要注意的是，由于宏观经济关系并不直接指经济决策的单个主体，适合于微观经济关系的最大化类型的运作可能并不能够直接应用于总量关系，特殊情形除外。此外，宏观经济关系较之于从中推导而来的微观经济关系而言其自主的程度更加有限[②]。一种明确的分布模式的确定涉及的变量数目越大，则宏观经济关系所具有的自主程度就越低。在极端情形下，一种明确的分布模式的确定涉及原始微观经济体系里所有的变量，则基于这样一种分布模式而推导的宏观经济变量将完全不再是理论上能够被替代的变量。在这样

---

① 这一分布模式的一个最简单例子是这样一种情形，不同的产出是以给定的比例生产出来的，不同的投入也是以固定的比例得以使用。在这种情形下，所有的 x，n 和 k 都可以分别转换成单一变量 X，N 和 K。

② 关系经济关系的自主性，参见 T. 哈维尔莫（Haavelmo）：《计量经济学的概率方法》，《计量经济》，1944 年 7 月增刊，第 26—39 页。

的情形下，或者是宏观经济量值必须再加以细分以使其具有更少的包容性，或者是必须再有额外的假设使得分布模式可以在不涉及所有微观经济量值的条件下得以确定。

另一方面，在宏观经济关系构建过程中，理论自主性的损失往往换来的是统计规则性。由大数定律，微观经济关系中的随机因素许多情形下在由其推导的宏观经济关系中变得分布系统化和可预测化。加总过程于是就起着消除在微观经济关系中随机性质的非规律因素①。

在许多情形下，如果不做一些不现实的假设的话，我们可能无法获得用于特定宏观经济关系构建的明确分布模式。然而，这些假设，接着将会清楚地指明我们宏观经济关系的局限性，这些局限性可能依然需要通过其他方法来加以弥补。不管在何种情形下，明确分布模式自身的考虑都将避免因忽略在宏观经济量值内部结构中的显著变化和因赋予一个现实实体以它们可能实际上并不具有的量值而导致的危险②。

II

在第一章中，我们已经尝试着构建了静态条件下的一个宏观经济体系。对于我们关系宏观经济关系的假设是否合适的检验情形现在来看是比较良好的。当必须做出额外的假设以给假设的宏观经济关系提供一个理论基础时，在这种情形下，我们也将比较假设与实际经济世界以确定我们系统的局限。由于这类假设妨碍了我们的基本体系，使之不足以用于分析特定问题，因此问题将独立地加以分析。

---

① 参见哈维尔莫（Haavelmo）上述引文，第50—52页。
② 参见熊彼特，《商业周期》，第一卷，第43—44页。

　　在我们基本体系的宏观经济关系中最令人感兴趣的是实际生产函数，消费函数，投资函数和资本密集度函数。正是这四个宏观经济关系的构建才使得分布模式原则起着最重要的作用。因此，我们将依次检验这些函数。

　　对于实际生产函数的构建，我们将做两个假设。首先，对于生产同一产品的所有单个厂商，我们假设资本品过剩能力的程度各个厂商都是一样的。其次，我们假设在没有技术进步的情形下相对于不同商品的相对需求从而对于不同商品的相对生产依赖于实际总收入的规模。从第一个假设，只要每个独立厂商的资本品数量是给定的，那么我们就可以获得总生产在不同单个厂商之间的一种明确分布模式。从第二个假设，我们获得了总生产在不同商品之间的一个明确分布模式。由于有这两个分布模式，于是从单个生产函数中就可以推导出唯一的实际总生产函数。

　　这两个假设并不是完全令人满意的。它们并不是与现实世界完全对应的。如果每个厂商正确地估计到它所生产的某种商品总需求中拥有的份额并因此购置资本品的话，第一个假设将是与实际相符的。在一个变化的过程中，这样的一个假设不太可能被满足。因此，就业量就不仅依赖于总需求的规模而且也依赖于需求在不同厂商之间的分布，至于这种分布则不直接取决于总需求。如果对于厂商产品的相对需求增加，厂商在他们的生产过程中要求相对较多的劳动力，则就业量也将会增加，即便实际总收入不变。

　　第二个假设可能更加不令人满意。不同商品的相对需求显然不仅仅取决于实际总收入的规模，而且也取决于不同商品的相对价格。如果对于给定的总实际收入而言，相对需求有了一个变化，那么就业量于是也将受到不同商品相对重要性的变化的影响，这些商品具有相同的实际价值然而在它们的生产过程中却要求不同劳动就业规模。

对于每个独立居民而言，实际消费支出取决于他实际收入的规模和变化的时间率。可以假设每个独立居民的实际收入是他所属的社会的实际收入总量的函数，我们有实际总收入在不同独立居民之间的明确分布模式。此外，每个居民实际收入变化的时间率于是也可以转换成实际总收入的变化率。另一方面，如果实际总收入自身不足以决定单个居民各自的实际收入的话，在我们的总消费函数中就需要引入额外的独立变量。

正是在投资函数和资本密集度函数里才使得独立宏观经济变量结合得最为密切从而具有了它们的现实实体。各个厂商的投资活动事实上基于对于总体商业活动、总现有生产能力等的平均或者加总属性的估计。确实，单个厂商当然更加关注于他们直接相关的经济的一个小部门上的宏观经济量值，而更少关注于总体经济的宏观经济量值。正是出于这个原因，加总的问题，即便是这两个方程，也并不是完全不存在的。明确分布模式的存在也将取决于这样一个假设，即影响单个投资决策的变量必须唯一地取决于在我们两个方程中已经包括的独立宏观经济变量。

除了这两个对于不同分布模式的存在而言必要的假设以外，我们也忽略了劳动力和利息率的异质性。这里的假设无疑给我们的基本体系附加了严重的限制。除了这样一个事实以外，即一个宏观经济体系显然无法用来分析与单个经济主体相关的问题，我们还必须格外谨慎，即便当我们的宏观经济体系应用于直接涉及宏观经济量值本身的问题时。在我们未来的分析中，只要有理由相信我们的假设严重地歪曲了结论，则我们的系统中就需要做一些修正。如果我们已经构建的系统无论以何种方式，也不论它多么不精确地有助于分析一些最为显著的关于经济现象的事实，这些事实换了其他方式将无法管理和无法识别，则系统就已经达到了它的目的。

第二章　技术进步:比较静态学

技术进步被定义为是建立了一个新规划生产函数,这一函数使得现有实际生产函数的适应过程变得必要。与这一定义相联系,有两点需要加以阐明。首先,并不是规划生产函数的所有变化都被认为是技术进步。一种新生产方法的发明,尽管通过增加了生产一种产品的技术可能性,它可能被认为是规划生产函数的变化,然而它却并不被认为是一种技术进步,除非这一发明实际上投入实践并且因此要求现有实际生产函数有一个适应过程。有许多原因可以解释这样一个事实,即生产方法的新发明并不总是对于生产模式有实际效果。例如,在现有或者预期的生产要素价格条件下引入一种新的生产方法也许并不可行,虽然如果在要素价格变化的条件下它可能会变得有利可图。在这种情形下,技术进步可以说是发生于当要素价格发生变化之时。其次,另一方面,并不是所有的实际生产函数的适应过程都被视为是技术进步。例如,由于产品市场的扩张导致现有生产设备的简单复制或者扩张,或者由于要素价格的变化导致实际生产函数退回到较老的已经尝试过的生产方法上,并不构成为是技术进步。因此,用通俗的语言来说,技术进步也可以被定义为是任何开展以前未被尝试过的新生产方法的尝试活动。

按照我们的定义,技术进步包括了新商品的创造和老商品生产成本的节约。当新商品得以创造时,它们通常替换了一些老商品以满足特定的需求。因此,只不过是程度上的不同而已,铁路替代了邮政马车,电灯淘汰了汽灯或者油灯,等等。另一方面,这些新的商品也满足了以前未曾被满足过的特定需求。这显然就是我们关于铁路和电灯的例子里的情形。因此,不同于老生产成本节约的情形，新商品的创造直接扩大了需求的规模①。诚然，由于商标和其他形式的产品差异化越来越重要，常常很难在新商品的创造和老产品生产成本的节约这两者之间划定一个明确的界限。然而，我们随后将会看到，这种区别足以重要到需要加以分析地进行区分。

在经济学文献中经常提及的另一种技术进步分类是在资本节约和劳动节约的创新或者提高。不同经济学家对此的定义各不相同。庇古定义劳动节约型创新为降低了受雇于各个行业内而不仅仅是领先的某个行业及其附属部门的资本对劳动比率的创新，资本节约型创新为提高了这一比例的创新，而中性创新则是并不改变这一比例的创新②。另一方面，希克斯按照创新的初始效应是提高、保持不变还是降低了整个经济体系内资本的边际产品对劳动的边际产品的比例，将技术进步划分成劳动节约型、中性型和资本节约型③。这两类关于技术进步分类的不同定义都用于分析对于总国民收入中劳动总量或者相对份额的影响。因此，庇古推论认为，当技术进步发生于并不生产工资品的行业时，劳动节约型创新，按照他对于该术语的定义，将会有减少劳动力的实际总收入的效应。另一方面，希克斯则得出结论认为，按照他的定义，劳动节约型创新有降低劳动力相对份额的效应。这两个推论都仅仅适用于严格的均衡分析，除了这一事实以外，它们也基于数个极端受限制且不现实的假设：所有要素的充分就业和资本数

---

① 参见 E. 莱德勒（Lederer）：《技术进步与失业》，1938 年，第 7 页及第 22—26 页。

② A. C. 庇古（Pigou）：《福利经济学》，第 4 版，1938 年，第 674 页。

③ J. R. 希克斯（Hicks）：《工资理论》，1932 年，第 121—122 页。另见 J. 罗宾逊（Robinson）主编：《就业理论论文集》，1937 年，第 132—133 页。《创新的分类》，载于《经济研究评论》，1938 年 2 月。

量的固定，而不论技术改进的过程①。这样的假设和纯粹的学术好奇一样阐述概念和分析。

朗格（Lange）提供了另一种关于劳动节约和资本节约型创新的定义②。按照他的定义，一种创新称之为劳动节约型，如果它降低了劳动的边际生产率；称之为资本节约型，如果它降低了资本的边际生产率。当一种要素的边际生产率提高时，这种创新就称之为是要素使用型。于是，劳动节约型和资本节约型创新就与某个时期对于劳动和资本需求的减少相联系，而劳动使用和资本使用型创新就与需求的增加相联系。尽管这一定义和随之的分析并不会受到我们对于庇古定义和希克斯定义那样的反对，然而这些概念的适用性在很大程度上被限制在当创新影响的只是整体经济中的一个小部门从而不存在第二效应这样一种情形里。

出于我们的目标而考虑，我们应该使用术语劳动节约和资本节约型创新，并且按它们最为流行的意义去理解。一项创新定义为是劳动节约型的，如果给定的产出可以用更少的劳动来完成。类似地，资本节约型创新就是能够促使给定产出以更少资本来生产的创新。另一方面，如果一项创新需要更多的劳动或者资本以完成给定的产出，则它就被定义为是劳动使用型或者资本使用型③。如果一项创新并不影响到特定要素，劳动或者资本，在给定产出的生产中的使用量，那么它就被称为是要素中性型。从这一分类中并不能够直接得出关于国民收入的份额或者就业量的任

---

① 庇古的推论要求有一个额外假设，即劳动的边际生产率是资本对劳动比例的增函数。值得注意的是，这一假设不同于通常为人们所接受的假设，即劳动的边际生产率是与之配套的资本数量的增函数。

② O. 朗格（Lange）：《价格弹性与就业》，1944 年，第 73—74 页。

③ 显然，一项创新不可能同时为劳动使用型和资本使用型。然而，如果总的效应是成本的降低，则技术进步却可能既是资本使用型也是劳动节约型，反之亦然。

何结论。它仅仅是用来指明几种不同类型的技术进步，它们的效应有待于以后加以比较。

还有一种分类是将技术进步划分成自发创新和引致创新。希克斯将自发创新定义为源自于技术工作的自然进展的那些创新，而引致创新则是那些源自于要素相对价格变化的创新①。这种分类主要用于他对于劳动节约型创新占主导地位的解释。出于我们目标的考虑，我们将遵循熊彼特教授的建议，采用"引致创新"这一术语来表示"那些在某个领域里复制第一批创新者们的过程以及现有厂商在适合他们现有生产的过程中出现的额外改进"②。由"第一批创新者们"做出的投资也就被称为是自主投资，而与引致创新相对应的投资就被称为是模仿投资。

我们现在继续以考虑技术进步对于劳动就业量的影响。在过去，技术进步已经主导了劳动节约型创新的形式。尽管可能还存在着一些疑问，关于从历史经验上技术进步是否也已经涉及了相对于产出的增加资本使用也会增加，然而，给定产出量已经可以由越来越少的劳动时间来完成这一事实却从未有过任何怀疑。由于这一原因，技术进步的经济分析已经主要关注于劳动节约型创新。自马歇尔和瓦尔拉斯均衡方法在经济学界盛行以来，一般的结论是，从长期来看，技术进步并不能够造成任何失业。技术进步可能导致劳动就业的短暂扰动和缩减这一点并未加以否认。然而一般却认同造成短暂失业的技术进步初始力量最终将被其他力量补偿从而不会有持久的失业产生。这一理论通常被称为是补偿理论。这一理论的各个论点因不同经济学家而异；然而它们却可以下面的形式来加以概括。

---

① 希克斯，前引书，第 125—126 页。

② 熊彼特：《商业周期》，第一卷，第 101 页，脚注 2。

（1）购买力的非破坏性

考虑劳动力就业最不受欢迎的一种情形，就是劳动节约型创新是在一个在寡头垄断市场条件下运作的行业里引入的。产品的价格可能根本无法下降，因此对于这个行业产出的增加可能不会有补偿①。这个行业里劳动的就业将会减少。

补偿理论的第一种形式认为，在引入了技术改进的行业里尽管初期会有劳动力的下岗，然而社会的总购买力依然不变②。如果生产成本缩减了，而产品的价格水平依然不变，则生产者的利润就会增加③。假设利润的增加部分将由这些生产者或者用于消费品或者用于投资品的支出上，从而，社会的总购买力依然未受损害，只不过是从下岗的工人转移到生产者手中，并且有观点认为随着利润增加部分的扩张，早期下岗的工人将会再次受到雇用。

----

① 在寡头垄断条件下，通常存在着一个传统的价格水平，在这个价格水平上，单个厂商的产品需求函数会有一个"折线"。单个寡头垄断厂商的边际收益函数因此在需求曲线的折点处对应的水平上就是非连续的。任何无法将成本下降至将边际成本函数带至边际收益函数非连续段的创新也就无法改变价格或者产出水平。（参见O. 朗格（Lange）前引书，第40—42页及第75—76页。）

当然，这只是在寡头行业中引入技术进步可能假设的许多种可能性中的一种。在其他的可能性中，我们应注意以下几种。（a）边际成本曲线可能会被移出非连续段，导致价格的下降和产出的增加。（b）成本的下降可能导致单个厂商改进它们的产品。在这种情形下，产出可能增加而价格不会有任何下降。（c）如果在寡头垄断行业里创新并不是对于所有厂商都是可以进行的，那么引入技术改进的厂商可能会削减价格以排挤其他竞争者，尽管边际成本函数依然在非连续段之内。然而，尽管会有所有这些不同的可能性，事实依然是垄断的情形是当技术改进引入之后劳动力就业的最不受欢迎的情形。

② 这一论点可以在诸如 J. B. 萨伊和 J. R. 麦卡尔洛（McCulloch）等早期经济学家的著述中找到。保罗·K. 道格拉斯（Paul K. Douglas）的文章《技术性失业》（载于《美国联邦主义者》，1930年8月）给出了对于这一论点的明晰说明。

③ 对于这一观点而言，引入的技术改进是资本使用型还是资本节约型是无关紧要的。唯一的差别可能是增加的利润在生产者和资本品的供给者之间的不同分配。

　　然而这一论点却有一个致命的错误。即使它假设的增加部分实际上将会支出，却并不能够得出初始下岗的工人将再次受到雇用。劳动节约型创新的影响恰恰就在于促使相同的实际收入水平可以用更少的劳动时间来实现。利润增加部分的支出只不过替代了下岗工人原有的支出。这一论点防止了下岗工人减少支出的第二影响，然而却未能创造任何可以吸收增加的失业的力量[1]。

　　（2）价格下降。如果一项劳动节约型创新引入到在完全竞争和自由进入条件下运营的行业内，产品的价格将会下降，而产出将会增加。有观点认为产出的增加于是将防止劳动节约型创新降低该行业的就业量。

　　该技术改进行业内就业量维持的程度取决于（a）产品需求的弹性，（b）劳动成本相对总生产成本的重要程度。如果假设劳动成本构成了全部生产成本，则劳动的就业量就会依据该产品需求弹性是大于、等于或者小于 1 而增加、维持和减少。如果除了劳动成本以外还有其他成本，则需求弹性将不得不大于 1 以维持技术改进行业里原先的就业水平。在需求弹性并不足以维持技术改进行业初始就业水平的情形下，争论于是又回到购买力的不可破坏性情形上了，也就是说，由于消费者在这种产品价格上的节约或者由于劳动以外的其他生产要素收入的增加，对于其他商品的需求会增加。然而这一论点，我们已经看到了，是站不住脚的。

　　关于价格削减和需求弹性的全部讨论本质上都是莫过于局部均衡分析之上的。这一分析是充分的，仅当（a）技术改进的行

---

　　[1]　参见 J. S. 米尔（Mill）：《政治经济学原理》，阿什雷（Ashley）版，第 96—97 页，A. H. 汉森：《制度阻力和技术性失业》，《经济学季刊》，1931 年 8 月，及莱德勒（Lederer）前引书，第 150—151 页。

业只涉及总体经济中的一个很小部分因而对于该行业产品的消费并不会显著地影响对于其他商品的需求；（b）这一产品的需求计划并不会由于技术改进的过程而转移。如果技术改进的行业并不显著地影响总体经济，则很容易看出，需求的总体价格弹性极有可能是小于 1 的。单位总价格弹性意味着消费者将总是花费掉他们实际收入中的全部增加部分，也就是说，总实际收入的边际消费倾向等于 1。只要边际消费倾向小于 1，对于所有消费物品的需求价格弹性必然也是小于 1。如果对于技术改进行业产品的需求计划自身是移动的，那么显然需求价格弹性这一概念变得几近无用。

（3）利息率。仍然可以争论认为如果需求的价格弹性是小于维持技术改进行业初始就业水平的必要临界值，则利息率将会下降而投资将会增加，从而提供了重新吸收下岗工人的补偿力量。利息率下降有两个原因。首先，价格下降而产出方面没有相应的成比例增加就减少了必须付出且以同样支付手段来完成的工作量。闲置资金就会增加，而利息率因此也就将会下降。其次，价格的下降，通过直接增加消费者实际收入，缩短了在工资支付到下岗工人过程中所涉及的时间段。除非支付手段的流通速度也下降，争论认为，这也将导致闲置资金的增加和利息率的下降①。

利息率机制也被用来反驳诸如由李嘉图、西斯蒙弟（Sismondi），J. S. 米尔（Mill），以及最近的莱德勒（Lederer）等人提出的与技术进步相联系的资本供给可能会产生问题这样的论点。在这种情形下，正是利息率的上升和由此导致劳动对于资本

---

① 参见哈勃勒（Haberler）和汉森（Hansen）：《汉森教授关于技术性失业观点的一些评论》，《经济学季刊》，1932 年 5 月。

的代替才确保了资本的稀缺并不会成为失业的原因。然而利息率机制的整个问题涉及了诸如信用体系和投资过程等问题，这些问题我们将在后面的章节中再来关注。这里足可以说支付手段固定和流通速度固定的假设显然是不现实的。

（4）工资削减。用于防止技术进步造成持久失业的终极补偿力量是工资的削减。只要工资率是有弹性的，持久失业就无法存在于均衡位置上。因此认为持久失业的存在必然是由于工资率的刚性而非引入的技术改进所造成的[1]。

然而，正如我们在第一章已经指出的那样，弹性工资率并不总是意味着失业的消除，实际上却可能导致一个完全不稳定的经济系统。此外，事实上工资率在现实世界里是无弹性的。技术进步是否造成了劳动的额外失业依然是个问题，这一问题并不能够通过认为持久失业是由刚性工资率所造成的来加以解决，即便这样的一种论点是有意义的。

补偿理论本质上是构建于静态系统之上的。这样一种系统的不充分性，我们已经有机会指出过。静态经济分析近乎于毫无价值，除非它可以证明均衡位置是稳定的，而这样一个过程又需要有关于静态系统所属的动态系统的知识。然而，在本章的剩余部分里，我们将暂时假设我们在第一章中构建的函数关系基本体系确实有稳定的均衡值，以便于比较补偿理论的结论与并没有假设完全工资弹性的我们系统中可能得出的结论。

让我们首先考虑技术进步作为孤立事件，比较在技术进步过程之前和之后的两个均衡位置。由于我们在这里专门考虑均衡位置，在均衡位置上实际生产函数已经调整到规划生产函数的最优

---

① 例如，参见 N. 卡尔多（Kaldor）：《反对技术进步的一种情形？》，《经济计量》，1932 年 5 月。

点上了，投资可以假设为等于零。

如果现在技术改进是以劳动节约型创新的形式引入经济中，从而在实际生产函数中每单位劳动的产出量增加了，我们必须要考虑的第一个问题是价格水平是否会下降。参照我们基本体系中的价格函数，我们看到价格水平的影响取决于每单位劳动的产出量变化与市场不完全和垄断程度之间的比较。如果市场不完全和垄断程度显著增强，则它可能防止价格水平下降。市场不完全和垄断程度增强可能有数个原因。

首先，我们已经注意到，技术进步在那些运营于垄断市场条件的行业中引入可能并不能够将边际成本函数移出边际收益函数的非连续段。在这些情形下，市场不完全和垄断的程度将会增强而价格水平实际上依然不变。如果技术进步导致产品差异化或者导致首先引入技术改进的生产者们对于市场的垄断，则市场不完全的程度也会增强。

其次，即便是在完全竞争条件下，所有生产者对于生产的新方法都同样清楚，技术的进步通过扩展所有单个厂商的最优产出规模依然可能刺激垄断或者垄断联合的形成。技术进步扩展产出的最优规模既通过提高资本品相对劳动的重要程度，也通过增加大规模企业科学管理方法的可获得性来实现。由于最优产出规模的连续扩张远大于市场的扩张，厂商的经营如同在不断降低的成本曲线上运营，导致了垄断的形成以及市场不完全和垄断程度的提高。

另一方面，技术进步也可能降低市场不完全的程度，其原因如下。通过新的生产方法，一个新厂商得以进入垄断市场，若非如此，它是不可能进入的。新生产方法或者新产品的引入给新厂商提供了必要的初始优势，使它能够与现有生产类似产品的垄断厂商相抗衡。然而通过技术进步来削弱市场不完全程度的这种可能性却迅速变得越来越小，至少在发达资本主义经济中是如此。技术进步越来越多地并不是由新厂商引进，而是由现有的巨型厂商引入的，它们拥有系统化和自动化的研究实验室。我们发现，不仅是现有市场而且未来的技术改进也正在变得垄断化①。

如果市场不完全和垄断程度增加到足以防止价格下降，如果在我们静态系统中除了实际生产函数以外的其他函数关系都不会由技术进步而移动，则净效应将会是劳动就业量的削减。另一方面，如果市场不完全的程度并不显著增强从而价格确实会下降，价格的下降在我们的系统中可以被认为是实际收入的自主增加。然而只要消费函数自身并不向上移动，只要边际消费倾向小于1，那么价格削减的影响就不可能永远持续②。随着消费者实际收入通过价格下降而增加，实际消费支出也将增加，然而却并不如实际收入的全部增加量那么多。实际收入增加的一部分得以储蓄，实际消费支出将渐渐地回落到它们的初始水平，实际收入也是如此③。因此，我们看到，在我们的假设下，无论价格水平是否下降，都不存在持久的补偿力量来重新吸纳因技术改进而失业的工人。

然而，技术进步并不直接影响消费函数。这是通过数种方式来实现的。首先，技术进步将越来越多的原先属于"奢侈品"类目下的商品转变成"必需品"类目下的商品。在这里，我们发现在本章前面部分对于以创造新产品为形式的技术进步和以降低现有商品生产成本为形式的技术进步两者之间的区别的重要性了。当新产品成功引入以后，消费者的需求规模直接就扩大了，

---

① 参见后面第四章第二部分。

② 我们现在假设价格下降通过利息率对消费函数的影响是可以忽略的。

③ 这一过程非常类似于一次性注入的政府支出的相似情形。如果政府在某个时期增加其支出并且以后不再继续增加，收入将最终回到支出增加以前的普遍水平。

而消费函数就更可能向上移动。以前从未听说过的商品可能到后来被认为是最低生活标准的一个必需部分[①]。如果技术进步是以老商品生产成本的削减为形式引入的，则对于消费函数的影响可能就小得多。消费函数的向上移动在技术改进引入于生产奢侈品的行业里时可能依然充分发挥作用，只要这类产品的价格得以下降。然而一旦某种商品已经在"必需品"的类目之下时，生产成本和价格的任何下降都不太可能改变基本消费者行为[②]。

其次，技术进步通过改变收入分配模式也可能直接影响消费函数。我们已经看到，有理由相信技术进步可能导致市场不完全程度的增强。这将导致收入分配的更加不公平从而导致消费函数的向下移动。然而经验似乎表明，对于消费函数的这一影响作为一种特殊现象从未曾显著过。

因此，技术进步对于劳动就业量的影响，当作为比较静态学的问题来加以考虑时，取决于劳动生产率的提高与消费函数的向上移动之间的比较。这两种效应相对大小的静态决定因素非常难以获得，因为涉及的不同变量之间的相互依存性和由此导致将失业确定为是作为特殊原因的技术进步过程的困难[③]。在所有对于

[①]　汽车行业的情形，它经常也被引用作为高价格弹性的一种情形，实际上就是这一过程的一个很好例子。正是需求函数的移动而非高价格弹性才解释了汽车需求迅速增长的主要部分。

[②]　"奢侈品"在这里定义为是主要由高收入阶层人们消费的商品，对于低收入阶层而言由于其收入有限通常是无力消费。因此，"奢侈品"和"必需品"之间的区别对应于"非工资品"和"工资品"的区别。有意思的是，注意到我们在这里的结论正好相反于通常的经典结论，即在工资品行业的技术进步较之于在非工资品行业里的技术进步更能够增加就业。（参见 A. 庇古：《失业理论》，1933 年）

[③]　例如，早期由 D. 温特劳布（Weintraub）所做的对于技术进步对就业影响的静态统计确定的尝试，正是由于这一原因而无法令人满意。《通过提高效率导致工人失业及他们被行业的吸纳》，《美国统计协会杂志》，1932 年 12 月。在那份研究中，隐含地假设了技术进步和总产出量之间是相互独立的。

技术进步对就业的影响的不同统计研究中，丁伯根（Tinbergen）和沃尔夫（Wolff）所做的研究可能给我们的问题提供了最接近的答案①。主要使用美国 1910 年和 1919—1932 年的平均统计数据，他们得出结论认为如果不考虑投资支出，那么技术进步对于就业的影响是不利的。尽管他们的模型比我们的模型要复杂得多，然而其中的推理却是相似的，虽然他们研究的结果并不能认为是具有完全结论性质的，但他们确实支持了我们的论点，即并不必然存在任何补偿力量能够总是吸纳所有因技术进步而失业的工人。

第三章　技术进步：比较动态学

在上一章中，我们已经尝试着将其作为比较静态学的一个问题来分析技术进步问题。我们已经较为详细地分析了技术进步对于经济系统均衡量值，特别是就业量的影响。在这一章里，我们将尝试着把它作为比较动态学的一个问题来加以分析，也就是说，我们将分析特定类型的技术进步引入之后的全部变化过程。具体一点说，我们将细致地分析技术进步通过它对于投资支出和劳动生产率的影响而对就业造成的影响。然而，与此同时，我们将继续把技术进步考虑为是纯粹的一个外生变量，也就是说，它被假设为不受我们系统中包括的任何其他变量的影响。

本章分成三个部分。在第一部分里，不同类型技术进步对于劳动就业量的影响将会加以分析，假设前提是投资支出

① J. 丁伯根（Tinbergen）和 P. de 沃尔夫（Wolff）：《技术性失业原因的一个简化模型》，《经济计量》，1939 年 7 月。

是自主的，主要受技术进步影响但并不直接以任何本质的方式与其他变量相联系。在第二部分里，我们将放弃第一部分关于投资支出的限制性假设，专门分析作为非商业外生变量的技术进步在商业周期中的作用。在第三部分里，对随着技术进步的引入而可能带来的就业总量上的一定程度的摩擦发展将加以讨论。

I

按照我们在第二章的定义，一项创新被定义为是资本使用型的，如果它在生产给定产量流时要求更多量的资本品的话；而如果给定产出流可以用更少的资本品来完成的话，则为资本节约型。劳动使用型创新被定义为是生产给定产出流时将会要求更多的劳动的创新，而劳动节约型创新则被定义为是对于给定的产出流要求更少的劳动的创新①。因此，一项创新依据产出资本率的百分比变化是小于、等于或者大于产出劳动率的百分比变化而增加，保持不变或者降低了产出的资本密集度②。

在极端情形下，资本节约型创新有如下可能，即除非总产出增加，否则它实际上将导致现有净投资支出率的下降。如果技术进步导致在新实际生产函数中产出资本率大于产出与资本置换之间的老比率的话，情形就会是如此。换言之，创新是如此的资本

①　严格来说，这样的概念只能适用于技术进步是具有减少现有商品生产成本的属性的情形里。在引入新产品的情形下，产出资本率或者产出劳动率以实际量的方式来加以比较是不可能的。然而，这些概念可以加以扩展以覆盖新产品的情形，如果我们允许以实际量方式比较的话。我们并不打算详细探讨这一过程所涉及的种种困难。它们在本质上与我们在加总问题上所遇到的困难是相同的。

②　参见本章的附录。

节约型，以至于现有置换补助远多于足够用来支付为了同样产出流的生产通过新生产方法而必需的资本品所需的资金①。虽然说这样一种可能性的发生显然并不是未知的②，但它在过去确实是比较稀少的。

更加频繁发生的是这样一种可能性，即资本节约型创新，尽管并不减少净新投资，为了给定产出流的生产却并不要求任何新的初始投资。例如，在组织创新中，诸如现有机器的"加速"，通常为人们所知的"合理化"，就是这样的一种情形。在现有资本品的形式上无需有任何变化，唯一的变化是为了给定产出流的生产而必需的劳动量的减少。我们在上一章的分析可以认为已经覆盖了这种情形。

除了上述两种情形，创新，即便是资本节约型创新，必然会造成初始净投资的增加。尽管具有资本节约性质的创新将会导致在实际生产函数中更小的资本产出比率，由创新引入所必需的初始新资本品的购置还是代表了新投资。即使是资本节约型创新在大多数情形下也要求净投资的增加这一事实，也部分地解释了过去的创新一直占主导的是劳动节约型，而很少，如果说有的话，是劳动使用型和资本使用型这一现象。在给定产

---

① 我们假设现有资本品的置换将会进行，如果资本节约型创新没有引入的话。否则，净新投资将依然会增加。

② 美国电力行业在1933年至1937年复苏期间广泛采用的"拔顶技术"可能就是这种创新的一个例子。通过采用"拔顶技术"，源自高压、高温涡轮的回汽通过释放到低压单元的汽头上得以利用。这使得现有电站的发电能力从40%提高到90%而无需提高燃料要求也无需厂房和设备的相应添加。在复苏期间，拔顶单元的购置可能代表了较之于陈旧设备置换和在不引入新技术情形下为了增加发电量所必需的额外燃料要求更少量的投资支出。参见 D. 温特劳布（Weintraub）：《技术开发对于资本形成的当前效应和前景效应》，公共事业振兴署（WPA）国家研究项目，1939年3月。

出的生产中节约劳动意味着未来运营成本的彻底降低，而资本使用型创新在大多数情形里依然将要求投资支出的短暂增加。一方面是劳动节约型和资本使用型创新，另一方面是劳动使用和资本节约型创新，两种情形，并不是对称的因此无法预期会以同样的频率发生。

如果将要生产的产量假设是给定的，资本使用型创新自然比资本节约型创新要求更高的投资支出。然而一旦我们放弃固定产出这一假设，则这两类创新对于投资支出的影响就不再显著了。数种可能性会产生。首先，在某种特定产品的生产中引入资本节约型创新可能会减少总成本以至于该商品的价格较之于其他商品的价格会有显著的下降。如果替代效应很强的话，则该产品的产出可能会增加到这样一种程度以至于导致的必要投资支出实际上要大于那些资本使用型创新可能要求的投资量。诚然，除非针对所有商品的消费函数向上移动，否则替代效应将导致生产替代品的行业收回投资。然而由于收回投资总是限定于资本置换，它们不太可能消除必要新投资支出的效应，除非资本节约型创新是我们在本章前面部分指出过的一种极端形式。因此，可能性依然存在，即资本使用型创新导致的投资支出的总增加可能实际上小于资本节约型创新所导致的投资支出的总增加。

其次，如果资本使用型创新并不仅仅引入于经济的一小部分极少数商品的生产之中，而是在整体经济中普遍采用，则替代效应就无法预期为显著到足以产生上述结果。在这种情形下，资本节约型创新导致的投资支出大于资本使用型创新导致的投资支出这种可能性就不太可能成为现实。

一旦放弃产出量固定这一假设，那么即便对于我们资本节约型创新的两种极端情形而言也是变得可能的，即它们导致净投资支出的增加。如果替代效应更强，如果市场不完全和垄断程度不增强，如果由于引入这样的创新而导致消费函数显著向上移动的话，这种可能性会更大。

因此，我们总结认为，创新，无论是资本节约型还是资本使用型，都可能导致投资支出和总产出的增加。技术进步对于就业的影响取决于总产出增加和劳动生产率增加之间的比较。依据总产出的百分比增长是大于、等于或是小于用来衡量劳动生产率的产出劳动率的百分比增长，就业量也将增加、不变或减少①。产出劳动率，或者每单位产出的变化，直接由引入创新的劳动节约型特征所决定。总产出变化的决定取决于是否存在资本品的过剩能力。这两种情形将会分别加以分析。

首先，如果存在资本品的过剩能力，也就是说，现有资本品存量并没有充分利用，则总产出的增长就取决于引入技术进步导致总有效需求的增长。有效需求的增长反过来又取决于边际消费倾向，消费函数的移动和技术进步导致的投资支出的增加。边际消费倾向越大，消费函数向上移动的幅度越大以及投资支出增加得越多，则产出的增加也就越大②。

在这种情形下，资本使用型创新就有可能比资本节约型创新更有利于就业量的增加。至于资本使用型创新在经济中得以广泛采纳，因此在每种情形下都比资本节约型创新要求更大的初始投资支出，总产出的增加也就更大，从而更有可能的情形是就业量

---

① 以 b 和 b′分别表示创新引入之前和之后的产出劳动率；X 和 X′为总产出量，N 和 N′为劳动就业量，于是我们有 $N' - N = \dfrac{X'}{b'} - \dfrac{X}{b} = \dfrac{X}{b'}\left(\dfrac{X'-X}{X} - \dfrac{b'-b}{b}\right)$ 这一问题的一般数学推导可以在本章附录中找到。

② 参见本章附录，第 1 节。

的增加而不是减少①。

　　其次，如果不存在资本品的过剩能力，也就是说，如果现有资本品存量已经充分利用，则总产出的增加就受限于资本品可利用存量的增加，正在引入的技术进步可能实现这些增加量。技术进步影响现有资本品存量有两种方式。一方面，通过引入创新厂商和由于引入创新导致对其产品需求增加的行业这两者投资支出的增长，资本存量得以增加。另一方面，新资本品的引入强迫老资本品加速其折旧率，资本品存量也在减少。诚然，只要特定行业产出受限于现有资本存量，老的厂商就可以继续与引入新资本品的厂商一起并存，没有必要拆毁老厂商的资本品。然而有可能对于不同商品的需求增长是如此分布于不同的行业以至于在那些引入创新的行业里会有折旧的加速，而在其他一些行业里产出的增长却受限于资本品的稀缺。技术进步对于现有资本品存量的总效应取决于所取得的资本增量的规模和折旧增加规模之间的比

---

　　①　这里我们略微谈谈由汉森（Hansen）教授关于停滞的论文产生的一些争议中的一个。在停滞论文的众多论点中的一个是技术进步存在一个趋势，即变得越来越资本节约型而不是资本使用型。因此，该文认为，越来越难以维持较高的就业水平。实际上是否存在这样的一种趋势这一问题我们以后来分析。但在这里可以指出的是，"就此而言美国停滞学派的推理纯粹由于逻辑基础就可以加以驳斥"这一论点是站不住脚的。参见 W. 费尔纳（Fellner）：《停滞论文的技术观点》，《经济学季刊》，1941 年 8 月，以及《货币政策与充分就业》，第二版，1947 年，第 73—77 页。该引述可以在后面的著作中找到，第 74 页。

　　为了维持这样一个论点，费尔纳作了如下推理。首先，与资本节约型创新相比资本使用型创新所要求的更大的投资支出只具有短期的性质。其次，对于就业的影响在两种情形下都将是不利的，除非总产出增加。这两个理由都是真实而显著的仅当人们只是感兴趣于一项创新的均衡结果而且仅当创新被认为只是孤立的事件而非是一个连续的过程。然而应当显然的是停滞学派感兴趣的不是任何特殊的均衡位置，而是技术进步导致的整个变化过程。诚然，随着技术进步的发展，除非消费函数显著向上移动，否则将会需要越来越多的投资支出增长以维持充分就业。而这恰恰是为什么变得越来越是资本节约型的创新趋势将使得越来越难以维持较高的就业水平，只要资本使用型创新确实比资本节约型创新要求更大的投资支出。

较。一般而言，技术进步将会导致资本存量总体的净增加。因此，总产出也会增加。

因此，在资本品充分利用的情形下，储蓄，并非作为经济万恶的根源，就有了它们经典的作用。或者是自愿的储蓄或者是强迫的储蓄，对于为引入创新而提供必要资本而言都绝对至关重要。因此，在这种情形下，资本节约型创新，而不是资本使用型创新，就更有可能有利于劳动就业量的增长。在这种情形下的总产出就不是受有效需求而是受可利用的资本存量的限制。相比于资本节约型创新，资本使用类型的创新通过要求更大量的投资支出有可能会加剧资本的稀缺程度。另一方面，资本节约型创新将使得有限的资本量用于更多劳动量的就业成为可能①。

因此，技术进步对于就业的影响，涉及我们两种情形里两个非常不同的问题。在资本品较低利用程度情形里，问题本质上是一个有效需求的充分性的问题。就业量将会减少，如果技术进步并不能够有增加足够多的有效需求以抵消劳动生产率的增长的话。另一方面，在现有资本品存量充分利用的情形里，问题本质上就变成是一个资本可获得性的问题。就业量还是会减少，如果技术进步的引入并没有伴随着资本品存量的足够增加以吸纳由于劳动生产率增加而下岗的工人。事实上，在这个情形里，除非资本或者通过自愿储蓄或者通过强迫储蓄，技术进步可能变得几乎不可能。

至于在资本主义发展的早期阶段，通常可以用资本品的相对充分利用、较低的自愿储蓄水平和充分货币市场的缺乏来加以概括，这一问题因而主要是资本稀缺。这也解释了这样一个事实，

---

① 参见本章附录，第 2 节。

即老一辈经济学家在他们关于技术进步对于就业的影响的讨论中，尽管他们也承认根本上说存在一个问题，他们主要还是关注于资本稀缺问题。从亚当·斯密、边沁、李嘉图到 J. S. 穆勒，都强调缺乏资本将导致技术进步的局限性，或者技术进步由于缺乏资本对于劳动阶级的福利可能带来副作用。即使是西斯蒙弟，充分有效需求或者充分商品市场重要性的提倡者，也强调资本可获得性是技术进步增加劳动就业的一个先决条件。马尔萨斯和劳德代尔（Lauderdale）可能是仅有的显著例外。即使是今天，在经济不发达的国家，资本稀缺依然是引入新技术的一个最重要的障碍。

在资本主义发展的较晚阶段，资本品过剩能力变得越来越频繁和盛行，问题就变成主要是有效需求不足。这也代表了经济学家们强调重点的变化，霍布森（Hobson）就是最好的例子①。技术进步对于就业量可能造成的负面影响通过有效需求的缺乏变成了一个现实的威胁。

从周期发展的角度来看，应当指出的是，在我们关于存在或不存在资本品过剩能力的两种情形随着技术进步持续引入就可能相互转化。如果技术进步是在存在资本品过剩能力时引入，如果由于有效需求增加导致产出增加要求资本品利用的增长大于技术进步导致投资支出增加所能够提供的资本存量的增长，则资本品的过剩能力就会渐渐消失从而我们的第一种情形就转化成第二种情形。另一方面，如果在投资决策制定与可投

---

①　凯恩斯学派，尽管强调有效需求不足作为失业解释变量的重要性，却通常都认为技术进步几乎必然有利于劳动就业。就此而言，因技术进步导致净投资支出增加从而导致有效需求增加而带来的影响得以强调，而技术进步在提高劳动生产率方面的影响却很少考虑。这样一种有偏见的强调有可能部分地是源自于在凯恩斯的《通论》中对于不变生产函数的初始假设。

入使用的新资本品出现之间存在时滞，那么也可能在资本品已经充分利用条件下引入的技术进步可能导致现有资本品存量的增长大于有效需求增加所要求的资本存量的增长。在这种情形下，资本品的过剩能力就将出现，我们的第二种情形于是转化成第一种情形[①]。然而这后一种情形的发展，必然会伴随着危机，对于危机的考虑促使我们对于商业周期问题进行细致的讨论。

II

在深入探究技术进步对于就业的影响时，人们不可能不注意到商业活动中周期性波动的作用。既然技术进步与商业周期存在偶然的关系，那么前者对于就业的影响就必然取决于它与周期波动之间的相互关系。

技术进步可能以三种方式导致商业活动中的周期波动。首先，技术进步过程本身就是一个周期过程而且它是外生于本质上是非周期性的经济系统。换言之，如果没有技术进步的话，我们感兴趣的经济变量并不构成一个周期性系统。然而，技术进步过程，由于是周期性外生的过程，作用于经济系统，于是就产生了商业活动的周期性波动。其次，技术进步过程自身是非周期性的，然而它是外生的并且给经济系统提供了这样一种促进力量使得周期性波动得以产生。如果没有技术进步的话，周期性波动或者会被抑制或者根本就不会发生。第三，商业活动周期性波动可能是源自于技术进步过程与系统中其他变量相互作用的结果。在这种情形下，技术进步是我们系统的一个内生变量。当然，这三

---

① 有关现有资本存量的增长正好等于有效需求增加要求资本存量的增长的必要条件的详尽讨论，可以在本章附录第 3 节中找到。

种可能性并不是相互排斥的。然而这三种可能性中的任何一种都足以产生商业活动的周期性波动。第一种可能性可以被认为是经济学领域之外的，也就不准备在这里讨论。第三种可能性将在下一章中加以详细考虑。在本章中，我们将主要讨论第二种可能性。

从一开始就应当强调，尽管我们在这里将技术进步视为非周期性的外生变量，然而我们并不认为经济系统，也就是技术进步所作用的主体，是独立于技术进步过程之外的，以至于后者变成纯粹是一个趋势因素①或者是随机冲击②。事实上，本章的一个主要意图在于表明经济机制的结构自身连续受到技术进步引入影响的方式。我们即将表明的是，只有在当代表经济结构的函数关系中的这类根本变化得以考虑时，导致商业活动周期性波动的可能性才变得可行。

我们将开始讨论对于危机和复苏，也就是周期波动的转折点的各种可能解释。尽管最近强调危机和复苏的影响并不需要特别的解释，它们只是周期波动中需要由一般决定体系来加以解释的一部分而已，然而我们还是准备这么做。这么做是有几个原因的。首先，危机和复苏并不需要必然独立于一般理论之外来加以解释这一事实并不意味着它们无法如此来解释。事实上，总是可能将危机和复苏从解释总体周期现象的一般决定体系中独立出来并给它们提供特别接近的解释。其次，由于在我们的函数关系体系中包括了诸如资本品过剩能力的存在或不存在这样的非连续性

---

①　卡莱斯基（Kalecki）也是这么考虑的，见《趋势》，载于《经济动态学研究》，1943 年。

②　R. 弗里希（Frisch）：《动态经济学中的传播问题与动力问题》，《纪念加斯特夫·卡塞尔（Gustav Cassel）经济学论文集》，1933 年。

的考虑，因此，在某种程度上说，我们就不止有一个体系①，而且区分不同关系集的特征也是至关重要的。第三，最近关于商业周期理论的争论事实上主要集中于对于危机的解释。除此之外，这也正是我们的理解，即未将技术进步作为周期现象一个组成部分的现有周期理论未能够提供关于复苏特别是复苏和繁荣之间关系的任何令人满意的解释。通过将我们的关注焦点放在危机和复苏上，我们也就能够将我们关于周期过程的理解与现有理论区别开来。

由于我们在本章中假定技术进步是一个非周期性的外生因素，因此我们就不能够在与技术进步相联系的投资支出急剧下降过程中寻找可能的危机解释。然而，可能性依然存在，即技术进步，尽管自身是非周期的，然而却可能在经济系统中创造力量导致并不直接与技术进步相联系的投资支出的削减。事实上，正是由经济变量而非技术进步引致投资支出的这部分决定才给商业周期理论提供了核心的争论问题。一方面，我们已经有了消费不足理论，即强调支出对于消费支出的依赖性，消费支出的增加会导致对于资本品需求的增加从而决定了投资支出量。另一方面，过度投资理论认为投资支出取决于资本的供给和价格结构，消费支出的增加，不是增大投资支出，而实际上是通过降低生产中的资本密度来减少投资。

按照消费不足理论，危机可能以三种方式产生。首先，在投

---

① 也可能将这种非连续性或者饱和点考虑作为我们体系的一个组成部分而无需对体系加以进一步划分。然而在这种情形下，该体系几乎必然就变成了非线性的体系。参见丁伯根（Tinbergen），《年度综述：数量商业周期理论的建议》，《经济计量》，1935年7月，第295—297页。对于非线性动态系统求解的数学知识是如此的贫乏，以至于构建这样一个一般决定体系将并不会显著增加我们对于周期现象的理解。

资决策制定与通过资本品存量的增加成为可能的额外产出的出现之间，由于资本主义生产过程的费时特性，必然存在着一个时间滞后，也就是酝酿期。一旦扩张过程开始，进行之中的总投资活动很有可能最终超过由消费者需求所确定的量[1]。于是就产生了危机。其次，随着经济活动的扩张，由于各种原因储蓄起来的那部分收入也趋于增加，特别是收入分配不平等也在加强[2]。边际消费倾向的下降发生于当消费品的生产能力迅速提高时，也会导致危机[3]。第三，如果扩张过程继续到当失业已经大规模减少的这一点时，消费品的生产无法维持它在存在大量失业情形下达到的增长速率。由于资本品的置换不太可能吸引在这样一个时点上生产投资品行业的全部产出[4]，扩张速率的下降于是也导致了危机[5]。

另一方面，按照过度投资理论，危机是资本不足的结果。在扩张过程开始时的信用扩张导致了更多资本使用型生产方法的采纳，然而这种情况的持续，只有在信用扩张的过程以一个越来越快的增加速率继续时才有可能维持。一旦信用扩张停止，或者是由于银行系统方面控制通货膨胀的要求或者是由于制度或者国际

[1] 这并不意味着繁荣阶段的时间段必然等于酝酿阶段。消费者需求规模自身会因投资支出而扩大在一段时期内可以支撑产出的增加。

[2] 这一特殊原因特别被诸如霍布森（Hobson）等消费不足学派的作者们所强调。关于随着收入增加导致边际消费倾向下降同样趋势的其他原因，参见 R. P. 哈罗德（Harrod）：《贸易周期》，1936 年，第 106—109 页。

[3] 这前两种可能的危机解释对应于有时候冠以消费不足理论的过度生产和消费不足版本。例如，参见丁伯根（Tinbergen）：《对于一些商业周期理论的批评意见》，《经济计量》，1942 年 4 月。

[4] 参见 R. 弗里希（Frisch）：《资本生产和消费者购买之间的相互关系》，《政治经济学杂志》，1931 年 10 月，以及弗里希与克拉克（J. M. Clark）之间的后续讨论。

[5] 参见哈罗德前引书，第 165 页。

方面的考虑，更少资本使用的生产方法又将再次得以恢复。无力维持更多资本使用型生产方法促成了危机①。

　　与在危机解释中存在的较为明显的分歧形成对照的是，在不同商业周期理论中对于复苏的解释则可以观察到密切的相似性。尽管依然存在强调重点的不同，然而关于复苏的不同解释却更多地具有互补的性质。然而，也正是在关于复苏特别是关于复苏与繁荣之间关系的解释中，我们发现所有的商业周期理论完全令人不满意，它们并不明确引入技术进步或者只是作为一个趋势因素或者随机冲击引入而不是作为直接影响经济结构的基本因素来引入。困难主要就存在于繁荣与萧条之间的不对称②。

　　由于耐用资本品的投资与收回投资并不是对称的过程，因此复苏与扩张过程无法用与用来解释危机和收缩过程相同的因素来加以解释。首先，在繁荣期，而用资本品存量急剧增长以生产出

---

　　①　过度投资理论的最新版本是由哈耶克（Hayek）在他于1939年所著的《利润、利息和投资》一书中得以扩展，强调的重点从资本的供应或者利息率转到了利润率上。基于"李嘉图效应"理论之上，投资支出的下降和因此导致的危机现在由消费品行业的利润率上升来加以解释。认为因消费品需求增加导致产品价格的上涨，而工资和利息率却未能同时上涨，就增加了更少资本使用型生产方法的相对利润率。人们相信，继而发生的生产过程中资本密集度的下降导致了总投资支出的下降。然而这一理论，是基于一些较严格假设之上的，这些假设的可靠性以经验研究结果的角度来看是极令人怀疑的。只要信用供给是有弹性的，则仅仅由于不同生产方法相对利润率的转移而可能导致的生产资本密集度下降的任何趋势显然不太可能抵消消费品需求上升对于投资支出的有利影响。参见，T. 威尔逊（Wilson）：《资本理论与贸易周期》，《经济研究评论》，1940年6月，以及《收入与就业波动》，1942年，第四章；哈勃勒（Haberler）：《繁荣与萧条》，第3版，第481—491页；卡尔多（Kaldor）：《资本密集度与贸易周期》，《经济计量》，1939年2月，以及丁伯根（Tinbergen）上述引文中。

　　②　推导一个体现在繁荣与萧条之间不对称的恰当数学模型是极为困难的，尽管并不是不可能。正是出于这一原因，实际上所有的数理商业周期理论都假设对称关系。与此同时，也正是由于这一原因关于复苏和扩张过程的解释中具有的令人不满意的性质在数理商业周期理论中是最为明显的。

对应于正在增长的有效需求的产量。紧接着危机之后，当为了生产出等同于当前有效需求数量的产出所需要的资本品数量变得小于现有资本品存量时，净投资支出，除了源自过去而进行的投资活动并未马上废弃之外，必定会下降到零。从此以后，如果有效需求继续下降，则投资回收就将随后发生。但是耐用投资品的投资回收不可能超过资本置换的程度，尽管有效需求以及因此而来的对于资本品的要求可能依然太急剧下降，因而一旦置换的这一极限达到之后，耐用资本品的过剩能力也将产生。事实上，由于非限制性因素的存在，即便在耐用资本品集团内部，即使在投资回收达到置换的极限之前过剩能力就有可能产生。例如，一个工厂维持成本的许多组成部分必须继续，即使是工厂并没有在其最大能力水平上得以利用。然而一旦在耐用资本品中存在过剩能力时，投资回收就不再与有效需求的减少有任何直接关系，而投资的酝酿期也就不再有效。有效需求减少将决定的只是过剩能力的程度而不是投资回收的规模，后者是纯粹由耐用资本品的物理损坏率决定的。因此，向上的转折点就无法用于由消费不足理论的过度生产版本关于危机解释的过程来加以解释。特别是，没有任何一种关于复苏的令人满意的解释可以由诸如卡莱斯基（Kalecki）版本①的对称商业周期理论来给出，这些理论或者假设耐用资本品的过剩能力永远不会发生或者无法解释复苏阶段过剩能力存在的后果。

---

① 见《商业周期宏观动态理论》，《经济计量》，1935 年 7 月；《商业周期理论》，《经济研究评论》，1937 年 2 月以及《"纯粹"商业周期》，载于《经济动态学研究》。在引用的第一篇文献里，卡莱斯基关于复苏的解释进一步远离现实，他假设投资又将增加，当利润率由于投资回收而导致资本品存量的减少而提高，即使利润本身依然在减少。参见丁伯根在《年度综述：数量商业周期理论的建议》中的评论，《经济计量》，1935 年 7 月，第 269 页。

其次，诚然随着投资回收的继续，耐用资本品存量会持续减少，这样一个过程显然不可能永远持续。也很显然的是这一过程而不是投资或者投资回收，例如边际消费倾向的提高，信用供给的增加，工资和原材料价格的下降等等，可能有助于向上的转折，这种转折于是将使得在耐用资本品上的投资回收变得不再必要。然而必须强调的是，在技术进步或者是不存在或者是对于经济结构不具根本影响的假设下，并不太可能会有任何强劲的累积运动最终将开启另一个繁荣时期。在同样的假设下，只要存在过剩能力，在耐用资本品上就不会有投资支出①。有效需求的任何增加只会重新开始利用那些原本已经闲置的资本品而不会要求任何新的投资。然而，投资支出的存在和投资酝酿期的存在恰恰是任何关于向上累积运动解释的基本组成部分。只有当实际投资支出正在进行之中时，有效需求的增加才可能要求越来越大数量的资本品以用于生产，或者用魏克塞尔的术语来说，也就是自然利息率可能持续在货币利息率之上，导致累积过程得以产生从而另一个繁荣可能会开启。一旦意识到存在着耐用资本品的过剩能力时，就不会有显著数量的投资支出发生，也不会涉及酝酿期，同时也可以认为，有助于向上转折点的因素将无法启动导致另一个繁荣时期的累积过程，而只会逐渐减少投资回收的幅度，达到一个既没有投资也没有投资回收的位置。

第三，也可能有观点认为即使存在过剩能力，在耐用资本品上的投资支出依然可能发生，其原因有若干。首先，不同行业的情况可能是不同的。尽管对于大多数行业而言存在着过剩能力，但依然会有一些行业它们并不存在过剩能力因此可以从事新投资

---

① 除非在随后将要分析的情形下。

项目。其次，即使是在那些存在过剩能力的行业里，企业可能预期在另一个即将到来的繁荣期内有效需求的这样一种增加以至于它们可以利用低成本优势因而开始恢复投资活动。但是，由于假设技术进步不存在，不同行业的差异及对于即将到来的繁荣期这两者自身是难以解释的。除此之外，至于在萧条期预期到未来需求的增加，我们注意到即使在现实中技术进步确实存在，这一趋势也并不是很强的。这样一种可能同时存在着过剩能力的投资支出，它们在任何情况下都不太可能会如此强烈以至于足够开启另一个繁荣。正是耐用资本品的耐用性和因此导致的在每个萧条阶段中过剩能力成了极强的阻碍因素，通过自身的复苏阻碍着经济发展进入繁荣阶段[1]。

因此，我们总结认为，只要考虑到耐用资本品的投资，就不太可能会有"自我发生"类型的周期产生。并非将耐用资本品的投资视为就其自身而言是受到压制的周期波动，它们由技术进步得以维持活力，作驱动力量，或者是以趋势因素或者是以随机冲击的形式，正如大多数数理商业周期理论所设想的那样，我们却设想经济系统本质上是无法产生连续的周期运动的，然而却会在每种情形下的萧条阶段或者至多在复苏阶段的末期停止，只要技术进步并未被认为是直接影响经济结构的基本因素。另一方面，既然存货存量，从性质上说是非耐用品，可以更加容易随意周转起来，那么存货投资中的自我发生周期也许确实会以现有数

---

① 我们的意图在于紧密联系熊彼特教授的观点，即复苏阶段不太可能聚集足够的动力以在向上的过程中超越均衡附近的位置。参见《商业周期》，第 1 卷，第 139n 和 157n 页。然而，熊彼特教授的观点，似乎已经被他的命题所驱使，即创新只会发生在均衡的附近位置，这一观点我们并不完全赞同。对于这一问题，我们将在下一章中再返回来加以讨论。在关于复苏与繁荣的关系这一问题上，斯皮索夫（Spiethoff）似乎也持有类似的观点。参见《过度生产理论序言》，《立法、管理和国民经济年鉴》，1902 年以及《危机》，载于《政治科学手册》，1925 年。

理理论所描述的那种模式发生①。这种考虑似乎给熊彼特教授的观点提供了逻辑基础，熊彼特教授认为尽管朱格拉（Juglar）周期并不是，然而基钦（Kitchin）周期却可能属于适应性类型的周期②，如果后者被认为是等同于存货周期的话。

　　一旦技术进步被承认是影响经济结构的基本因素，尽管它依然是作为非周期性的外生因素，则在解释复苏和在危机的对生解释过程中涉及的困难也就迎刃而解。首先，技术进步的引入就提供了从事投资活动的理由，无论是在耐用资本品过剩能力依然存在的时期还是在通过经济系统的自我发生力量导致过剩能力已经消除之后。因此而从事的投资活动于是或者触发了复苏，它将发展成为繁荣，或者是直接触发了另一个繁荣期。需要注意的是，我们在这里通过引入技术进步对于复苏特别是繁荣设想的可能性也是不同于或者源自于加在不变的、非周期性的受到抑制的指数类型的经济结构随机冲击累积的周期波动的可能性③。这正是我们的理解，即技术进步不仅仅是一种额外的附加因素，而是直接影响着经济结构，它将经济系统从存在过剩能力的枷锁中解脱出来并引起了有自己酝酿期的投资支出。

　　其次，只要技术进步被视为是影响经济结构的基本因素，那么关于危机的种种解释，将不再是相互排斥，而是也会变成相互补充。如果技术进步的引入主要是具有引入新产品的性质，并且如果它主要是资本使用型，那么就会有更大的可能性存在资本稀

---

　　①　例如，参见 L. A. 麦茨勒（Metzler）：《存货周期的性质与稳定性》，《经济统计学评论》，1941 年 8 月。

　　②　《商业周期》，第一卷，第 170—172 页。

　　③　这后一种可能性不应与我们在早些时候提的一种可能性相混淆，即经济系统自身是周期性的，但却是受到抑制的，技术进步充当了驱动力的作用。参见 T. 哈维尔莫（Haavelmo）：《通过比较理论结局与观察到的周期对动态理论进行检验的非充分性》，《经济计量》，1940 年 10 月。

缺，由过度投资学派们所设想的危机也就更有可能发生。另一方面，如果技术进步主要是降低现有商品的生产成本，并且主要是资本节约型，那么由过度生产版本以及消费不足版本的消费不足理论所设想的危机也就更有可能发生。因此，在一个特定情形下采用何种关于危机的解释不仅仅取决于技术进步对其起作用的经济结构的性质，而且还取决于技术进步自身的性质和它影响经济结构的方式。

由于有效需求不足的可能性要大于存在资本品生产过剩能力的可能性，由于在扩张的早期阶段更有可能存在过剩能力，因此扩张过程可能遇到的第一个危险就是由消费不足理论的两个版本所设想的危险情形。随着过剩能力逐渐消退，资本稀缺更有可能产生，于是危险就变成主要是由过度投资理论所设想的那种类型。如果扩张过程已经消除了这两种危险，那么它将依然不得不面对由于劳动力稀缺和因此而导致消费品行业无法维持它们的扩张速率而造成危机的可能性，这种可能性我们已经将其归入消费不足理论的第三个版本[①]。

由此我们发现，技术进步，即使当被认为是一种非周期性的外生因素时，也有可能造成商业活动的周期性波动。能够持续维持充分就业的经济活动的稳定增长事实上是不太可能实现的。因此，技术进步对于就业量的影响，也将呈现一种周期性的模式。然而，对于就业量的这种周期性影响的充分讨论，必须考虑到技术进步的内生性质，这是我们下一章将要讨论的一个问题。

---

　　① 参见 N. 卡尔多：《充分就业的稳定性》，《经济学杂志》，1938 年 12 月。在这篇极为有意思的文章中，卡尔多与我们的观点正相反，他认为，资本稀缺的危险很可能先于有效需求不足的危险发生。然而，他的结论似乎不得不通过一种错误的观点来得出，即在消费不足理论的过度生产版本中，扩张阶段的时间长度等于酝酿期。参见第 1 页注①。

III

除了导致就业量波动的总体商业活动周期性波动以外，技术进步在周期波动的阶段，也直接要求劳动阶级就业状态的额外适应性过程。由于适应过程并不是瞬时开始的，因此，除了周期性影响以外，技术进步对于就业量的某种不利影响也必须加以考虑。

技术进步所要求的适应过程主要是两类：工作特点的改变和工作地点的改变。通过引入新的生产过程，技术进步废除了对于可能由一定数量的工人所掌握的特殊技能的老要求，而由新要求来代替它们[1]。技术进步通过改变不同行业劳动的相对需求也可能改变现有不同技能的相对需求。除此之外，通过建立新的行业中心以及通过改变不同行业地点的相对重要性，技术进步也要求工人在不同地点之间的转换。由于工人在不同职位和不同地点之间从未有完全的流动性，适应的过程也就决不会是瞬间完成的，因此摩擦性失业也就必然产生。由于劳动力的职位及地点的不可流动性问题作为失业的一个原因长期以来在经济学文献中得以认识并得到充分讨论，我们于是将我们限定于以下的观察之中。

首先，当存在着递增的有效需求而不是递减的有效需求时，劳动力职位和地点的流动性会变得更大一些。当其他地方有着更好的获得工作的前景时，在一个特别萧条的行业或者区域里的工人更有

---

①　有关特殊的例子，参见科普克（Koepke）与沃尔（Woal）：《明尼苏达制造业中机器和工作要求的变化：1931—1936 年》，公共事业振兴署（WPA）国家研究项目，1939 年；R. F. 雅茨（Yates）：《机器与人力》，1939 年，以及 T. N. E. C. 专论系列第 22 号，《我们经济中的技术》，1941 年，第 136—147 页。技术进步是否已经提高或者是降低了技术工人与无技术工人的比例这一问题并不能够很容易地加以回答，如果领薪工人都算上的话。总体而言，有证据表明，就体力劳动者而言，无论是技术最娴熟的工人还是技术最不熟练的工人，他们所占的比例都会下降，并且存在着一种趋势，即朝着技能标准化的方向发展。

可能尝试着转换到其他职位或者地点①。另一方面，长期的萧条之后，当失业的工人愿意从事实际上任何一种他们可能找到的工作的时候，劳动力的流动性，特别是在不同地点之间的流动性，也可能增加。然而在这种情形里，将会有大量的隐蔽性失业。

其次，当总体商业活动水平较高的时候，劳动力流动的需求也更高。虽然在不同职位或者不同地点之间失业的规模可能存在巨大的差异，然而只要是实际上在所有的职位和地点里都有失业工人时，那么对于流动性的需求也将非常小。

第三，当有效需求递增时，劳动力的非流动性的存在可能会导致严重的问题。事实上，正如我们早些时候注意到的那样，工人在消费品行业和投资品行业之间的非流动性可能阻止消费品行业的扩张从而强制危机的发生，尽管在投资品行业依然存在着失业②。

---

① 然而，关于吸纳下岗工人的研究表明，即使是在繁荣年份，下岗工人要找到满意的工作也有相当的难度，是以失业的持续时间还是以新工作收入的下降而言。参见 T. 鲁宾（Lubin）：《美国工业吸纳的失业者》，1929 年；《美国工业劳动吸纳力的衡量》，《美国统计学会杂志》，1929 年 3 月；R. J. 梅耶斯（Myers）：《下岗技术工人的职位重新调整》，《政治经济学杂志》，1929 年 8 月；国家资源委员会：《技术趋势与国家政策》，1937 年，第 83—85 页；美国振兴事业署国家研究项目：《费城就业与失业的最近趋势》，1937 年以及《费城 1936 年及 1937 年的就业与失业》，1937 年。

② 在 1947 年第二版《就业理论文集》的《劳动力流动》这一章中，J. 罗宾逊（Robinson）给出了劳动力非流动性对于总有效需求影响的详尽分析。然而该分析是令人极为不满意的。以下评论可以注意到。

首先，有观点认为非流动性增加了买主独家垄断的重要性因此防止了工资的增长。工资无法增长导致了边际消费倾向的提高，因此有效需求就减少了。另一方面，也有观点认为非流动性在不存在买家垄断的情形下加强了工资上涨的趋势。工资的上涨强迫提高了利息率，减少了投资，因此减少了有效需求。无论是由于工资无法上涨还是由于工资确实上涨，有效需求都减少了！

其次，有观点认为非流动性的存在导致了有效需求伴随着相对工资率的变化而得以扩张。如果消费品行业所要求的劳动力类型没有投资品行业所要求的劳动力类型那么丰富，那么在消费品行业里工资会相对上涨，据此认为，将导致投资的增加从而有效需求也会增加。事实上，罗宾逊竟然坚持认为这将会发生的，"尽管由于在消费行业货币工资的上升导致利息率的上升"（第 32 页）。这实际上是一个很奇怪的观点，一种关于储蓄的奥地利理论。实际上，相对工资率变化对于投资品行业任何有利的影响都将必然完全被由于消费品行业无法维持其扩张速率而导致的不利影响所抵消。

第三章附录

在这一附录里，我们将从数学上分析以下四个问题：（1）当存在资本品过剩能力时技术进步对于就业的影响；（2）当资本品充分利用时技术进步对于就业的影响；（3）技术进步与维持均衡经济发展所必要的投资支出之间的关系；（4）技术进步与投资支出之间的实际关系偏离必要关系的后果。贯穿这一附录，我们将假设，正如我们在第三章所假设的那样，技术进步是一个不受我们考虑之中的变量的变化影响的外生变量。

与我们在第一章里推导的系统和我们在第二章中给出的论点一致，创新可以由实际生产函数的变化来表示，通过一个移动参数 α 来实现；

$$X = f(K, \alpha) \qquad (1)$$
$$X = g(N, \alpha) \qquad (2)$$

其中 X 是总产出量；K 为现有资本品数量，N 为劳动就业量。作为一种简化，我们可以使用时间 t 来作为移动参数，将函数具体化为

$$X = a_1(1 + a_2)^t K \qquad (3)$$
$$X = b_1(1 + b_2)^t N \qquad (4)$$

其中 a_1 和 b_1 为正的常数，分别表示初始产出—资本率和产出—劳动率，a_2 和 b_2 为由特定创新特征所决定的每单位时间上述比率的百分比变化。如果在考虑之中的技术进步是属于资本使用型创新，则 a_2 小于零而大于负一[①]，如果是资本使用型，则 a_2

---

① 这又进一步受到以下条件的限制，即 a 必然不会如此小以至于完全取消了劳动节约的优势。

为正数。由于劳动使用型创新，尽管从逻辑上并非不可能，却是极为稀少，我们将 b_2 视为正数。依据在考虑之中的技术进步是降低、保持不变还是提高了生产的资本密集度，a_2 大于、等于或者小于 b_2[①]。

1. 如果资本品存在过剩能力，则在任意时间点上的就业量就由以下简化系统来加以决定；

$$X = g\ (N,\ \alpha) \qquad (2)$$

$$X = C\ (X,\ \alpha)\ +I\ (\alpha) \qquad (5)$$

其中 C 和 I 分别表示消费支出和投资支出。

将方程（2）和（5）对 α 求微分，求解 $\dfrac{dN}{d\alpha}$，我们有

$$\frac{dN}{d\alpha} = \frac{\dfrac{\partial C}{\partial \alpha} + \dfrac{dI}{d\alpha}}{\dfrac{\partial X}{\partial N}\ (1 - \dfrac{\partial C}{\partial \alpha})} - \frac{\dfrac{\partial X}{\partial \alpha}}{\dfrac{\partial X}{\partial N}}\ (6)$$

方程右手边第一项表示技术进步通过总有效需求变量导致总产出的变化对于就业的影响，第二项表示通过技术进步的劳动节约特征对于就业的影响。就业量变化的大小就取决于这两项大小的比较[②]。

如果我们使用方程（4）来表示技术进步，则我们有

---

① 资本密集度 ω，正如在第一章中所定义的那样，是由产出劳动率除以产出资本率的得数来衡量的。

$\omega = \dfrac{b_1\ (1 + b_2)}{a_1\ (1 + a_2)}$ 与初始资本密集度 $b_1 \big/ a_1$ 相比，ω 提高、保持不变或者降低，依据 a_2 是小于、等于或者是大于 b_2。

② 第二章中比较静态学的分析是方程（6）的一个特殊情形。唯一的区别在于第二章中我们忽略了技术进步对于投资支出的影响。

$$\frac{dN}{dt} = \frac{\frac{\partial C}{\partial t} + \frac{dI}{dt}}{\frac{\partial g}{\partial N}\left(1 - \frac{\partial C}{\partial X}\right)} - \frac{\frac{\partial g}{\partial t}}{\frac{\partial g}{\partial N}}$$

$$= \frac{\frac{\partial C}{\partial t} + \frac{dI}{dt}}{b_1\left(1 + b_2\right)^t\left(1 - \frac{\partial C}{\partial X}\right)} - \frac{b_1\left(1 + b_2\right)^t N\log\left(1 + b_2\right)}{b_1\left(1 + b_2\right)^t}$$

$$= \frac{\frac{\partial C}{\partial t} + \frac{dI}{dt} - \left(1 - \frac{\partial C}{\partial X}\right)b_1\left(1 + b_2\right)^t N\log\left(1 + b_2\right)}{b_1\left(1 + b_2\right)^t\left(1 - \frac{\partial C}{\partial X}\right)}$$

就业将增加、保持不变或者减少，依据是

$$\frac{dN}{dt} > = <0$$

或者①

$$\frac{dI}{dt} \gtreqless \left(1 - \frac{\partial C}{\partial X}\right)b_1\left(1 + b_2\right)^t N\log\left(1 + b_2\right) - \frac{\partial C}{\partial t}。$$

如果我们假设 $\frac{\partial C}{\partial X}$ 是常数并且等于 m，也就是说，如果我们假设消费函数与总收入是线性相关的并且以一种平行的方式向上移动，于是

$$C = mX + F\left(t\right)$$

并且

$$\frac{\partial C}{\partial t} = F'\left(t\right)$$

就业于是将增加、保持不变或者减少，依据是

$$\frac{dI}{dt} \gtreqless \left(1 - m\right)b_1\left(1 + b_2\right)^t N\log\left(1 + b_2\right) - F'\left(t\right)。$$

---

① 分母必然大于零。

如果要维持一个固定的就业量，就必须

$$\frac{dI}{dt} = (1 - m) \; X_0 \; (1 + b_2)^t \log \; (1 + b_2) \; - F'(t)$$

其中 X_0 是初始总产出量，或者①

$$I = (1 - m) \; X_0 \; (1 + b_2) \; - F(t)。$$

从以上分析，我们可以得出存在资本品过剩能力情形下的以下结论。首先，边际消费倾向越大，劳动生产率增加得越少以及与给定投资支出率相联系的消费函数向上移动得越多，就业量增加的可能性就会越大。其次，为了维持固定的就业量，与特定创新相联系的投资支出水平必须以等同于产出—劳动率百分比增长的几何速率增长，除非消费函数显著向上移动。第三，至于资本使用型创新有可能导致比资本节约型创新更大的投资支出，它们也有可能导致更多的就业量。

2. 如果存在资本品的充分利用，在任何时间点上的就业都受制于可获得的资本存量 K。

$$X = f \; (K, \; \alpha) \qquad (1)$$
$$X = g \; (N, \; \alpha) \qquad (2)$$
$$K = K_0 + \int_0^t \left[I \; (\alpha) \; - O \; (\alpha) \right] \; dt \qquad (7)$$

其中 $O \; (\alpha)$ 表示由于技术进步的引入而强加在现有资本品存量之上的折旧率。

将方程（1）、（2）和（7）对 α 求微分并求解 $\frac{dN}{d\alpha}$，我们有

---

① 积分常数由以下条件所决定
$X_0 = C_0 + I_0$
其中 C_0 和 I_0 分别是消费支出和投资支出的初始值。

$$\frac{dN}{d\alpha} = \frac{\dfrac{\partial f}{\partial K}\displaystyle\int_0^t \left(\dfrac{dI}{d\alpha} - \dfrac{dO}{d\alpha}\right) dt + \dfrac{\partial f}{\partial \alpha}}{\dfrac{\partial g}{\partial N}} - \frac{\dfrac{\partial g}{\partial \alpha}}{\dfrac{\partial g}{\partial N}}$$

方程右手边的第一项表示技术进步通过现有资本品存量的变化导致总产出的变化而对就业的影响，而第二项依然表示通过技术进步的劳动节约特征对于就业的影响。对于就业的总的影响就取决于这两项的大小比较。

如果特定的方程（3）和（4）用来表示技术进步，则我们有

$$\frac{dN}{dt} = \frac{\dfrac{\partial f}{\partial K}\left[I(t) - O(t)\right] + \dfrac{\partial f}{\partial t} - \dfrac{\partial g}{\partial t}}{\dfrac{\partial g}{\partial N}}$$

$$= \frac{a_1(1+a_2)^t\left[I(t) - O(t)\right] + a_1(1+a_2)^t K\log(1+a_2) - b_1(1+b_2)^t N\log(1+b_2)}{b_1(1+b_2)^t}$$

通过求解（3）和（4）并加以替换，用 K 来表达 N，我们获得

$$\frac{dN}{dt} = \frac{a_1(1+a_2)^t\left[I(t) - O(t)\right] + a_1(1+a_2)^t K\log(1+a_2) - a_1(1+a_2)^t K\log(1+b_2)}{b_1(1+b_2)^t}$$

$$= \frac{a_1(1+a_2)^t}{b_1(1+b_2)^t}\left[I(t) - O(t)\right] + K\log\frac{1+a_2}{1+b_2}$$

因此，就业将增加、保持不变或者减少，依据是[1]

$$I(t) \gtrless O(t) - K\log\frac{1+a_2}{1+b_2}$$

如果要维持一个固定的就业量，以下关系必须满足

$$\frac{dK}{dt} = -K\log\frac{1+a_2}{1+b_2}$$

---

[1]　括号外的项必然是正的。

或者

$$K = K_0 \left(\frac{1 + a_2}{1 + b_2} \right)^{-t}$$

其中 K_0 是资本存量的初始数量。

$$I(t) = O(t) - K \left(\frac{1 + a_2}{1 + b_2} \right)^{-t} \log \left(\frac{1 + a_2}{1 + b_2} \right)$$

如果引入的技术进步降低了资本密集度，

$$a_2 > b_2, \quad \frac{1 + a_2}{1 + b_2} > 1, \quad \log \left(\frac{1 + a_2}{1 + b_2} \right) > 0,$$

那么几乎可以肯定的是，就业量将会增加。另一方面，如果技术进步提高了资本密集度，与技术进步直接或者间接相联系的投资支出必须以一个几何速率增长，这一速度等同于

$$\frac{b_2 - a_2}{1 + a_2}$$

以便维持一个固定的就业量，即使当我们不去考虑强加于现有资本品存量之上的折旧率。从这里，我们也可以得出结论认为当资本品充分利用时，资本节约型创新有可能比资本使用型创新更有利于增加就业。

3. 如果在引入创新时资本品已经充分利用了，一方面，投资支出通过增加可获得的资本品提高了生产率，另一方面它们也增加了有效需求。如果有效需求的增加大于因生产率提高而促成的产出增加，则通货膨胀将会产生。如果情况相反，则危机也就将爆发[1]。为了维持一个均衡的经济发展，也就是就资本品将继续充分利用而不会有通货膨胀这个意义而言，那么一个必要的条

————————————

[1]　这也只有在存在投资酝酿期的时候才会有可能。否则，投资支出将不会首先进行。

件就是有效需求的增长要等于因生产能力的提高而促成的产出的增长①。

任意时点上的有效需求 E 是由消费支出和投资支出所决定的。另一方面，总产出 U，在资本品充分利用条件下则取决于可获得的资本品的存量。于是，

$$E = C\ (U,\ \alpha)\ +I\ (\alpha) \qquad (5.1)$$

$$U = f\ (K,\ \alpha) \qquad (1.1)$$

如果要维持一个均衡的经济发展，那么以下条件在任何时点上都必须成立

$$U = E$$

因此，

$$\frac{dU}{d\alpha} = \frac{dE}{d\alpha}$$

或者

$$\frac{\partial f}{\partial K}\frac{\partial K}{\partial \alpha} + \frac{\partial f}{\partial \alpha} = \frac{\dfrac{\partial C}{\partial \alpha} + \dfrac{\partial I}{\partial \alpha}}{1 - \dfrac{\partial C}{\partial E}}$$

如果我们指定使用的生产函数和消费函数，我们有

$$a_1\ (1 + a_2)^t\ \frac{dK}{dt} + a_1\ (1 + a_2)^t K\log(1 + a_2) = \frac{F'\ (t)\ + \dfrac{dX}{dt}}{1 - m} \qquad (9)$$

---

① 需要强调的是，在这里使用的均衡经济发展的概念实际上与我们所考虑之中的经济变量的宽泛波动是相容的。即使产出在每一个时点上可能都与有效需求完全相等，然而很显然依然可能的是，它们两者都可能随时间而一致波动。换言之，我们将要推导的条件，尽管是一个必要条件，但却不足以确保在一个更宽泛意义上的均衡经济发展。另一方面，如果产出和有效需求之间的调整在事实上是经济波动的最重要解释，那么我们的必要条件也将是最重要的条件。除此以外，如果经济波动可以被产出与有效需求之间调整之外的其他原因来加以解释的话，那么我们将要推导的投资支出与技术进步之间的必要条件于是也可能是一个摇摆不定的关系。

$$a_1 \frac{dK}{dt} + a_1 K \log(1+a_2) = \frac{F'(t) + \frac{dX}{dt}}{(1-m)(1+a_2)^t}$$

$$a_1 \frac{d^2K}{dt^2} + a_1 \frac{dK}{dt} \log(1+a_2) = \frac{F''(t) + \frac{d^2X}{dt^2} - [F'(t) + \frac{dX}{dt}]\log(1+a_2)}{(1-m)(1+a_2)^t}$$

$$a_1(1-m)(1+a_2)^t \frac{d^2K}{dt^2} + a_1(1-m)(1+a_2)^t \frac{dK}{dt}\log(1+a_2) \quad (10)$$

$$= F''(t) + \frac{d^2I}{dt^2} - [F''(t) + \frac{dX}{dt}]\log(1+a_2)$$

如果我们现在假设强加于现有资本品存量之上的折旧率比例于技术进步而引发的投资，那么我们有

$$\frac{dK}{dt} = I(t) - O(t) = (1-\sigma)I$$

其中 σ 是一个常数，将其代回至方程（9），我们得到

$$a_1(1-m)(1-\sigma)(1+a_2)^t \left[\frac{dX}{dt} + I\log(1+a_2) \right]$$

$$= F''(t) + \frac{d^2I}{dt^2} - [F'(t) + \frac{dI}{dt}]\log(1+a_2)$$

令 $q = a_1(1-m)(1-\sigma)$ 以及 $r = 1+a_2$，于是

$$\frac{d^2I}{dt^2} - (qr^t + \log r)\frac{dI}{dt} - (qr^t \log r)I = F'(t)\log r - F''(t)$$

这是非常数系数的二阶线性微分方程。幸运的是，方程的右手边是恰当微分。事实上，我们有，

$$\frac{d^2I}{dt^2} - \frac{d}{dt}\left[(qr^t + \log r)I \right] = F'(t)\log r - F''(t)$$

$$\frac{dI}{dt} - (qr^t + \log r)I = F(t)\log r - F'(t) \quad (11)$$

积分常数等于零①。

两种情形需要加以区分：

（1） $a_2 = 0$，或者 r = 1 以及 logr = 0

这是当引入的技术进步既非资本节约型也非资本使用型的情形。在这种情形里，方程（1）变成

$$\frac{dI}{dt} - qI = -F'(t)$$

采用引入积分因子来求解一阶线性微分方程的基本方法，我们有

$$e^{-qt}\left(\frac{dI}{dt} - qI\right) = -F'(t)\, e^{-qt}$$

$$\frac{d}{dt}\left(e^{-qt}I\right) = -F'(t)\, e^{-qt}$$

$$e^{-qt}I = c_2 - \int_0^t F'(t)\, e^{-qt}dt$$

其中 c_2 是积分常数

---

① 积分常数 c_1 等于零可以证明如下：

$$\frac{dI}{dt} - (qr^t + \log r)\, I = F(t)\log r - F'(t) + c_1$$

$$c_1 = \frac{dI}{dt}\bigg]_{t=0} - (q + \log r)\, I_0 - F(0)\log r + F'(0)$$

然而由（9），我们有

$$a_1\frac{dK}{dt}\bigg]_{t=0} + a_1 K_0 \log r = \frac{F'(0) + \dfrac{dI}{dt}\big]_{t=0}}{1-m}$$

$$a_1(1-m)(1-\sigma)I_0 + U_0(1-m)\log r = F'(t) + \frac{dI}{dt}\bigg]_{t=0}$$

$$\frac{dI}{dt}\bigg]_{t=0} - qI_0 + F'(0) = E_0(1-m)\log r$$

因此，

$$c_1 = E_0(1-m)\log r - I_0\log r - F(0)\log r = (E_0 - I_0 - C_0)\log r = 0$$

$$I = e^{qt} \left[c_2 - \int_0^t F'(t) e^{-qt} dt \right] \qquad (12)$$

为了维持一个均衡的经济发展，方程（12）中明确的一方面是投资支出，另一方面是产出资本率、边际消费倾向、折旧率和消费函数向上移动幅度，这两者的关系必须满足。产出资本率越大，边际消费倾向、折旧率和消费函数向上移动幅度越小，由此必要投资支出将会越大。也可以很容易地看出除非消费函数迅速向上移动，否则必要投资支出必然会不断地增加[①]。

如果，作为一种特殊情形，消费函数并没有向上移动，我们有

$$I = I_0 e^{qt} \qquad (13)$$

于是投资支出必须以一个固定的百分比增长以维持一个均衡的经济发展。如果它以一个更快的速率增长，则会导致通货膨胀。另一方面，如果它以一个更低的速率增长，危机也就将随之而来[②]。

（2）$a_2 \neq 0$ 或者 $\log r \neq 0$

这是当引入的技术进步或者是资本节约型或者是资本使用型。再一次，通过在方程（11）中引入一个积分因子，我们有

$$r^{-t} \exp \left(-\frac{qr^t}{\log r} \right) \left[\frac{dI}{dt} - (qr^t + \log r) I \right]$$

$$= \left[F(t) \log r - F'(t) \right] r^{-t} \exp \left(-\frac{qr^t}{\log r} \right)$$

[①] 尽管 q 为负并不是不可能，然而这种情形确实是极为不可能。

[②] 我们的这一特殊情形正是由 R. F. 哈罗德和 E. D. 多马详尽加以分析的情形。参见哈罗德：《动态理论的一篇文章》，《经济学杂志》，1939 年 3 月，和《走向动态经济学》，1948 年，以及多马：《资本扩张，增长率和就业》，《经济计量》，1946 年 4 月，《扩张与就业》，《美国经济评论》，1947 年 3 月，和《资本积累问题》，同上，1948 年 12 月。这一特殊情形的求解方法最早于 1935 年出于在由 E. 塞斯（Theiss）所写的一篇文章里，《储蓄与投资的动态学》，《经济计量》，1935 年 4 月，清楚地表述则出现在 E. 朗德伯格（Lundberg）的文章中，《经济扩张理论的研究》，1937 年，第 185 页。

$$r^{-t}\exp(-\frac{qr^t}{\log r})I = \int_0^t [F(t)\log r - F'(t)]r^{-t}\exp(-\frac{qr^t}{\log r})dt + c_3$$

其中 c_3 是积分常数。

$$I = r^t\exp(\frac{qr^t}{\log r})\{\int_0^t [F(t)\log r - F'(t)]r^{-t}\exp(-\frac{qr^t}{\log r})dt + c_3\} \quad (14)$$

如果，又一次作为一个特殊情形，我们忽略消费函数的向上移动，则我们有[①]

$$I = I_0 r^t\exp[\frac{q(r^t-1)}{\log r}]$$

如果引入的技术进步是资本节约型的，

$a_2 > 0$，$r > 1$，以及 $\log r > 0$

投资支出还是必须不断增加以便维持一个均衡的经济发展，除非消费函数迅速向上移动。与引入的技术进步是仅仅具有资本扩张性质的情形，也就是说既不是资本节约型也不是资本使用型的情形相比较，必要的投资支出也是要更大一些[②]。

---

① 方程（14）中的积分常数 c_3 是由如下方式来确定的

$$I = c_3 r^t\exp(\frac{qr^t}{\log r})$$

当 $t = 0$ 时，

$$I_0 = c_3\exp(\frac{q}{\log r})$$

$$c_3 = I_0\exp(-\frac{q}{\log r})$$

因此，

$$I = I_0 r^t\exp[\frac{q(r^t-1)}{\log r}]。$$

② 将在资本扩张情形下的必要投资支出表示为 I_1，而在资本节约型创新情形下的必要投资支出标记为 I_2。

$$\frac{I_2}{I_1} = \frac{I_0 r^t\exp[\frac{q(r^t-1)}{\log r}]}{I_0\exp(qt)} - r^t\exp[\frac{q(r^t-1)}{\log r} - qt]$$

可以很容易地证明在我们关于 r 大于 1 的假设下，这必然要大于 1。

如果引入的技术进步是资本使用型的，

$a_2 < 0$，$r < 1$，以及 $\log r < 0$

从方程（11），

$$\frac{dI}{dt} = (qr^t + \log r)\ I + F\ (t)\ \log r - F'\ (t)$$

方程右手边除了第一项以外，其他两项都为负。事实上，如果 t 很大的话，第一项也将会变成负的。这意味着在某个时间点达到之后，为了维持均衡经济发展所必须的投资支出必然会下降。其原因并不难发现。当资本品已经充分利用时，引入资本使用型创新而又不导致通货膨胀几乎是不可能的。

因此我们有了一个相当窘困的条件。在资本品已经充分利用的时候为了维持一个均衡的经济发展，资本节约型创新要求不断增加量的投资支出，而资本使用型创新则要求不断减少量的投资支出。因此，应该很明显，当技术进步是在资本品已经得到充分利用的时候引入，则无论是通货膨胀还是危机都极为难以避免。

4. 最后，我们可以分析一下，一方面实际关系偏离维持均衡经济发展所需的必要关系的后果，另一方面是投资支出和特定类型技术进步之间的关系。我们知道当这样一种偏离发生时，那么它会造成有效需求与现有资本品存量所可能生产的总产出的偏离。我们的问题因此从根本上说就是一个在有效需求与总产出之间的调整机制问题。

这个问题已经由哈罗德详尽地讨论过，就在前面引述的文章和最近的著作中。哈罗德认为产出和有效需求之间的调整必然是不稳定的，产出增长率偏离了维持均衡经济增长所必要的速率将必然造成进一步偏离的动机①。然而，他的推理路线，却因对于问题的表述不充分而显得晦涩，我们将试着表明，在某些方面实际上是不正确的。为了清楚地表述问题的性质，也为了详尽地指出涉及的所有因素，我们将进行细致的推导。

以现有资本品存量在任意时点上能够生产的总产出 U 取决于产出资本率和现有存量的数量。作为一种简化，如果我们假设产出资本率并不因技术进步的引入而变化，则我们有

$$U = a_1 K \qquad (1.2)$$

---

① 出于比较的目的，哈罗德在他对于这个问题的分析中所用的术语与符号可以很容易地转换成我们的用语。有保证的产出增长率 G_w 对应于我们的 $\frac{1}{E}\frac{dE}{dt}$，如果假设消费函数没有移动并且平均消费倾向等于边际消费倾向的话，收入中被储蓄起来的那部分对应于我们的 $1 - C/U$，或者 $1 - m$；在产出资本率是常数的假设下，为了生产一单位增量产出而需要的资本品数量 C 对应于我们的 dK/dU，或者 $1/a_1$。也可以很容易地看出，哈罗德的决定有保证产出增长率的基本方程

$$G_w = \frac{s}{C}$$

与我们在方程（13）中特别给出的维持均衡经济发展的必要条件是一样的，如果我们额外假设现有资本品强制折旧率是可忽略不计的话。

$$I = I_0 e^{qt} = I_0 e^{a_1(1-m)t}$$

$$E = \frac{I_0}{1-m} e^{a_1(1-m)t}$$

$$\frac{dE}{dt} = a_1 I_0 e^{a_1(1-m)t}$$

因此，

$$\frac{1}{E}\frac{dE}{dt} = a_1 \ (1-m)$$

另一方面，也许并不是多余地指出的是，哈罗德关于内在不稳定系统的论点并不等同于我们在上一部分中提及的维持均衡经济发展所需要的必要条件并不太可能实现这一观点。它也不同于我们的以下表述，除非有效需求在任意时间点上都等于现有资本品存量所能够生产的产出，否则或者是通货膨胀或者是危机就将产生。无论是通货膨胀还是紧缩，它们都将衰减。

我们最后一个陈述也表明了在诸如以下陈述中展现的迷惘。"为了理解引致投资的内在不稳定性，我们唯有牢记在心，太低的投资会导致过剩能力的出现，而太高的投资会造成短缺。" T. C. 谢林（Schelling）：《资本增长与均衡》，《美国经济评论》，1947 年 12 月。

另一方面，在任意时点上的有效需求 E 取决于消费支出和投资支出。使用我们的特定形式的消费函数并将总投资支出分成创新投资 I_1 和衍生投资 I_2，我们有

$$E = mU + F(t) + I_1(t) + I_2(t) \quad (5.2)$$

此外，我们有如下关系

$$K = K_0 + \int_0^t (1-\sigma)(I_1+I_2)\,dt \quad (7.1)$$

如果有效需求大于现有资本品存量所能生产的产出量[1]，那么为了生产等同于有效需求的产出而要求的资本品数量显然要大于现有资本品存量。在这样的一种情形下，也就提供了资本品扩张的一种动力。如果有效需求等于适当的产出，所要求的资本等于现有存量，也就不会有衍生投资支出发生。作为一种优先的近似，我们因此可以假设

$$I = h(E - U) \quad (15)$$

其中 h 为正的常数[2]。

---

[1] 需要注意的是，产出实际增长率超过有保证的增长率意味着有效需求超过现有资本品存量所能够生产的产出数量。

[2] 相反，如果假设当产出实际增长率大于有保证的增长率时它将增加，于是

$$\frac{dG}{dt} = k(G - G_w)$$

其中 G 是实际增长率，k 是一个正常数而 G_w 等于 $a_1(1-m)$，在这种情形下求解的 G 将实际上必然是不稳定的。因为

$$G = a_1(1-m) + [G_0 - a_1(1-m)]e^{kt}$$

实际增长率从有保证的增长率的任何偏离都将导致更大程度的偏离。

然而，没有理由说明为什么增长率必然有这一偏离的增函数。事实上，哈罗德自己的论点导致了假设当实际增长率大于有保证的增长率时投资的绝对规模将增加。[参见 W. J. 鲍莫尔（Baumol）：《一些动态模型的说明》，《经济学杂志》，1948 年 12 月，特别是第 512—513 页的脚注。] 然而即便是这后一个假设也是无法令人满意的，因为它实际上并没有考虑到通过提高生产能力而导致产出的可能调整。只有通过明确地引入有效需求与可能的总产出，我们才可以给出稳定性问题的回答（鲍莫尔的另一种推导，以及通常的加速—乘数分析也都受制于这一最近的批评）。

在这一连接中可以注意到这样一种决定衍生投资支出的假设，尽管并不是没有道理，但却使得关于有保证的或者必要的增长率的全部讨论变得没有意义，除非技术进步在分析过程中得以明确引入。如果创新投资支出并未考虑在内，则维持均衡经济发展的唯一可能的必要增长率为零。

从方程（15），（1.2）（5.2）和（7.1），我们得到

$$\frac{dI_2}{dt} = h\big[F'(t) + I_1(t) + \frac{dI_2}{dt} - a_1(1-m)(1-\sigma)(I_1 + I_2) \big]$$

$$(1-h)\frac{dI_2}{dt} + ha_1(1-m)(1-\sigma)I_2 = h\big[F'(t) + I_1(t) -$$

$$a_1(1-m)(1-\sigma)I_1 \big]$$

$$I_2\exp(\frac{hqt}{1-h}) = \frac{h}{1-h}\int_0^t \big[F'(t) + I'(t) - qI_1 \big]\exp(\frac{hqt}{1-h})dt + c$$

其中 $q = (1-m)(1-\sigma)$，c 为积分常数。

$$I_2 = \left\{ \frac{h}{1-h}\int_0^t \{ F'(t) + I'(t) - qt]\exp(\frac{hqt}{1-t})dt + c \right\}\exp(-\frac{hqt}{1-h})$$

可以很容易地看出衍生投资支出并不必然是扩散的。因此，产出和有效需求之间的调整也并不是必然不稳定的。如果消费函数的移动和创新投资支出可以忽略的话，则稳定的条件为

h < 1

只要这一稳定条件得以满足，那么有效需求从总产出的任何偏离都将产生促使创新偏离得以持续减小的力量。另一方面，如果 h 小于 1，那么由哈罗德所设想的不稳定结果也就将产生。

可以看出在衍生投资支出与有效需求超过总产出的幅度之间关系（15）的不同设定导致了不同类型的商业周期理论。如果系统本质上是稳定的，然而在投资支出与投资决策的制度之间引入时滞，投资决策的制定又取决于有效需求从总产出的偏离，则

卡莱斯基版本的商业周期理论就将出现。另一方面，如果该关系是以一种系统变得内在不稳定的方式来界定的，也就可以得出哈罗德—多马版本的理论。

第四章　技术进步：内生变量

一个变量是否应该被认为是内生的或者外生的这样一个问题，不能取决于特定分析的纯粹方便起见，也不能取决于经济和非经济变量之间的区别①。该标准从本质上说是基于事实之上：一个变量自身是否显著地受包括在我们系统中的其他变量变化的影响②。如果它是如此受到影响的，则它必须作为内生变量来加以对待，如果不是，则它是一个外生变量。当一个变量显著地受到其他变量的影响却未能够被视为是内生变量，由此也不能够深入分析它们之间的因果关系，把前者作为解释变量，这将导致一个实际上未确定的系统③。

由于这正是我们的理解，即技术进步的过程实际上显著地受到我们系统中其他变量变化的影响，技术进步和其他变量之间的相互关系实际上是资本主义社会全部演进过程最为显著的解释，

---

① 定义内生变量为经济变量而外生变量为非经济变量将是一种循环定义，因为一个变量是经济还是非经济的将依然无法确定，而且事实上，该问题如果不提及变量是否是内生还是外生的话就无法确定。

② 一组变量对于某个特定变量影响的显著性是由组中每个变量对于该特定变量的"实际影响"来衡量的。参见哈维尔莫：《经济计量学中的概率方法》，第23—26页。

③ 这一考虑也对一般系统和局部系统之间的通常区分的显著性提出了质疑。对于这样的一种区分并没有一个精确的定义可以给出。显著的区分是在确定和非确定系统之间的区分。也要注意的是，那些通常被认为是局部的系统只要"在其他条件相同"的要求是建立在事实基础之上的就可能是完全确定的系统。另一方面，大多数所谓的一般系统实际上是非确定性系统。

因此技术进步的内生性特征必然需要加以仔细分析。因而，在这一章里，我们将深入分析技术进步过程与它作用于我们系统中其他变量的变化之间的相互关系。这一相互关系的周期方面和长期方面将在本章的第一部分和第二部分分别加以研究。从这样的一种深入分析中，我们将得出有关资本主义社会发展过程中就业问题的一些结论。

I

我们将通过分析熊彼特教授的创新理论来开始我们关于经济过程对于技术进步的周期性影响的研究，熊彼特教授的创新理论目前依然是最彻底最充分推导的技术进步研究。

遵循熊彼特教授的建议，我们可以清楚地将与技术进步直接联系的投资支出划分成两类：自主投资和模仿投资。自主投资被定义为是新厂商的投资，这些厂商投资的目的就在于开展某种明确的创新活动。另一方面，模仿投资代表了由于额外改进而进行的投资，这些额外改进出现于现有厂商复制第一批创新者和适应的过程中①。为了指出该理论的精华，我们假设总投资仅仅由这两类投资构成。因此，那些对于现有工业设备进行复制的投资以及那些与创新没有直接关系的投资在我们初始近似过程中都忽略掉了。

假设一个单一自主投资决策是在一个特定的行业领域里做出的，或者是出于引进一种新产品的目的或者是出于降低老式生产的成本的目的，并且发生于在一般经济活动相对稳定的时点上。这一单一自主投资决策将会导致随着时间过去而有一系列的自主

---

① 《商业周期》，第 1 卷第 101 页。我们已经用"模仿"这一术语代替了"引致"这一术语，后者出现于熊彼特教授的最初提议中，其原因在于后一术语已经在经济学文献的不同联系中出现，其意义也各不相同。

投资支出。然而除此之外，它还将引导不断递增数量的模仿投资活动。创新的路径，无论是在同一个行业领域还是在相关的领域里，通过经验的积累和障碍的消除对于后继者而言都将会变得越来越平坦。而且，由于满足正逐渐地消失的企业家资格的个人数量在持续地上升，模仿投资活动也将不断地增加直到创新厂商的产出出现在市场上为止[1]。

　　然而一旦酝酿期结束，自主投资活动也将停止。第一批创新厂商产品在市场上的出现强加给那些未能够跟随我们第一批创新者的老厂商们以一个痛苦的适应过程，这一过程并不能够以一种平滑的方式来完成。尽管一些老厂商将会强迫引入现代化和理性化，其他厂商将不得不收缩或者清算，导致了模仿投资活动的下降。此外，由任何特定创新为同一领域或者相关领域的厂商提供的模仿与创新机会也必然要受到限制。这样，模仿投资活动必然最终将消失[2]。

　　因此，每一个自主投资决策都导致了一系列的投资活动，这些投资活动起初递增但在一定时期过后便递减，该时期主要取决于酝酿期。但是，却不能过分强调与每一次自主投资决策相联系的投资活动的起落自身并构成总投资活动周期性波动的一个充分解释。总投资活动必须与那些跟随在某一特定自主投资决策之后的投资活动仔细地加以区分开来。除非可以表明同等规模的自主投资决策并不遵循我们的初始自主投资决策，否则在总投资活动中不会有波动，尽管在跟随某特定自主投资决策的过程活动中会有必要的转折点[3]。

---

　　① 熊彼特：《经济发展理论》，英文译本，1934 年，第 228—230 页，以及《商业周期》，第 1 卷第 97—101 页和第 130—131 页。

　　② 《经济发展》，第 232—233 页，《商业周期》，133—135 页。

　　③ 参见本章附录。

　　实际上，熊彼特教授确实也给出了理由以表明自主投资决策通过他们自己的影响以及他们创造的商业环境必然会达到一个停止点①。首先，由于企业家活动在某个特定的行业领域内开始而且由于在这一特定领域以及相关的领域内额外创新的可能性必然受制于其他领域创新的缺乏，在这个特定方向上的自主投资决策必然最终会自我耗尽②。其次，由于因连续自主投资决策引起的投资活动自身扰乱了均衡位置并且特别是由于新产品的出现强迫老厂商适应和清算，经济系统所有因素的价值修正变得必要而新企业规划的准确计算就变得不可能。因此，自主投资决策趋于放松并最终它们将完全停止，直到经济系统再一次达到一个稳定的状态③。

　　因此，一旦创新的内生特征被加以考虑，那么周期波动就变成了一个必然结果。凭借在我们非常简要的概括中所做出的简化假设，所获得的周期过程是一个两阶段式周期。一旦净投资活动下降到零并且经济系统又一次达到一个稳定状态，那么自主投资

---

　　①　《经济发展》，第235—236页，《商业周期》，第134—136页。

　　②　需要注意的是这第一个理由，尽管就解释与特定自主投资决策相联系的投资活动最终下降并停止而言是一个充分的理由，但自身却还是不足以解释自主投资决策的停止。事实上，由于在某个特定领域及其相关领域内额外创新的限制主要是由其他领域创新的缺乏，人们将会预期这样的一种限制将会给其他领域的自主投资决策带来动力。

　　③　在《经济发展》中，熊彼特教授似乎已经采用了简化假设，即一旦每一批创新者开始投资活动，那么自主投资决策就会完全停止。这是对于一旦第一批创新者的产品在市场上出现时繁荣结束萧条开始这一表述的唯一可能理由（引文同前，第213页和233页）。在这样一种情形下，总投资活动中的每一个单个周期都完全由与特定自主投资决策相联系的投资活动的波动来加以解释，事实上也是完全对应的。熊彼特教授在他的《商业周期》中似乎已经放弃了这一简化假设。在我们非常简要描述的自主投资决策与一般商业活动之间的关系似乎与熊彼特教授在他后来工作中的推导是一致的。

决策将会再次出现，另一个两阶段的周期将会产生①。

———————————

①　在我们关于熊彼特教授创新理论的简要概括中，我们已经包括了这样一些概念与区分，它们都未曾出现在熊彼特教授自己的推导过程中，我们已经省略了他理论中如此重要的一部分，以至于需要一些解释。

（1）我们已经介绍并强调了一方面是总投资活动，另一方面是跟随某特定自主投资决策的投资活动这两者之间的区分，目的在于指出在熊彼特教授理论中创新本质上的内生特征。除非创新被认为是整个系统中的一个内生变量，就像熊彼特教授这般来考虑它们，否则该理论将会是非确定性的，将无法解释周期。在这一关系中我们也要指出这种考虑迫使我们强烈反对古德温（Goodwin）教授对于熊彼特教授理论的推导，在他的推导中创新被认为是纯粹外生的变量。（《创新和经济周期的非规则性》，《经济统计评论》，1946 年 5 月）。

除此之外，这也是我们的理解，未能够清楚地做出这样的区分正是许多批评熊彼特教授理论的人抱怨的内在原因，他们抱怨认为该理论实际上未能解释企业家们如蜂拥般的出现这一现象。就像我们已经做的那样，通过加以区分，我们就能够分别地分析熊彼特教授理论的各个部分，在熊彼特教授自己的推导中直接描述的相互作用的最终结果。于是我们就可以表明尽管理论的一部分就其自身而言不足以解释周期现象，但是各个不同部分的相互作用，特别是创新的内生特征就使得周期过程成为了一种必然结果。

最后，我们已经做出的区分也使得我们更容易去推导周期过程周期性的解释和同时发生周期的解释。有关这些，参见本章附录。

（2）同样，在我们的概括中，我们已经有意识地省略了熊彼特教授在他的理论中将其视为具有根本性作用的信用创造与破坏的全部过程。这么做是出于我们的理解，首先，只要"货币系带"（《商业周期》，第 44 页）考虑在内，那么凯恩斯的有效需求理论就比货币数量理论提供了一个更加令人满意的分析工具。较之于老的现金余额关系，将重点放在消费函数和衍生投资支出上毫无疑问是一个改进。例如，分析以下引文。

"……我们的企业家可能……依赖于及时将他们的储蓄花掉，除了一小部分储备以外。可以……肯定地说如果我们将创造的余额数量乘以在此前获得的速度数值，以最原始的数量理论的风格，我们将得到对于仅仅通过这种支出报酬数量将会增加的总量的一个很好近似，因为所有从企业家中获得报酬的这些人中没有人再会有任何债务，或者有任何的动机将他的现金储蓄提高到超出他此前比例于交易额的数量……"（引文同前，第 131 页）。影响了整个经济系统的企业家支出提高和降低的过程显然可以由凯恩斯机制来更好地加以描述。

其次，熊彼特教授假设在繁荣开始的均衡点上充分就业。这样一个假设对于他的理论而言并非必要这已经得到明确的认识（引文同前，第 160—161 页）。但是一旦放弃了这一假设，那么信用创造在从老厂商中抽出生产资源的重要性的大部分也就消失了。在新凯恩斯方法下决定衍生投资支出过程中，在任何情形下企业家与老厂商为了生产资源而进行的竞争过程都需要谨慎对待。

然而，以上考虑绝不能认为意味着否认信用创造在影响技术进步引入的方向和步伐上的巨大重要性。这一问题将在本章的下一部分中加以讨论。

我们现在可以构建这一简化模型，也就是我们取自于熊彼特教授创新理论的初始近似模型，必要的修改是通过放弃简化假设。在这么做的过程中，我们也将试着重新表述我们与熊彼特教授并不完全一致的一些观点。

首先，在我们的简化模型中，总投资活动被假设为仅仅由自主投资和模仿投资构成。一旦在我们的考虑中加入了投资和消费支出的引致变化的话，那么不仅周期波动的幅度会扩大，而且全部周期过程将变成四阶段式周期而不是两阶段式。随着与技术进步直接相联系的总投资活动开始减弱，引致净投资支出将迅速下降到零以下。换言之，总的净投资活动将不仅仅如我们在初始近似中所描述的那样剧减至零，而且将实际上变成负数。投资回收和资本品的过剩能力于是也将出现。

其次，在我们上一章里关于导致危机的各种可能性的讨论中也表明了，一旦投资和消费支出的引致变化包括在内，那么危机的出现和向下发展也许并不需要非得等到在我们初始近似的简化模型所确定的时期结束以后。由于有效需求的不足，资本的稀缺，或者由于持续扩张的物理不可能性，从而危机可能提前发生。由于这类种种原因导致危机出现的可能性事实上是对于创新，特别是特定行业内的创新经常要持续数个周期这一现象的最重要解释之一。

第三，一旦第一批创新厂商的产品在市场，尽管自主投资决策有可能停止或者急剧下降，然而所有类型的技术进步是否也会停止这一点并不确切知道。事实上，一旦新产品出现，那些无力使自己适应新形势的厂商的市场就会受到严重威胁，对这类厂商而言就会有强烈的动机做出决策，独立地采纳那些并不需要任何新投资支出的资本极其节约型的技术改良。尽管这样的技术改良通过防止这类厂商全部被清算掉可以证明有利于一般经济活动，然而它们对于就业量而言依然是不利的，如果它们扩散到那些在任何情形下都不会被清算掉的厂商中，由于劳动—产出率的显著下降而又没有投资支出增加来加以弥补。

第四，在我们的简化模型中，自主投资决策并不会重新出现，除非经济系统又一次达到一个稳定状态或者"均衡的邻域"。然而，一旦引致投资和消费支出考虑在内，并且周期过程被认为是四阶段式周期，那么就再没有任何理由怀疑自主投资决策的重新出现必须再一次等到达到"均衡的邻域"之时①。尽管这依然是正确的，即只要经济活动在向下螺旋发展过程中的继续收缩，自主投资决策就不太可能发生，然而却没有理由怀疑一旦向下螺旋发展停止而复苏开始之后创新不会再次出现。向下的螺旋发展和复苏是两个非常不同的过程。前者的特征是那些无法在新形势下适应环境的厂商不停地清算，因此一个准确计算和规划新事物的小环境是不可能的。复苏却不是完全如此。经济系统依然处于一个变化的状态这一简单的事实并不能够阻止创新的引入。事实上，正是经济活动的向上运动将促进新产品和新生产方法的引入。除此之外，在均衡领域内，我们可以预期发现资本品的过剩能力得到很大程度的消除；然而在现实中我们发现当繁荣正当其时之际过剩能力却经常存在②。同时，如果没有技术进步的引入，它也将难以解释当过剩能力依然存在的时候繁荣的开端。我们因此得出结论认

---

① 参见熊彼特，《商业周期》第 1 卷，第 156—157 页。

② 参见熊彼特，前引著作第 2 卷，第 509、754 页和第 802—803 页。熊彼特教授自己表述认为，"整个 20 年代，即使是在繁荣阶段和高利润的鼎盛时期，依然有可观的过剩能力，它们并不局限于境况不佳的行业或者地区，也不完全是垄断战略所能够解释的"（引文同前，第 802—803 页）。于是似乎是不可避免的，过剩能力的存在必然由这样一个事实来加以解释，即在繁荣开始之前清算过程并未完成，技术进步再一次在到达均衡邻域之前引入。

为一旦复苏开始则自主投资决策有可能重新出现。

我们已经做出的修改，尽管在某些方面显著地影响着我们对于经济活动全部周期过程的理解，却并没有从根本上改变我们关于在就业量方面存在必然周期模式的结论。因此，我们得出结论认为当技术进步被视为是一个内生变量时，就业量就必然呈现周期波动，当要求新投资支出的技术进步正处于引入的过程时，就业量递增；而当生产能力得以如此增加以至于对大量老厂商施加了清算压力之时，就业量递减。

II

除了周期方面，技术进步的内生性质中也还有长期的方面，技术进步和经济力集中的相互关系。在资本主义发展的分析中，在正统经济学文献中恐怕没有其他因素会如此重要却如此被人忽视。

在资本主义社会里，经济力的集中趋势也许是不可避免的，即使没有技术进步。可以从垄断联合中获得的诸多好处显然给持续集中的倾向提供了足够的动力。然而技术进步的过程在许多方面极大地强化了这样一种倾向，后者反过来严重地将技术进步的引入局限于现有的巨型厂商而不是传统的新厂商。首先，技术进步的引入给了初始创新者以最初的垄断优势。如果竞争全面展开，则该优势可能只是暂时的，当新生产方法被广泛采纳时这种优势将消失。然而，初始优势却可能给初始创新者以足够的时间以获得在特定行业领域内的主导地位从而暂时的优势就变成了持久的优势。通过专利的使用，这种可能性的概率显著地得以提高。许多例子都可以引用来说明技术进步以及专利的使用导致经济集中这一过程。联合制鞋机械公司和在容器行业的哈弗—帝国公司的情形就是最突出的例子①。

其次，由于技术进步越来越复杂，在创造性努力过程中涉及的不同科学和技术领域越来越专业化就变得必要。协调这类努力使得建立巨型研究组织变得必要，后者远超出普通小企业的经济能力。因此，我们发现，一方面，大规模企业维持精细研究实验室的能力提供了另一种经济力集中的优势，另一方面，即使是技术进步的引入也正日益变成由现有巨型厂商加以垄断。例如，通用汽车公司每年用于研究的预算超过了 1000 万美元，而贝尔电话实验室每年的研究预算则超过 2000 万美元②。与此同时，在1938 年，拥有最多研究人员数量的 13 家公司就占了全部研究人员总数的 1/3③。行业研究集中的影响进一步由这一事实得以强化，即一般来说行业研究的结果并不提供给任何人，除了实验室的所有者以外。那些拥有研究实验室的行业团体发表的研究结果所占的比例远小于由学术和政府实验室所发表的研究结果的比例④。

第三，技术进步的引入，通过增强相对劳动的资本品的重要性和通过提高大规模企业的科学管理知识，不断地扩展了单个厂商生产的最优规模。一些例子可以引用来说明这种影响。1932—1936 年期间售出的工业类型汽油机车单个平均规模是 11.4 吨，而 1924—1927 年间则是 7.4 吨。由典型公司集团售给矿业行业的电铲的挖掘能力从 1920—1923 年间的 1.73 立方码增加到

---

① 例如，参见 H. L. 普弟（Purdy）、M. L. 林达尔（Lindahl）和 W. A. 卡特（Carter）:《公司集中与公共政策》，1942 年，第 222—241 页，第 510—525 页。

② T. N. E. C 听证会系列，第 9 部分，第 3655—3656 页，第 3 部分，第 974—975 页；以及 D. 林奇（Lynch）:《经济力的集中》，1946 年，第 219—221 页。

③ 参见美国振兴事业署国家研究项目:《行业研究与变化中的技术》，G. 派拉兹希（Perazich）和 P. M. 费尔德（Field），1940 年，第 9—11 页。

④ 引述同前，第 47 页，脚注 13。

1924—1927 年间的 1.9 立方码，到 1928—1931 年间的 2.51 立方码，到 1932—1936 年间的 3.28 立方码。在面粉生产行业，1930—1934 年间引入的滚筒碾粉机的平均尺寸比 1920—1924 年间引入的滚筒碾粉机平均尺寸大约超出 20% [1]。产出最优规模的扩张以两种方式强化着集中的倾向。首先，只要市场的扩张小于最优生产规模的扩张，那么现有厂商的行为就如同在不断下降的成本曲线上运营，不可避免地导致各种形式的垄断联合。其次，产出最优规模的扩张极大地提高了建立新厂商的初始资本要求，在许多情形下有效地阻止了自由进入许多行业。例如，建立一个新玻璃瓶工厂将花费 100 万美元，尼龙厂 800 万美元，人造纤维厂 1100 万美元，铝业厂 2500 万美元，而建立一个每年生产大约 100 万吨锭铁的有效规模的现代化钢铁厂则需花费 1 亿美元，其中单是熔化能力大约为 1000 吨，配备普通辅助设备的一个现代化鼓风炉就花费大约四五百万美元 [2]。

第四，高额的初始资本要求和根本上为了新生产方法开发的巨型研究实验室的维持，使得在技术引进过程中对于金融资本的显著要求变得必要。这里我们又一次发现经济力集中与技术进步引入之间是密切相关的。首先，垄断性质的利润积累是引入新生产方法所需必要金融资本最重要的一个来源。1925—1929 年期间，折旧与损耗津贴和公司留有利润构成了所有非金融企业在工厂和设备方面总资本支出的 82%。1936—1937 年

---

[1]　D. 温特劳布（Weintraub）:《技术发展对于资本形成的当前效果及未来影响》，美国振兴事业署国家研究项目，1939 年 3 月。同样参见 T. N. E. C 专论系列，第 22 卷，《我们经济中的技术》，1941 年，第 195—208 页，可以看到技术进步对于产出最优规模的扩张效应在不同行业的其他具体例子。

[2]　T. N. E. C 听证会系列，第 2 部分，第 505—506 页；第 1 部分，第 90 页；第 26 部分，展示第 1410 页。T. N. E. C 最终报告和建议，第 492 页；林奇，引述同前，第 218—219 页，以及 T. N. E. C 专论系列，第 22 卷，第 199 页。

间，内部资金来源支撑了 92% 的总支出[1]。随着经济力的集中，对于这种极为重要的资金来源的需求也极为集中。因此，在 1937 年，资产超过 1000 万美元的 210 个公司约占 318000 个非金融公司总储蓄的 30%，资产超过 500 万美元的 2900 个公司则占了 77%，而资产小于 5 万美元的 169000 个小公司构成了总数值的 59%，实际上是负储蓄。在不太繁荣的年份里，这种集中度更高[2]。

其次来说，巨型公司在资本市场也有显著的优势。诚然，对于那些拥有企业家特殊才能的人来说，资本市场从来都不是平等地可以获得资金的，即使是在资本主义社会发展的早期阶段。筹借任何相当数量资金的能力都预示着许多的事情，包括作为间接证明的对于一定数量股权资本或财富的所有权[3]。然而经济力的集中和巨额初始资本的要求就剥夺了除巨型公司以外的其他所有厂商利用资本市场来引入任何重要的技术进步。只有巨型公司才会在资本市场上以有利的利率获得相当的总量。这一筹借力的集

---

① T. N. E. C 听证会系列，第 9 部分，展示第 586 号，第 4041 页，和 A. H. 汉森（Hansen）：《财政政策与商业周期》，1941 年，第 384—388 页。另外参见，O. J. 克利（Curry）：《繁荣和萧条期间公司利润的使用》，《密歇根商业研究》，第 4 卷，第 4 期，1941 年，其中在 72 个独立公司的列表中，有 22 个著名公司在 1922 至 1930 年期间是利用它们内部来源资金用于它们全部扩张项目的融资。

② T. N. E. C 专论系列，第 37 卷，第 22—23 页及第 114 页，T. N. E. C 听证会系列，第 9 部分，第 4049 页，以及 T. N. E. C 最终报告和建议，第 210—211 页和第 212—213 页。

③ 当然，在资本主义发展的早期阶段，企业家，也就是统帅着新工业企业的人员，他们中的相当大一部分都来自社会的底层。参见熊彼特，《商业周期》，第 1 卷，第 103—104 页。然而即便在这种情形下，也í注意到，极少有人会显著地上升至那些从一开始就没有他们自己的一些资本的行业巨头的位置。在资本主义社会发展继承长期封建主义的国家中，也就是除了美国以外的所有重要国家中，这种情形尤其如此。参见 M. 道布（Dobb）：《资本主义发展研究》，1946 年，第 277—281 页。

中进一步体现为投资银行领域内的集中[1]；作为资金来源的机构储蓄和诸如保险公司等其他金融机构重要性的日益增加[2]，以及巨型金融机构和巨型非金融机构之间相互关系而得以加强[3]。投资银行和现代机构储蓄在给由小企业进行的技术革新提供融资方面从未曾显著过。投资银行的业务总是针对大公司的需要。投资银行服务的高额成本和小企业产品购买者的缺乏导致了利用投资银行服务对于小公司而言完全不可行[4]。投资银行业务集中的强化进一步削弱了这种服务对于小企业的可获得性。现代机构储蓄机制也倾向于将储蓄用于对大企业的固定债务进行融资。除此之外，随着巨型金融和非金融机构之间日益超强的合并倾向，旨在引入技术进步的新厂商可能会被有效地阻止自由进入不同的行业。例如，在制鞋机械行业，众所周知的是联合制鞋机构公司的金融影响使得潜在竞争者引入新型制鞋机械成为不可能，后者要

---

　　[1]　在 1934 至 1939 年期间，六大投资银行公司，在总数超过 700 家的投资银行业中，掌握着超过 57% 的股票，这些股票都是由股票与交易委员会批准通过投资银行作为媒介出售给公众的。在一级债券的管理方面的集中现象就更加突出。这六大公司掌管着制造业一级债券的 69%，公用事业的 85%，铁路的 100% 以及其他剩余部门的 87%。在这六大公司中，摩根斯坦利又占据主导地位。参见 T. N. E. C 听证会系列，第 24 部分，第 12991、12993 和 12710—12711 页。

　　[2]　1922 年，机构主要储蓄资产总数为 300 亿美元，1929 年，这一数字为 550 亿美元，1939 年为 690 亿美元。在储蓄机构中，保险公司已经特别地获得了它们的相对重要性。在巨型储蓄机构中也存在显著的集中倾向。例如，在 1937 年末，五个保险公司持有 308 家人寿保险公司法定储备总认可资产的 54%。T. N. E. C 专论系列，第 37 卷，第 120 页；T. N. E. C 听证会系列，第 9 部分，第 3751—3768 页，第 4051—4059 页，以及 T. N. E. C 执行秘书最终报告，第 216—219 页。

　　[3]　参见 T. N. E. C 专论系列，第 28 卷，第 29 页，以及国家资源委员会：《美国经济结构》，1939 年，第 1 部分，第 158—165 页，第 298—317 页。在这里，该书表明，围绕着几家巨型投资银行机构，在巨型金融和非金融公司之间存在着密切的关系。

　　[4]　参见 T. N. E. C 执行秘书最终报告，第 308 页。

面对着成熟并且急需的银行信用的债务[1]。非金融机构是否由金融机构所控制或者情形是否正好相反这一问题对于我们的研究目的而言并不重要。只要金融和非金融巨型公司是一个密切联系，高度融合的一个整体，那么筹借力就可能高度集中，自由进入不同的行业就得到有效的阻止。

除了其他经济的，政治的和社会学的影响之外，从我们的角度来看，经济力的集中与技术进步的引入之间相互关系的最重要的结果是这样一个事实，即相互关联的巨型公司保持它们已经投资资本的价值的欲望可能显著地将技术进步限制于特殊的资本节约型。只要竞争盛行，自由进入不同行业依然可能，那么具有比现有生产方法更低的单位生产成本的任何新生产方法都将会立即引入，无论它可能给现有已经投资的资本带来损失与否。现有厂商无法拒绝引入要求以巨额新形式资本品方式的投资的技术进步来阻止它们已投资资本的贬值。新的厂商，由于开始时没有已经投资的资本，因此对于保持其价值并不感兴趣，它们将引入任何降低生产的单位成本的技术进步，如果现有厂商不这么做的话。然而当不同行业领域都由几家相互关联的巨型厂商主导并且自由进入被有效阻止时，只有当必须购置的新资本品的预期净收益的折现值大于现有资本品折现值，并且超出的数额至少为新资本品的成本时，新生产方法才有可能被引入。当新资本品的寿命与现有老资本品的剩余寿命相等时，在这种特殊情形下，会有类似的结论，即当新厂商不可能自由进入由现有厂商主导的领域时，只有当新生产方法将每单位产出的总成本降至现有生产方法最初生产成本以下的某个数量时，这一新生产方法才有可能被引入。类似地，对于已经投资资本保值的考虑也可能会显著地放慢对现有

---

① 参见 E·琼斯（Jones）：《美国的信用问题》，1928 年，第 181—183 页。

产品形成竞争力的新产品的引入。

　　有时候也会有论点认为在技术进步引入过程中由于经济力集中的限制性做法实际上是一种社会优势。只要新资本品预期净收益的折现值超过现有资本品预期净收益折现值的幅度小于新资本品的成本，该观点认为，正在生产的相同数量产出的社会成本的降低不会受到任何影响，从社会的角度来看，一项新生产方法的引入是不理智的①。

　　尽管无可否认现有资本品在到达它们使用寿命之前的废弃必须加以考虑作为任何技术进步引入的社会成本，然而上述对于限制性做法的辩护论点却无法令人满意，其原因有二。首先，新的降低成本的生产方法，通过降低产品的价格，可能会如此增加需求的数量以至于现有已经投资的资本品可能并不会废弃，而是会继续与新购置的资本品一起加以利用，尽管其价值将会下降。因此，由于经济力的集中而导致对新生产方法的限制性做法及产出的限制政策显然是一种社会的劣势。

　　其次，限制性做法的辩护论点基于资源的充分就业这一假设。如果存在失业，技术进步的引入所必需的新资本品的购置，通过增加有效需求和资源的雇佣，显然起着一种社会作用，如果限制性做法有效的话，这种作用将会完全丧失。因此，尽管在一定的条件下限制性做法在资本主义发展早期阶段当资本稀缺问题

----

　　① 例如，参见 R. 李夫曼（Liefmann）：《作为政府信用政策基础的垄断与竞争》，《经济学季刊》，1915 年 2 月；《经济学原理》，第 2 版，1922 年，第 2 卷，第 733—751 页，以及熊彼特：《资本主义、社会主义与民主》，第 2 版，1942 年，第 96—98 页。O. 朗日（Lange）在他的文章《社会主义经济学原理》中持恰恰相反的观点，该文收录于朗日和泰勒的《社会主义经济学原理》一书中，由李平柯特（Lippincot）编辑，1938 年，第 111—115 页。朗日的未加限制的表述"这正是在社会的利益范围之内，即任何引入的可获得的改良，无论对于已经投资的资本价值会有什么影响"（引文同前，第 112—113 页）显然是站不住脚的。

是至关重要的时候对于社会而言是有益的，然而在资本主义发展的后期阶段当有效需求的不足成为主要威胁时，这样的论点就变得不合适了。

事实上，从长远的角度来看，技术进步与经济力集中之间的相互关系造成了在资本主义系统无拘无束发展的一个最为严重的危险。技术进步越来越被限制于特殊的资本节约型，它可以完全由巨型厂商的折旧津贴来加以融资。因此，它可能无法提供净投资机会，后者对于在资本主义社会维持高水平就业是至关重要的。除此之外，将技术进步限制于这样一种特殊的类型可能反过来会影响技术进步引入自身的步伐。作为缺乏净投资机会结果的广泛存在的失业和资本品的过剩能力显然无法提供促进技术进步引入的有利环境①。每个巨型厂商保持其已经投资资本的价值而进行的努力可能导致长期的萧条，已经投资资本的价值都将贬值。

在我们关于技术进步内生属性周期方面的分析基础上，我们可以得出结论认为随着资本主义系统发展进入其后期阶段，经济力越来越集中，大量的长期失业可能变得不可避免，每个商业周期在繁荣阶段越来越不可能达到充分就业而萧条阶段则越来越严重。

① 需要注意的是，我们并不认为技术进步的步伐必然随着经济力集中的强化而放慢，而是认为它变得越来越慢于它原本可能的步伐。无可否认的是，垄断组织，通过它们维持大型研究实验室的能力、面对更大不确定性的能力和分担更大风险的能力，可能加快技术进步的步伐。然而需要指出的是，首先，为经济力集中辩护这样的观点只有在当它与一个竞争性的资本主义经济相比较的时候才是合适的。同样的观点无法应用于，例如当比较是在与社会主义经济进行之时。其次，即使在与一个竞争性的经济相比较的情形之下，用于防止新厂商进入和竞争性创新引入而浪费的资源也必须考虑在内。

第四章附录[①]

采用在第四章中给出的定义，我们可以假设投资活动 Z 与自主投资决策 X 之间的关系为

$$Z(t + \omega) = X(t)S(\omega)$$

$S(\omega)$，变量 ω 的函数，表示在时间点 $t + \omega$ 上由于每个单位在时间点 t 上的自主投资决策而导致的投资活动，包括自主投资和模仿投资。

在特定技术进步的引入过程以及在技术进步结果出现于市场之前，投资活动有可能随着时间而增加。一家或者数家企业的出现，通过清除技术变革面对的障碍以及通过为其他后来者树立榜样，这有利于在同一个行业领域和相关领域的其他企业家。然而，一旦特定技术进步的产品出现在市场上，自主投资活动将会停止，那些无法使自己适应新技术的老厂商将被迫清算因而模仿投资活动也将会下降。因此，作为一种初始近似，我们可以界定

$$S(\omega) = b\omega \qquad\qquad 当 0 < \omega < \theta 时$$

$$= \frac{b\theta}{\eta}(\theta - \eta - \omega) \qquad 0 < \omega < \theta + \eta$$

其中 b 为常数，θ 是新产品出现于市场之前所必须的时间段，而 η 是引入创新的再吸收期[②]。图 1 描述了当 θ 大于 η 时的 $S(\omega)$ 函数。

在时间点 t 上的总投资活动 I 取决于与 $S(\omega)$ 函数相联系的此前所有自主投资决策。

---

① 本附录的相当一部分发表于《计量经济》，1947 年 4 月，作为于 1947 年 1 月在亚特兰大市召开的计量经济学协会会议宣读的一篇论文的简短概括。

② 熊彼特：《经济发展》，第 213 页。

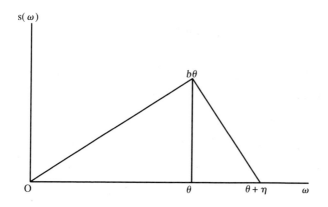

图1

$$I\ (t)\ =\ \int_{\omega=0}^{t} X\ (t-\omega)\ S\ (\omega)\ d\omega \qquad (1)$$

从方程（1），很容易地可以看出，只要自主投资决策一直是固定的，那么在一定的时间段以后，总投资活动 I 必然也是固定的[1]，而不论在与每个特定自主投资决策相联系的投资活动中的急剧转折点。换言之，除非有理由相信自主投资决策事实上无法持久维持固定，否则在总投资活动中将不会有周期性波动。

如果有观点认为一旦投资活动开始自主投资决策完全停止，初始均衡位置受到干扰，总投资活动于是将完全由 S（ω）函数独自加以描述而无需求和。然而更有理由的假设是自主投资决策将首先维持固定，直到第一批创新厂商的产品出现在市场，老厂商强迫清算开始。由于新产品的出现和强迫清算，规划新企业的难度和失败的风险在急剧地增加因此自主投资决策将不再制定。从而，又一次作为一种初始近似，

---

① 在我们指定的 S（ω）形式下，这一时间段等于 θ + η。

我们有

$$X(t) = 1 \qquad 当 0 < t \leqslant \theta \text{ 时}$$
$$= 0 \qquad t > \theta$$

引入一个函数 B(t)，它定义如下

$$B(t) = 0 \qquad 当 t < 0 \text{ 时}$$
$$= 1 \qquad t \geqslant 0$$

我们可以将 X(t) 和 $S(\omega)$ 表示成以下形式：

$$X(t) = B(t) - B(t - \theta)$$

$$S(\omega) = b\{\omega[B(\omega) - B(\omega - \theta)] + \frac{\theta}{\eta}(\theta + \eta - \omega)[B(\omega - \theta) - B(\omega - \theta - \eta)]\}$$

将拉普拉斯变换应用于方程（1），将 X(t) 和 $S(\omega)$ 的表达式用 B 函数加以替换，我们得到

$$L\{I(t)\} - L\{X(t)\}L\{S(t)\}$$

$$= (\frac{1}{s} - \frac{e^{-\theta s}}{s})b\{\frac{1}{s^2} - e^{-\theta s}(\frac{\theta}{s} - \frac{1}{s^2}) +$$

$$\frac{\theta}{\eta}[(-\frac{1}{s^2} + \frac{\eta}{s})e^{-\theta s}\frac{1}{s^2}e^{-(\theta+\eta)s}]\}$$

$$= \frac{b}{s^2}[1 - (2 + \frac{\theta}{\eta})e^{-\theta s} + \frac{\theta}{\eta}e^{-(\theta+\eta)s} + (1 + \frac{\theta}{\eta})e^{-2\theta s} -$$

$$\frac{\theta}{\eta}e^{-(2\theta+\eta)s}]$$

应用逆变换，我们得到总投资活动作为时间的函数的一般表达式①。

$$I(t) = \frac{b}{2}[t^2 B(t) - (2 + \frac{\theta}{\eta})(t - \theta)^2 B(t - \theta) + \frac{\theta}{\eta}(t - \theta - \eta)^2 B$$

---

① 当然，I（t）也可以通过对方程（1）沿不同时间段直接积分而得以确定。

$$(t-\theta-\eta)+(1+\frac{\theta}{\eta})(t-2\theta)^2B(t-2\theta)-\frac{\theta}{\eta}(t-2\theta-\eta)^2B(t-2\theta$$

$$-\eta)]\tag{2}$$

　　在所有这三种情形里，也就是 θ 大于 η，等于 η，或者小于 η，我们得到总投资活动中的一个两阶段周期。整个周期的时间长度等于 $2\theta+\eta$。两个阶段中的每一个阶段的长度取决于 θ 和 η。从（2），我们有

$$\frac{dI}{dt}=b[tB(t)-(2+\frac{\theta}{\eta})(t-\eta)B(t-\theta)+\frac{\theta}{\eta}(t-\theta-\eta)B(t-\theta$$

$$-\eta)+(1+\frac{\theta}{\eta})(t-2\theta)B(t-2\theta)-\frac{\theta}{\eta}(t-2\theta-\eta)B(t-2\theta-\eta)]$$

　　通过将该方程的右边设定等于零，我们可以确定总投资活动在其最大值的时间点。因此，向上阶段的长度是

$$t_1=\frac{\theta\ (\theta+2\eta)}{\theta+\eta}$$

　　而向下阶段的长度为

$$t_2=\frac{\theta^2+\theta\eta+\eta^2}{\theta+\eta}$$

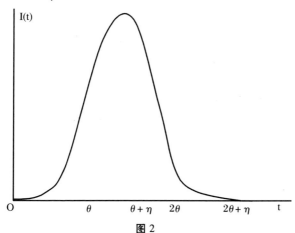

图 2

如果 θ 大于 η，则向上阶段长于向下阶段；如果 θ 小于 η，情况正相反。而当 θ 等于 η 这一特殊情形下，两个阶段具有相同长度，都等于 $3\theta/2$。两个阶段长度之间的差异并不可能很大。事实上，如果 θ 大于 η，最大的差异为达到整个周期长度7%的水平①。而在当 θ 小于 η 的情形下，两个阶段之差也小于 θ 和 η 之差。

图2描绘了当 θ 大于 η 时，作为时间函数的总投资活动的图像。

一旦在时间点 $2\theta + \eta$ 总投资又一次达到均衡位置，自主投资决策将重新出现。新均衡位置又一次给企业家开展新创新规划提供了一个有利的环境。因此，该过程将会重复，只要 θ 和 η 保持不变，则另一个相同长度的周期将会发生。

我们现在可以通过放弃我们的一些限制性假设来概括我们的结论。首先，我们已经假设自主投资决策在时期 $0 < t < \theta$ 是固定的。如果自主投资决策在这个时期并不固定，则在整个周期的总跨度将为 $2\theta + \eta$，然而每个阶段的长度将会改变。尽管如此，只

---

① $t_1 - t_2 = \dfrac{\theta^2 + 2\theta\eta}{\theta + \eta} - \dfrac{\theta^2 + 2\theta\eta + \eta^2}{\theta + \eta} = \dfrac{\eta(\theta - \eta)}{\theta + \eta}$

于是，两个阶段长度之差作为整个周期长度 $2\theta + \eta$ 的百分比为

$D = \dfrac{t_1 - t_2}{2\theta + \eta} = \dfrac{\eta(\theta - \eta)}{(\theta + \eta)(2\theta + \eta)}$

将 D 对 θ 所求的一阶导数设成零以便确定对于给定的 η，使 D 达到最大值的以 η 表示的 θ 的值，我们有

$\dfrac{\partial D}{\partial \theta} = \dfrac{\eta(\theta + \eta)(2\theta + \eta) - \eta(\theta - \eta)(2\theta + \eta) - 2\eta(\theta - \eta)(\theta + \eta)}{(\theta + \eta)^2(2\theta + \eta)^2} = 0$

$\eta(2\theta + \eta) - (\theta^2 - \eta^2) = 0$

$\theta^2 - 2\eta\theta - 2\eta^2 = 0$

$\theta = \eta(1 + \sqrt{3})$

因此，当 θ 大于 η 时，两个阶段的最大差作为整个周期长度的百分比为

$D_1 = \dfrac{\eta^2\sqrt{3}}{\eta^2(2 + \sqrt{3})(3 + 2\sqrt{3})} = 7 - 4\sqrt{3} = 0.07$

要在时间点 θ 上自主投资决策有一个显著的期限，当第一批创新厂商的产品出现在市场上，当老厂商被迫进行清算，那么周期的总体形状和两个阶段中各自的长度将不会与我们已经描述的情形有非常显著的不同。

其次，我们已经夸大了在时间点 θ 上自主投资决策的期限，通过假设它们不连续地下降并且立即等于零。如果它们逐渐下降，尽管在时间点 θ 上依然会有显著的折断点，但整个周期的跨度和每个阶段的长度都将更长。然而，又一次，整个周期的总体形状将不会有显著不同。

第三，我们已经假设总投资活动仅仅包括与技术进步直接相联系的自主投资和模仿投资。一旦我们在我们的模型中包括引致投资，也就是由于消费和有效需求变化而导致的投资，那么累积过程有可能会产生。于是我们将得到的将不是一个两阶段周期，而是一个四阶段周期。除此之外，与我们在第四章中的讨论相一致，一旦复苏开始，自主投资决策有可能重新出现。在非耐用资本品上引致投资的内在周期性质可能也给基钦类型的小周期提供了一个解释。

最后，我们已经假设对于所有行业和所有类型的技术进步而言，$S(\omega)$ 函数都是一样的。这样一种假设显然是不现实的。不同行业和不同技术进步毫无疑问地需要不同的酝酿期和不同的重新吸纳期。然而不同类型的技术进步可以按照它们被引入的整个生产过程中生产的阶段划分成数个主要的组群。在引入技术进步的生产阶段越高和越远离最终消费品的生产，则重新吸纳期将会越长。因此，相比于，例如某种新制鞋机械的引入，诸如蒸汽和电力等新动力的引入以及诸如铁路等新运输系统的引入显然属于不同的技术进步大类。换言之，在特定复苏开始之后做出的自主投资决策与前一个周期引入的技术进步并不是完全不相关，却往往是前一种技术进步在生产更高阶段的延续。因此，当技术进步被引入于生产的更高阶段时，自主投资决策可能相对要高出数个周期。在引入这类技术进步之后，对整体经济而言将需要一个较长的重新吸纳期；而在这样一个时期内的自主投资决策将会相对较少。这给并发周期的存在提供了一种解释，这种解释显著不同于最近数理商业周期理论所提供的解释，却更加与流行的非数理理论相符合。

参考文献

Barnett, G. E. Chapters on Machinery and Labor. Cambridge, Massachusetts, 1926.

Baumol, W. J. "Notes on Some Dynamic Models," Economic Journal, December, 1948.

Bell, S. Productivity, Wages, and National Income. Washington, D. C., 1940.

Bennion, E. G. "The Multiplier, the Acceleration Principle, and Fluctuating Autonomous Investment," Review of Economic Statistics, May, 1945.

Berle, A. A., and Means, G. C. The Modern Corporation and Private Property. New York, Chicago, and Washington, 1932.

Birck, L. V. Technischer Fortschrift und Uberproduktion. Jena, 1927.

Bloom, G. F. "Note on Hicks's Theory of Invention," American Economic Review, March, 1946.

Bouniatian, M. "Technical Progress and Unemployment," International Labour Review, March, 1933.

Bowden, W. "Wages, Hours and Productivity of Industrial Labor, 1909 to 1939," Monthly Labor Review, September, 1940.

Carlson, S. A Study on the Pure Theory of Production. London, 1939.

Crum, W. L. Corporate Size and Earning Power. Cambridge, Massachusetts,

1939.

Curry, O. J. Utilization of Corporate Profits in Prosperity and Depression. Michigan Business Studies, Vol. IX, No. 4, 1941.

Davis, H. S. The Industrial Study of Economic Progress. Pennsylvania Industrial Research Studies 33, 1947.

Dobb, M. Studies in the Development of Capitalism. London, 1946.

Domar, E. D. "Capital Expansion, Rate of Growth, and Employment," Econometrica, April, 1946.

—— "Expansion and Employment," American Economic Review, March, 1947.

—— "Investment, Losses and Monopolies," Income, Employment and Public Policy: Essays in Honor of Alvin H. Hansen. New York, 1948.

—— "The Problem of Capital Accumulation," American Economic Review, December, 1948.

Douglas, P. H. "Technological Unemployment," American Federationist, August, 1930.

Edelberg, V. "An Econometric Model of Production and Distribution," Econometrica, July, 1936.

Ezekiel, M. "Productivity, Wage Rates, and Employment," American Economic Review, September, 1940.

Fabricant, S. Employment in Manufacturing, 1899—1939. New York, National Bureau of Economic Research, 1942.

——Labor Savings in American Industry, 1899—1939. New York, National Bureau of Economic Research, 1945.

——The Output of Manufacturing Industries, 1899—1937. New York, National Bureau of Economic Research, 1940.

——Productivity of Labor in Peace and War. New York, National Bureau of Economic Research, 1942.

Feavearyear, A. E. "Capital Accumulation and Unemployment," Economic

Journal, June, 1936.

Fellner, W. Monetary Policy and Full Employment. Revised edition, Berkeley and Los Angeles, 1947.

—— "The Technological Argument of the Stagnation Thesis," Quarterly Journal of Economics, August, 1941.

Fisher, A. G. B. "Technical Improvements, Unemployment and Reduction of Working Hours," Economica, November, 1937.

Frisch, R. "Einige Punkte einer Preistheorie mit Boden und arbeit als Produktionsfaktoren," Zeitschrift für National konomie, 1932.

—— "The Interrelation between Capital Production and Consumer Taking," Journal of Political Economy, October, 1931.

—— "Propagation and Impluse Problems in Dynamic Economics," Economic Essays in Honour of Gustav Cassel, London, 1933.

Georgescu Roegen, N. "Fixed Coefficients of Production and Marginal Productivity Theory." Review of Economic Studies, October, 1935.

Goodwin, R. M. "Innovations and the Irregularity of Economic Cycles," Review of Economic Statistics, May, 1946.

—— "Secular and Cyclical Aspects of the Multiplier and the Accelerator," Income, Employment and Public Policy: Essays in Honor of Alvin H. Hansen, New York, 1948.

Gordon, R. A. Business Leadership in the Large Corporation, Washington, D. C. , 1945.

Gregory, T. E. "Rationalization and Technological Unemployment," Economic Journal, December, 1930.

Haavelmo, T. "The Inadequacy of Testing Dynamic Theory by Comparing Theoretical Solutions and Observed Cycles," Econometrica, October, 1940.

—— "The Probability Approach in Econometrics," Econometrica, Supplement, July. 1944.

Haberler, G. Prosperity and Depression. Geneva, 1941.

—— "Some Remarks on Professor Hansen's View on Technological Unemployment," Quarterly Journal of Economics, May, 1932.

Hagen, E. E. "Savings, Investment and Technological Unemployment," American Economic Review, September, 1942.

Hall, R. L. , and Hitch, C. J. "Price Theory and Business Behavior," Oxford Economic Paper, May, 1939.

Hansen, A. H. Fiscal Policy and Business Cycles. New York, 1941.

—— "Institutional Frictions and Technological unemployment," Quarterly Journal of Economics, August, 1931.

Harrod, R. F. "An Essay in Dynamic Theory," Economic Journal, March, 1939.

—— "Price and Cost in Entrepreneurs' Policy," Oxford Economic Paper, May. 1939.

——The Trade Cycle. Oxford, 1936.

——Towards a Dynamic Economics. London, 1948.

Hayek, F. A. Profits, Interest and Investment. London, 1939.

——The Pure Theory of Capital. London, 1941.

Hicks, J. R. The Theory of Wages. London, 1932.

——Value and Capital. Oxford, 1939.

Higgins, B. "Concepts and Criteria of Secular Stagnation," Income, Employment and Public Policy: Essays in Honor of Alvin H. Hansen. New York, 1948.

Hildebrand, G. H. , Jr. "Monopolization and the Decline of Investment Opportunity", American Economic Review, September, 1943.

Hobson, J. A. The Evolution of Modern Capitalism. New and Revised edition, New York, 1926.

——Rationalisation and Unemployment. Second edition, London, 1931.

Jerome, H. Mechanization in Industry. New York, National Bureau of Economic Research, 1934.

Johnson, A. "The Effect of Labor Saving Devices upon Wages," Quarterly

Journal of Economics, 1906.

Jones, E. The Trust Problem in the United States. New York, 1929.

Kaehler, A. "The Problem of Verifying the Theory of Technological Unemployment", Social Research, November, 1935.

——Die Theorie der Arbeitsfreisetzung durch die Maschine. Leipzig, 1933.

Kaldor, N. "Annual Survey of Economic Theory: The Recent Controversy on the Theory of Capital," Econometrica, July, 1937.

—— "Capital Intensity and the Trade Cycle," Economica, February, 1939.

—— "A Case against Technical Progress?" Economica, May, 1932.

—— "Limitational Factors and the Elasticity of Substitution", Review of Economic Studies, February. 1937.

—— "Market Imperfection and Excess Capacity," Economica, February, 1935.

—— "Models of Short Period Equilibrium," Economic Journal, June September, 1942.

—— "A Model of the Trade Cycle," Economic Journal, March, 1940.

—— "Professor Hayek and the Concertina Effect," Economica, November, 1942.

—— "Stability and Full Employment," Economic Journal, December, 1938.

—— "On the Theory of Capital: A Rejoinder to Professor Knight," Econometrica, April, 1938.

Kalecki, M. Essays in the Theory of Economic Fluctuation. New York, 1939.

—— "A Macrodynamic Theory of Business Cycles," Econometrica, July, 1935.

——Studies in Economic Dynamics. London, 1943.

—— "A Theorem on Technical Progress," Review of Economic Studies,

June, 1941.

Kalecki, M. "A Theory of the Business Cycle," Review of Economic Studies, February, 1937.

—— "A Theory of Profits," Economic Journal, June September, 1942.

Keynes, J. M. The General Theory of Employment, Interest and Money. New York, 1936.

Klein, L. R. "Macroeconomics and the Theory of Rational Behavior," Econometrica, April, 1946.

—— "Notes on the Theory of Investment," Kyklos, Vol. II, 1948, Fasc. 2.

—— "Remarks on the Theory of Aggregation," Econometrica, October, 1946.

Kuznets, S. "Economic Progress," The Manchester School, April, 1941.

—— "Relation between Capital Goods and Finished Products in the Business Cycle," Economic Essays in Honor of Wesley Mitchell. New York, 1935.

——Secular Movements in Production and Prices. Boston, 1930.

Lange, O. "A Note on Innovations," Review of Economic Statistics, February, 1943.

—— "On the Economic Theory of Socialism," On the Economic Theory of Socialism, edited by B. E. Lippincott. Minneapolis, 1938.

——Price Flexibility and Employment. Bloomington, Indiana, 1944.

Lederer, E. "The Problem of Development and Growth in the Economic System," Social Research, February, 1935.

—— "Technical Progress and Unemployment," International Labour Review, July, 1933.

——Technischer Fortschritt und Arbeitslosigkeit. Tubingen, 1931.

——Technological Progress and Unemployment. Geneva, 1938.

Leontief, W. W. "Introduction to a Theory of the Internal Structure of Functional Relationships," Econometrica, October, 1947.

—— "A Note on the Interrelation of Subsets of Independent Variables of a Continuous Function with Continuous First Derivatives," Bulletin of the American Mathematical Society, Vol. 53, No. 4, 1947.

Liefmann, R. Grundsaetze der Volkswirtschaftslehre. Second edition, 2 vols., Stuttgart, 1922.

—— "Monopoly and Competition as the Basis of a Government Trust Policy," Quarterly Journal of Economics, February, 1915.

Loeb, H. Full Employment without War. Princeton, 1946.

Lonigan, E. "The Effect of Modern Technological Conditions upon the Employment of Labor," American Economic Review, June, 1939.

Lubin, I. The Absorption of the Unemployed by American Industry. Washington, D. C., 1929.

—— "Measuring the Labor Absorbing Power of American Industry," Journal of American Statistical Association, March, 1929.

Lundberg, E. Studies in the Theory of Economic Expansion. London, 1937.

Lynch, D. The Concentration of Economic Power. New York, 1946.

May, K. "Technological Change and Aggregation," Econometrica, January, 1947.

Merton, R. K. "Fluctuations in the Rate of Industrial Invention," Quarterly Journal of Economics, May, 1935.

Metzler, L. A. "Business Cycles and the Modern Theory of Employment," American Economic Review, June, 1946.

—— "Factors Governing the Length of Inventory Cycles," Review of Economic Statistics, February, 1947.

Metzler, L. A. "The Nature and Stability of Inventory Cycles," Review of Economic Statistics, August, 1941.

Modigliani, F. "Liquidity Preference, Interest and Money," Econometrica, January, 1944.

Moulton, H. G., and associates. Capital Expansion, Employment and Economic Stability. Washington, D. C. , 1940.

——Income and Economic Progress. Washington, D. C. , 1935.

Myers, R. J. "Occupational Readjustment of Displaced Skilled Workmen," Journal of Political Economy, August, 1929.

Neisser, H. P. " 'Permanent' Technological Unemployment," American Economic Review, March, 1942.

Nienstaedt, L. R. "Economic Consequences of Technical Development, with Some Illustrations from Danish Industries," Econometrica, October, 1937.

Noyes, C. R. "The Prospect for Economic Growth," American Economic Review, March, 1947.

Pigou, A. C. "The Classical Stationary State," Economic Journal, December, 1943.

—— "Economic Progress in a Stable Environment," Economica, August, 1947.

——The Economics of Welfare. Fourth edition, London, 1932.

——Employment and Equilibrium. London, 1941.

——The Theory of Unemployment. New York, 1933.

Purdy, H. L. ; Lindahl, M. L. ; and Carter, W. A. Corporate Concentration and Public Policy. New York, 1942.

Robinson, J. "The Classification of Inventions," Review of Economic Studies, February, 1938.

——Essays in the Theory of Employment. London, 1937.

Samuelson, P. A. Foundations of Economic Analysis. Cambridge, Massachusetts, 1947.

—— "Full Employment after the War," Postwar Economic Problems, edited by S. E. Harris. New York and London, 1943.

—— "The Stability of Equilibrium: Comparative Statics and Dynamics," Econometrica, April, 1941.

—— "The Stability of Equilibrium: Linear and Nonlinear Systems,"

Econometrica, January, 1942.

—— "Statics, Dynamics, and the Stationary State," Review of Economic Statistics, February, 1943.

Schelling, T. C. "Capital Growth and Equilibrium," American Economic Review, December, 1947.

Schneider, E. Theorie der Produktion. Vienna, 1934.

Schumpeter, J. A. Business Cycles: A Theoretical, Historical, and Statistical Analysis of the Capitalist Process. Vols. I & II, New York and London, 1939.

——Capitalism, Socialism, and Democracy. Second edition, New York and London, 1942.

—— "The Explanation of the Business Cycle," Economica, 1928.

—— "The Instability of Capitalism," Economic Journal, September, 1928.

——The Theory of Economic Development. Translated from the German by R. Opie, Cambridge, Massachusetts, 1934.

Scitovszky, T. de. "Capital Accumulation, Employment and Price Rigidity," Review of Economic Studies, February, 1941.

—— "A Study of Interest and Capital," Economica, August, 1940.

Staehle, H. "Employment in Relation to Technical Progress," Review of Economic Statistics, May, 1940.

Stern, E. H. "Capital Requirements in Progressive Economies," Economica, August, 1945.

Stigler, G. J. "The Kinky Oligopoly Demand Curve and Rigid Prices," Journal of Political Economy, October, 1947.

Sweezy, P. M. "Demand under Conditions of Oligopoly," Journal of Political Economy, August, 1939.

—— "Professor Schumpeter's Theory of Innovation," Review of Economic Statistics, February, 1943.

Theiss, E. "Dynamics of Saving and Investment," Econometrica, April, 1935.

Thomas, W. "The Economic Significance of the Increased Efficiency of A-merican Industry," American Economic Review, Supplement, 1928.

Tinbergen, J. "Annual Survey: Suggestions on Quantitative Business-Cycle Theory," Econometrica, July, 1935.

—— "Critical Remarks on Some Business Cycle Theories," Econometrica, April, 1942.

——Statistical Testing of Business-Cycle Theories. Vols. I & II, Geneva, 1939.

—— "Utilisation des equations fonctionelles et des nombres complexes dans les recherches economiques," Econometrica, January, 1933.

Tinbergen, J.; and Wolff, P. de. "A Simplified Model of the Causation of Technological Unemployment," Econometrica, July, 1939.

U. S. National Resources Committee. The Structure of American Economy. Washington, D. C., 1939.

——Technological Trends and National Policy. Washington, D. C., 1937.

U. S. Temporary National Economic Committee: Investigation of Concentration of Economic Power. Final Report and Recommendation of the Temporary National Economic Committee. Washington, D. C., 1941.

U. S. Temporary National Economic Committee: Investigation of Concentration of Economic Power. Final Report of the Executive Secretary to the Temporary National Economic Committee. Washington, D. C., 1941.

——Hearings: Part 1. Economic Prologue.

Parts 2 and 3. Patents.

Part 9. Savings and Investment.

Parts 10, 10A, 13, and 28. Life Insurance.

Parts 22, 23, and 24. Investment Banking.

Part 26. Iron and Steel Industry.

Part 30. Technology and Concentration of Economic Power.

——Monographs: No. 13. Relative Efficiency of Large, Medium Sized and Small Business.

No. 17. Problems of Small Business.

No. 21. Competition and Monopoly in American Industry.

No. 22. Technology in Our Economy.

No. 27. The Structure of Industry.

No. 28. Study of Legal Reserve Life Insurance Companies.

No. 31. Patents and Free Enterprise.

No. 37. Saving, Investment, and National Income.

U. S. Work Progress Administration: National Research Project.

Effect of Current and Prospective Technological Developments upon Capital Formation. By D. Weintraub, Philadelphia, 1939.

——Industrial Instruments and Changing Technology. By G. Perazich, H. Schimmel, and B. Rosenberg, Philadelphia, 1938.

——Industrial Research and Changing Technology. By G. Perazich, and P. M. Field, Philadelphia, 1940.

——Production, Employment, and Productivity in 59 Manufacturing Industries 1916—1936. By H. Magdoff and others, Philadelphia, 1939.

U. S. Work Projects Administration: National Research Project.

Changes in Machinery and Job Requirements in Minnesota Manufacturing, 1931—1936. By Koepke and Woal, Philadelphia, 1939.

U. S. Work Projects Administration: National Research Project. Industrial Change and Employment Opportunity-A Selected Bibliography. By A. Gourvitch, Philadelphia, 1939.

——Survey of Economic Theory on Technological Change and Employment. By A. Gourvitch, Philadelphia, 1940.

——Trade Union Policy and Technological Change. By H. Ober, Philadelphia, 1940.

Usher, A. P. A History of Mechnical Inventions. New York, 1929.

Valk, W. L. Production, Pricing and Unemployment in the Static State. Haarlem, Netherlands Economic Institute, 1937.

Weintraub, D. "Displacement of Workers by Increase in Efficiency and Their Absorption by Industry, 1920—1931," Journal of the American Statistical Association, December, 1932.

Wilson, T. "Capital Theory and the Trade Cycle," Review of Economic Studies, June, 1940.

——Fluctuations in Income and Employment. London, 1942.

Young, C. E. "Applications and Problems of Productivity Data," Journal of American Statistical Association, December, 1946.

宏观经济学简论[*]

在 1946 年 4 月发表于本刊的一篇论文中，克莱因博士提出了一种新的解释宏观经济价值结构问题的方法[①]，而这种宏观经济价值的结构问题仍然没有受到应有的关注。在克莱因博士的文章中，他提出了两个公理：（1）如果存在连接个体厂商的投入与产出之间关系的函数，那么整体经济或其中某一特定部分的总的投入与产出之间也存在着某种函数关系；（2）如果个体厂商是追求利润最大化的以至在完全竞争条件下其边际产出方程成立，那么整体经济的边际产出方程也必然成立[②]。在本篇笔记中，我们将首先说明这两个公理其条件过于严格并且缺少现实可能性。在对此进行批评的基础上，我们还将试图建立另外一个一般意义上的宏观经济价值结构的分析范式。

让我们首先用非数学化的方法来说明第一个公理的内涵。当

---

[*] 本文提交于亚特兰大 1947 年 1 月举行的计量经济学协会会议，发表于计量经济学杂志（Econometrica）1946 年 10 月第 14 卷第 4 期。

① 劳伦斯·R. 克莱因："宏观经济学和理性行为理论"，Econometrica，1946 年 4 月第 14 卷，第 93—108 页。

② 同上书，第 94—95 页。

认真地分析了克莱因博士的观点后，你就会很容易地发现：在他的视野里，总产出是独立于不同的投入分布的。如果用 X 代表总产出，N 和 Z 分别代表两种总的投入——劳动和资本，那么第一个公理将要求 X 仅仅与 N 和 Z 的数量有关，而与 N 和 Z 在不同厂商之间的分配方式无关，也与任何个体厂商对资本和劳动的配置方式不相关。换句话说，一旦 N 和 Z 被确定为常量，它们的分布方式将对总产出没有显著影响。很明显的是，这一公理在任何一个实际场合都基本上无法得到满足。如果严格地坚持这一公理，我们将会发现在大多数情况下只可能出现下面两种情形中的一种：第一，我们无法寻找到实现这一公理的总投入与总产出的案例；第二，在通过对总产出和总投入进行操纵以使这一公理得到满足的情况下，总投入与总产出将变成这样一种怪物以至于其完全失去了经济意义①。如果这样，宏观经济学的应用领域将变得非常有限。

与总产出结构方程有关的第二个公理看起来也是有点随意且缺少现实性。如果存在唯一的总产出方程，即使第二个公理得不到满足，这一方程在宏观经济体系中也是有用的。比如：利润最大化条件也可以通过其他一些形式的方程得到体现而不是常用的边际产出方程。

幸运的是，总产出必须独立于总投入的分布这一要求虽然是一个充分条件，但不是存在唯一的总产出方程的必要条件。与总

---

① 考虑柯布—道格拉斯生产函数扩展式的情况，克莱因博士从中发现公理（1）能够从中得到证明（见前引劳伦斯·R. 克莱因："宏观经济学和理性行为理论"）；而且，模型所建构的总劳动 N 和总资本 Z 毫无疑问地与我们所关注的真实经济变量——总就业量和总资本量——不相关。尽管在一个将这样一种总产出方程作为其中一种关系的宏观经济体系中我们能够将 N 和 Z 纳入其中，但我们在总就业和总资本的实际数量上也可能陷入完全的困惑。

投入的分布必须独立于总产出的这一假定条件不同的是，我们所有必须的条件是：存在着明确的总投入的分布方式，特别是总投入在不同厂商之间和不同投入方式之间的明确的分布方式。一旦存在一些能够确定分布方式的明确的函数关系，我们就能给出唯一的总产出方程。

首先让我们考虑最简单的情形。在此情形下，产出、劳动和资本是完全内生的。个体产出方程为如下形式：

（1）$X_\alpha = f_\alpha \ (n_\alpha, Z_\alpha), \qquad \alpha = 1, 2, \cdots, A.$

其中，X_α、n_α、Z_α 分别代表 α 厂商的产出、劳动投入和资本投入。而整体经济中的上述变量则是对它们的简单累加。因此，我们有：

（2）$N = n_1 + n_2 + n_3 + \cdots + n_\alpha$，$Z = z_1 + z_2 + z_3 + \cdots + z_\alpha$　$\alpha = 1, 2, \cdots, A.$

现在我们假定不同个体厂商之间的投入分布方式由它们的边际产出方程决定，于是有：

（3）$\dfrac{\partial x_\alpha}{\partial n_\alpha} = \dfrac{\partial x_\beta}{\partial n_\beta}, \ \dfrac{\partial x_\alpha}{\partial z_\alpha} = \dfrac{\partial x_\beta}{\partial z_\beta}$　$\alpha = 1, 2, \cdots, A, \ \beta = 1, 2, \cdots, A.$

在方程（1）、（2）、（3）中，我们有 3A 个方程和 3A 种变量（没有将 N 和 Z 作为变量）。因此，可作一个变换①以使 n_α、z_α 能够以 N 和 Z 的形式表示。用 N 和 Z 代替方程（1）中的 n_α、z_α，并将所有的个体厂商的产出方程相加，这样就可以得到唯一的总产出方程：

$X = F \ (N, Z)$

---

① 当然，这一转换依赖于 Jackbian 的成立。然而，当个体厂商的边际产出方程得以成立时，这一条件实际上也会得到满足。

其中，

（4）$X = x_1 + x_2 + x_3 + \cdots + x_\alpha$　　$\alpha = 1, 2, \cdots, A.$

易证明[①]：

$$\frac{\partial X}{\partial N} = \frac{\partial x_\alpha}{\partial n_\alpha} \qquad \alpha = 1, 2, \cdots, A.$$

$$\frac{\partial X}{\partial Z} = \frac{\partial x_\alpha}{\partial z_\alpha}$$

因此，在这一特定情况下，克莱因博士的第二个公理得以实现。由于边际产出方程被用于决定个体厂商的投入分布模型，所以总产出方程仅在个体厂商达到相关均衡状态时才能成立。这一局限性限制了我们的宏观统计系统的总产出方程。然而，分布模型不必由边际产出方程的均衡决定。其投入分布可由这样的关系所决定：我们所导出的总产出方程也可用于动态分析。

从一般意义上讲，x_α、n_α、z_α 并不都是内生的，我们必须在不同厂商的投入分布函数的基础上增加不同投入与产出方式的 X、N、Z 分布的明确函数。如果这样一种明确分布的函数关系存在，每一个个体厂商的产出方程

$f_\alpha (x_{1\alpha}, \cdots, X_{m\alpha}, n_{1\alpha}, \cdots, n_{\gamma\alpha}, z_{1\alpha}, \cdots, z_{\zeta\alpha}) = 0$, $\alpha = 1, 2, \cdots, A.$

都能够被转变为方程（1）的形式。正如上式所表述的那样，这一方程能够转变成唯一的总产出方程[②]。

于是，一般意义上的宏观经济价值结构理论可被归结为如下两点：

---

① 具体证明见附录。

② 这一分布函数的最简单的例子是不同的产出是以确定的比例生产的，而不同的投入也是以确定的比例投入的。在此情况下，所有的 x、n、z 均分别能转换成变量 X、N、Z。

（1）对某一宏观经济价值的结构而言，必然存在一个明确的将宏观经济价值分布于各组成部分的分布函数。

（2）对某一宏观经济关系的结构而言，必然存在一个明确的将所有经济价值分布于不同经济决策主体（比如厂商和家庭）的分布函数。

附录：

从方程（4）、（1）、（3）可以得到：

$$\frac{\partial X}{\partial N} = \sum_{\alpha=1}^{A} \frac{\partial x_\alpha}{\partial N}$$

$$= \sum_{\alpha=1}^{A} \frac{\partial x_\alpha}{\partial n_\alpha} \frac{\partial n_\alpha}{\partial N} + \sum_{\alpha=1}^{A} \frac{\partial x_\alpha}{\partial z_\alpha} \frac{\partial z_\alpha}{\partial N}$$

$$= \frac{\partial x_\alpha}{\partial n_\alpha} \sum_{\alpha=1}^{A} \frac{\partial n_\alpha}{\partial N} + \frac{\partial x_\alpha}{\partial z_\alpha} \sum_{\alpha=1}^{A} \frac{\partial z_\alpha}{\partial N}$$

$$= \frac{\partial x_\alpha}{\partial n_\alpha} + \frac{\partial x_\alpha}{\partial z_\alpha} \frac{\partial Z}{\partial N} \qquad \alpha = 1, 2, \cdots, A.$$

由于 Z 为常数，所以：

$$\frac{\partial X}{\partial N} = \frac{\partial x_\alpha}{\partial n_\alpha}$$

类似的，

$$\frac{\partial X}{\partial Z} = \frac{\partial x_\alpha}{\partial z_\alpha}$$

（作者单位：哈佛大学）

关于研究经济危机的方法问题

　　为了提高我们研究资本主义经济危机的工作，避免为资产阶级报刊的所谓"经济估计"所左右，似有必要对当前资产阶级所惯用的预测危机的方法加以分析和批判，同时也对我们自己研究危机的方法进行检查和改进。

　　当前资产阶级对危机的研究方法主要可以归纳为两种：行情研究法和国民收入法。

　　1. 行情研究法

　　这种方法是在一系列的行情指标中挑选出一些所谓"领先的指标"，并根据这些指标的变化来预测整个经济情况的变化，当"领先的指标"好转时则预测整个经济情况将好转，反之亦然。

　　所谓"领先的指标"，不同的资产阶级报刊着重点不尽相同，但大致相仿。最近美国全国经济研究局出版了两大厚册的"商业周期指标"，其中列了"领先指标"者有 12 项，包括耐用品新订单、普通股票价格、工业原料价格、工人每周平均工作小时、工人雇佣与解雇率、房屋动工数、公司利润、企业数目的变化等。

（此外还有所谓"落后指标"和"同时指标"。"落后指标"中包括厂房设备投资、制造业存货、分期付款信贷等；"同时指标"中包括就业人数、工业生产指数、国民生产总值等。见《华尔街日报》，4月3日；英国《经济学人》，4月8日号。）

最近，美国全国经济局就是根据这种"领先指标"中大多数指标好转的情况，预测经济即将回升。

其他报刊，像《华尔街》杂志、《商业周刊》等，也各有自己选定的"领先指标"，有的报刊甚至还把这种指标的平均数作为预测经济变化的总指标。

这种研究危机的方法，其局限性是显而易见的。从方法论上来说，这种方法是十足的经验主义。所谓"领先指标"既不触及资本主义的基本矛盾，而且就其本身来说根本也不说明任何因果关系。在一般情况下，订货的变化较生产变化领先一步，但这并不说明订货和生产究竟为什么发生变化；股票市场的投机者如果对经济情况估计正确，则股票价格的变化也可以比生产的变化领先一步，但这并不说明投机者为什么估计乐观。而且在真正严重的危机时，订货可以撤销，投机者估计可以完全错误，"领先指标"很可能根本并不领先，而同其他指标同时发生剧烈的变化；同时，领先指标可能暂时有所好转，甚至生产也确实随着有所好转，但如果真正决定经济变化的基本因素进一步恶化，这种好转只能是极暂时的，很可能接着发生的不是经济的回升，而是严重的危机。1929—1933年就有过这种情况。

在我们研究危机的工作中，当然，不可能依靠行情研究法。这并不是说，所有行情指标都不值得注意，但必须结合决定经济变化的基本因素来考察指标的变化，既不可对不同指标等量齐观，更不可以此代替对基本因素的分析。

就我们过去的研究工作来说，在这方面似乎还是有些问题的。

例如，在工作中对指标的上升下降注意较多，而对基本因素的变化注意和分析较少。在批判资产阶级的乐观估计时，我们也往往用一些继续恶化的指标来否定资产阶级报刊所提出的好转中的"领先指标"，而较少用对基本因素的分析来批判他们的估计，其实这是以行情研究法对付行情研究法，是有些降低到他们的同一水平的。

2. 国民收入法

这种方法是以凯恩斯学说的基本论点为根据的，即"有效需求决定生产"，而有效需求包括投资（包括固定资本投资和存货投资）、消费、政府采购和出口净额，因此在估计经济变化时，只要先估计一下这几项的增减总数，就可以作出预测。

这种方法在实际运用中又可以分为"简单化"和"复杂化"的两种类型。"简单化"的办法是逐个地估计投资、消费、政府采购和出口的数额，而不考虑各项之间的相互影响关系；把各项数额相加，求其总数，即总的有效需求，从而估计国民生产总值和工业生产的变化。"复杂化"的办法是假定一套相互关系的方程式，用过去有关投资、消费等项目的材料来确定方程式中的系数，然后从求解方程式中，估计国民生产总值和工业生产等的变化。在这后一种办法中，政府采购一般都是作为外加因素而出现于方程式中的。这也就是说通过政府采购的增加就可以扩大国民生产总值和工业生产。

《幸福杂志》、商会的《全国商业杂志》等常采用简单化的国民收入法估计经济情况的变化。"学术性"的经济刊物和美国政府机构则多采用较"复杂化"的国民收入法。

这种方法，就方法论来说，是十足的形而上学。简单化的办法不考虑各项目之间的相互联系，显然是形而上学；就是"复杂化"的办法也只是用形而上学的方法机械地考虑各项之间的关系，例如在考虑政府采购对投资和消费的影响时，就只考虑其作用，而不考虑其反作用。而且在有关的方程式中，都从不考虑到生产无政府状态的基本矛盾。

就我们过去的研究工作来说，在这方面似乎也是有些问题的。我们对生产与市场之间的矛盾，有时似乎是简单化地、甚至是庸俗化地加以理解，结果在具体分析中用简单化的国民收入法，只是名词不同，而无实质区别。例如，估计国外市场时，孤立地估计出口，估计国内市场时则孤立地逐个估计投资和消费；至于政府采购的作用，则常把批判重点归诸"开支有限"、"用钢不多"等（这些具体问题当然也应予注意，但似非主要矛盾），实际上这仍旧只是考虑政府采购的作用，而没有着重考虑其反作用，仿佛只要"开支大"、"用钢多"，市场就可以有所保证（用国民收入的用词来说，就是有效需求有所保证），生产也就没有问题。在我们的具体研究中，对于生产无政府状态的问题，实际上也很少予以注意。

怎么样能够更好地结合马列主义关于危机的理论和当前的实际情况，对危机发展作出比较有根据的预测和估计，是我们今后工作中的一项重要问题。以下是有关研究方法的一些极不成熟的初步意见。

1. 无政府状态

无政府状态最突出地表现在投资方面。在研究投资变化时，不仅要考察投资总额，也要考察生产能力过剩的发展情况，而且要考虑投资和生产能力过剩在各个不同部门的不同情况。特别是在投资增长最多、最快的部门中的情况，因为这些部门正是垄断竞争最剧烈的部门，因而也是无政府状态最突出的部门。投资增长本身孕育着危机，要等到投资已经下降再预测危机的爆发，则必然落后于实际。在这方面，值得注意的指标是，有关部门企业负债情况、倒闭情况等等。

2. 生产与消费的矛盾

一般来说，在短期的生产变化中，投资是决定性的因素，消费是随着生产而变化的；但就长期而论，消费终究决定着投资。在投资高潮中劳动力比较紧张的情况下（例如当前西德、日本等的情况），应该更多地注意由于投资的无政府状态而爆发危机的可能。（因此，认为西德工资有所上涨因而在今后一个时期将能维持国内市场的论点，至少是十分片面的。其实，工资上涨可能更快地触发由于投资的无政府状态而产生的危机。）在劳动力已经大量过剩、而且投资本身也没有真正的高涨的情况下，则在注意投资的无政府状态的发展的同时，也应该注意到由于消费增长缓慢而促成生产过剩危机的可能。但应注意，须加比较的是消费的增长速度和生产的增长速度（在危机已经爆发的情况下则是消费的下降速度和生产的下降速度），而不是单纯的消费的上升或下降，否则将必然导致"上升则永远上升"、"下降则永远下降"的不现实的结论。在这方面，有关的指标是：存货、消费信贷、就业与失业等等。

3. 政府措施问题

在考虑其作用的同时，必须考虑其反作用。反作用不仅表现在财政、金融、货币等方面，也存在于投资和消费方面。特别是政府措施与无政府状态的关系值得注意和进一步研究。

4. 如何利用指标

在考察指标的变化中，似应更多地考虑到决定经济变化的一些基本因素，需要研究和分析的主要还不是各个指标本身单纯的上升或下降，而是它们之间的相互关系，它们从量变到质变的极限，它们所表现出的整个经济发展的趋势。根据我们所可能掌握的材料，要预测每次危机中转折点的确切时间，是有困难的，甚至是不可能的。但为说明和估计整个趋势，则应该是完全可能和足够的，而且对于整个趋势的估计及其在国际关系中的影响，似也正是我们研究工作的主题。

（1961 年 4 月 15 日）

法美货币战和资本主义世界国际货币体系的危机

　　1965 年 2 月 4 日戴高乐在记者招待会上宣称：战后资本主义世界的国际货币体系"在今天已经不再符合实际情况"，"赋予美元作为享有优越价值的国际货币的协议，已经丧失了它原来的基础"；戴高乐正式提出了恢复金本位的主张。

　　2 月 10 日，约翰逊向美国国会提出国际收支咨文，声称："恢复单单以黄金为基础的制度——恢复在 30 年代初期给我们大家带来灾难的那种制度——不是这个世界能够或者应当接受的解决办法。相反，我们必须在我们现有制度的基础上进行建树，这种制度在过去 20 年中一直为世界很好地服务。"

　　究竟什么是资本主义世界现行的国际货币制度？这种制度究竟是为谁"服务"的？法国和美国在国际货币制度方面的斗争，其实质问题究竟何在？资本主义世界国际货币体系的前景究竟如何？会不会发生"30 年代初期那样的灾难"？这是一些值得研究、值得注意的问题。

一

"要想称霸世界需要两件东西：美元和银行。美元我们是有的，我们要建立银行，我们将要称霸世界。"

这是将近五十年前列宁引用过的美国一家亿万富翁的报纸上的话。列宁指出："美国这个高傲自大恬不知耻的亿万富翁说出来的这句厚颜无耻的话所包含的真理，要比资产阶级撒谎家的千百篇文章所包含的真理超过一千倍。"①

的确，半个世纪以来，特别是第二次世界大战以来，美帝国主义凭借美元和美国在整个资本主义世界范围的银行作用，建立了人类有史以来的最庞大的帝国——美元帝国。但是，美帝国主义者"称霸世界"的美梦也同黄粱梦一样的短，近年来美元地位的迅速恶化，证明了美国不仅在政治上、军事上是纸老虎，而且在经济上和金融上也同样是纸老虎。

第二次世界大战后，美国倚仗战争期间所取得的绝对经济优势，利用了其他各国货币金融严重混乱的情况，通过国际货币基金等所谓国际机构，建立了美元在资本主义世界的霸权地位。主要资本主义国家的货币中，只有美元保持了同黄金的直接联系，各国政府或中央银行可以按照美国的官价把美元兑换为黄金（35美元等于一盎司黄金）。其他各国的货币，按照国际货币基金的规定，必须尽可能迅速地同黄金或美元建立固定的比价；但是在战后初期各国黄金储备奇缺、根本没有可能实行自由兑换黄金的情况下，这在实际上就是要把各国的货币按一定的比价同美元联系起来。因此，美元作为唯一的黄金等价物和各国货币对外

---

① 《列宁全集》第24卷，人民出版社1957年版，第373页。

比价的标准，就形成为资本主义世界的主要储备货币，在各国的黄金外汇储备中占据愈来愈重要的地位。

英镑在当前的资本主义国际货币体系中，也还起着一定的国际清算和储备货币的作用。事实上，由于英镑区国家在第二次大战期间积累了大量的英镑结余，战后初期资本主义世界各国的外汇储备中英镑所占的比例还大大超过了美元。但是，实际上，当时英镑不仅不能自由兑换为黄金，而且也不能自由兑换为美元，英镑区各国的英镑结余被冻结为所谓"封锁英镑账户"，因此英镑的储备货币地位早已无法同美元相比拟。在美国的不断排挤和英镑区中英国殖民地纷纷独立的情况下，特别是在 1949 年英镑被迫贬值以后，英镑的地位更加削弱，英镑在各国外汇储备中所占的比例也逐渐为美元所超越。1947 年，资本主义世界各国美元储备的总额仅及英镑储备总额的 14%，1964 年美元储备总额已等于英镑总额的两倍。[①] 英镑显著地退居为次要的国际储备货币，英镑作为储备货币的作用愈来愈局限于范围日益缩小的英镑区。至于法郎的储备货币作用，则几乎完全限于法郎区，法郎储备还不到美元储备的 5%。[②] 而且，无论是英镑或法郎，同黄金都没有直接联系，而只是以相对固定的汇价同美元发生联系，英国和法国也都把美元作为它们的黄金外汇储备的一部分。

这就是战后以来资本主义国际货币体系中所谓以美元为主要储备货币的金汇兑本位制。

这种国际货币体系对战后美帝国主义的对外扩张提供了十分有利的条件。首先，各国货币同美元保持相对固定的比价，这就

[①]　国际货币基金：《国际储备和清偿能力》，1958 年版，第 36 页；《国际金融统计》，1965 年 1 月，第 297、301 页。

[②]　《国际金融统计》，1965 年 1 月，第 123、301 页。这一比例是根据 1962 年的数字计算的，1962 年以后法国没有发表法郎区法郎储备的数字。

使美国对这些国家的商品和资本输出可以较有保障地进行，因此也就便于美国通过贸易和投资加紧对这些国家的经济控制。其次，美元成为主要的储备货币，这就加强了美国作为国际金融中心的地位，加强了美国在整个资本主义世界范围的银行作用。不仅各国政府使用美元作为货币储备，而且各国资本家和私人企业也大量使用美元作为贮藏手段和国际支付手段。① 因此，美国就有可能用低利息或甚至不用利息吸收各国的短期资金，而把这些资金用于长期贷款或对外投资，控制其他国家的实际资源和经济权益。第三，一盎司黄金等于 35 美元的比价，人为地压低了黄金的价格。战后以来，在美国连年的赤字财政和信贷扩张的情况下，美元的实际购买力不断下降（现在一个美元只值战前四角五分），而黄金的美元价格却始终保持不变。这就使美元的对外价值和对内价值日益背离，使各国的美元储备不断地蒙受实际贬值的损失。因此，美国在资本主义世界所起的银行作用，事实上还具有十分严重的通货膨胀的性质。美国垄断资本就是这样以日益贬值的美元在世界各地进行搜括。

早在《帝国主义是资本主义的最高阶段》这一著名的论著中，列宁就着重地指出了银行作用在帝国主义垄断统治中的重要意义。战后，美国在国际货币体系的基础上建立起来的资本主义世界银行的作用，对于美国的垄断霸权，也具有极其重要的意义。美元是美国垄断资本夺取国外原料来源、收购国外企业的主要依据，是美国垄断资本推行新殖民主义政策的重要手段，也是美国垄断资本建立军事霸权、维持国外统治的基础；而所有这些

---

① 各国政府和私人的美元储备，除了一小部分是美钞（约 9 亿美元）以外，绝大部分都采取美元存款或美国政府库券和美国短期票据的形式（约 290 亿美元）。

美元开支，其中很大的一部分，实际上却正是由那些受到美国侵略、控制、干涉和欺负的国家出钱支付的。

但是，美国垄断资本利用美元建立资本主义霸权的过程，同时也是美元地位逐步向反面转化的过程。战后短短的十多年期间，美元纸老虎就开始显露了原形。

战后初期，1946 年到 1949 年，是所谓"美元荒"的时期。其他帝国主义各国在战争中普遍削弱，无论在物资或资金方面都有赖于美国，美国也正是趁此机会，通过政府贷款、马歇尔计划以及所谓国际金融机构等，建立了美元的霸权。在这期间，美国的贸易顺差达到它有史以来的最高峰；同时，由于共他各国货币还经常处于法定贬值的威胁之下，大量资金还不断逃往美国。因此，尽管美国政府维持了庞大的海外开支，美国仍旧保有巨大的国际收支顺差，四年期间，顺差总额达 70 亿美元。[1] 黄金大量流入美国，1949 年美国的黄金储备达 246 亿美元，将近整个资本主义世界黄金储备的 3/4。[2]

1950 年到 1957 年是美元地位开始衰落的时期。美国的国际收支，除了 1957 年以外，连年发生逆差。一方面，美国发动侵朝战争后，原料和战略物资的进口大大增加；另一方面，西欧各国和日本的经济恢复和发展逐渐改善了这些国家的竞争地位，美国的贸易顺差大大削减。同时，美国的海外军事开支和资本输出却不断增加。1950 年到 1957 年的八年期间，国际收支逆差总额达 107 亿美元。但是，由于其他帝国主义各国的货币绝大多数仍旧不能自由兑换，由于美元作为储备货币的地位，黄金外流还并不严重，八年期间美国黄金储备只减少了 17 亿美元；绝大部分

---

[1]　美国商务部：《国际收支统计附册修正版》，第 2—3 页。
[2]　国际货币基金：《国际金融统计，1964—1965 年附册》，第 V 页。

的国际收支逆差为其他各国政府和私人的美元储备的增加所弥补。[①]

1957—1958 年的经济危机是战后资本主义世界经济发展中的转折点，也是美元转入危机的转折点。1958 年，西欧共同市场成立，西欧各国的货币在不同程度上恢复自由兑换，国际竞争显著加剧。美国的贸易顺差进一步削减，而资本输出，特别是对西欧国家的资本输出，则猛烈增加。国际收支因此出现了巨额逆差，黄金开始大量外流。1960 年就爆发了黄金价格猛涨的美元危机。1965 年 6 月底，美国黄金储备已经下降到约 140 亿美元，占资本主义世界各国黄金储备的比例从 1949 年的 3/4 几乎下降到 1/3。西欧共同市场六国的黄金储备估计也约为 140 亿美元，已经与美国相等；如果把六国的外汇储备考虑在内，估计总额约为 200 亿美元，大大超过了美国。

但是，即使在 1958 年到 1964 年的这一期间，美国仍旧利用美元作为储备货币的地位，施加各种压力，使其他国家继续增加美元储备，继续为美国的海外开支付账。在这七年期间，美国的国际收支逆差总额达 240 亿美元以上，但黄金仅仅流出 74 亿美元。[②]

美国国际收支长年逆差的根本原因是对外的经济和军事扩张和对内的赤字财政和通货膨胀。美元地位的恶化是美国国际收支长年逆差的必然结果，而美国利用美元地位推行霸权政策则更加加速了美元地位恶化的过程。

美国利用其他国家美元储备的增长来支付推行霸权政策的开

---

① 《国际收支统计附册修正版》，第 2—4 页；《国际金融统计，1964—1965 年附册》，第 V 页。

② 美国国会联合经济委员会：《美国国际收支——前景和政策》，1963 年版，第 20 页；《联邦储备银行公报》，1965 年 6 月，第 896、910 页。

支。但是，拥有美元储备的国家随时有可能要求兑换黄金，而随着各国美元储备的增长，美国的黄金储备就越来越不足以应付挤兑黄金发生时的需要。1949 年美国的黄金储备约等于美国对外短期债务的 3.2 倍，1959 年两者已经仅仅相等，1964 年黄金储备已经只有对外短期债务的 50% 左右。[①] 当然，与此同时，美国垄断资本的对外长期投资确有很大的增长，但是长期投资不仅不可能随时变为现金，而且垄断资本家也不会允许把他们的国外投资用来偿付外国的美元储备。这就不能不使美元愈来愈处于挤兑黄金的威胁之下。

美国人为地压低黄金价格，实行通货膨胀，以日益贬值的美元在各地进行搜括。但是，黄金价格的日益不合理，也就必然引起私人黄金贮藏的增长。1952 年到 1956 年期间，资本主义世界黄金生产流入各国官方储备的比例是 63%；1957 年到 1961 年，这一比例下降到 45%；1962 年更下降到 25% 以下；1963 年和 1964 年上半年由于苏联购买小麦，在资本主义世界市场上大量抛售黄金，这一比例有所增加；但自从 1964 年 8 月起，各国官方黄金储备总额不仅没有任何增加，而且还有所减少。[②] 这些数字表明黄金市场上私人贮藏的需求不断增加。这就不能不使美元愈来愈处于黄金价格上涨的威胁之下。

战后以来，原子弹和美元一向是美国推行霸权政策的两大法宝。事实证明，不仅原子弹是纸老虎，而且美元也是纸老虎。

---

① 费达米、圣法利、基弗：《美元危机》，1963 年版，第 265 页；《联邦储备银行公报》，1965 年 6 月，第 896、898 页。事实上，美国官方关于对外短期债务的统计中还没有把许多应该列入的项目包括在内，例如外国人所持有的美钞等，如果把这些项目包括在内，黄金储备占对外短期债务的比例还要更低。

② 《美国国际收支——前景和政策》，第 54 页；伦敦《泰晤士报》，1964 年 10 月 20 日；英国《经济学家》，1964 年 12 月 19 日，第 1365—1366 页。

二

戴高乐提出的恢复金本位的主张，实质上就是要向资本主义国际货币体系中美元作为主要储备货币的垄断地位挑战，向美国的金融霸权挑战，向战后美国整个霸权地位挑战。

根据法国财政部长德斯坦 2 月 11 日在巴黎大学的演讲，法国所谓恢复金本位的主张，实际内容如下：

（一）各大国今后只用黄金而不用外汇进行国际清算。

（二）各国现有的外汇储备应该逐步兑换为黄金。

（三）在外汇储备兑换完以后，各大国的货币在各中央银行之间应该可以兑换为黄金。

（四）如果在此以后，确实证明国际清偿能力不足，可以由大国谈判建立一种同黄金相联系的储备手段，作为黄金的补充。[①]

早在戴高乐提出恢复金本位以前，1 月 7 日法国已经宣布将以 1.5 亿美元的外汇储备兑换为黄金，并表示以后由于国际收支顺差而取得的美元也将要求美国兑换为黄金。到 6 月底为止，法

---

①　所谓建立一种同黄金相联系的储备手段，是法国在 1963 年提出并在 1964 年国际货币基金东京会议上正式建议的一个方案，即所谓"集体储备单位"的方案。当时，法国还没有提出恢复金本位的主张，这个方案是作为代替现行国际货币制度而提出的。根据美、法报刊透露，按照这一方案，各大国将达成协议，根据各大国的黄金储备，按一定比例发行一种"集体储备单位"，在各国之间进行分配。这种"集体储备单位"可以按同一比例，同黄金一起用于国际收支的清算。这一方案的实质其实也是要取消美元的主要储备货币的作用，因为各国为了尽多取得"集体储备单位"，必然会将手头的美元储备全部兑换为黄金。但是，根据这一建议，法国只能等待各国协商达成协议后才能采取行动（1963 年以来，美国正是利用这一点，一方面表示不反对讨论这一建议，但另一方面则尽可能拖延时间）；根据法国恢复金本位的新的主张，法国有更多的主动采取行动的可能。

国已要求美国兑换了 5 亿美元以上的黄金。

显然，根据法国的这种主张，美国今后将只能用黄金来偿付它的国际收支逆差，各国现有的美元储备将兑换为黄金，美元将丧失其主要储备货币的作用，在国际货币体系中，各大国的货币将处于平等的地位。

同时，也应该指出，法国虽然宣布退出金汇兑本位，但当前并没有承担对外国中央银行持有的法郎兑换黄金的义务；同时，法国的这一主张也并不是要恢复到普遍的金本位制，货币兑换为黄金仅仅限于大国，因此，从国际货币体系的角度来看，法国的主张实际上是要建立多中心的金汇兑本位。

美国关于国际货币体系的主张，用简单的话来说，就是要尽一切可能保持美元作为主要储备货币的地位。

在美元地位日益恶化的情况下，美国一方面强调通过各国双边的借贷安排解决国际收支的不平衡，另一方面则主张增加国际货币基金的资金，放宽国际货币基金的贷款条件，扩大国际货币基金的职能。美国把这种主张称之为"国际货币合作"[①]。

同时，美国还宣称，在今后美国国际收支重新出现顺差时，美国也可以考虑在自己的储备中增加一些"其他主要国家的货币"；"这些其他国家的货币，虽然没有（美元那样的）同等能力，担负起储备货币所必须担负的各种各样的职能，但是，在美

---

① 美国前财政部副部长罗萨曾就此发表了一系列的文章，因此这种主张也被称为"罗萨方案"。罗萨：《保证自由世界的清偿能力》，见《费城联邦储备银行企业评论附刊》，1962 年 9 月；《改革国际货币制度》，见《外交季刊》1963 年 10 月号。美国主张的重点也有所变化，1963 年前美国更多地主张双边的信贷安排，1963 年以后则开始更多地主张加强国际货币基金的作用。这也表现了美元地位的进一步恶化，双边安排已经愈来愈加困难，而不足以满足维护美元的需要。1963 年以前美国所以较少强调通过国际货币基金进行多边安排的办法，还因为美国不愿意使英国享有同等的好处。参见麦克曼：《六十年代的英镑》，1964 年版，第七章。

国持有这些货币的情况下，它们也可以进一步分担一些国际储备体系所必须承担的责任"①。

美国的所谓"国际货币合作"，实际上仍旧是要其他国家出钱，来弥补美国的国际收支逆差。所谓美国如果有顺差也可以用其他国家货币作为储备的许诺，在美国国际收支经常处于逆差的情况下，只不过是一句空话。

法美两国关于国际货币体系的主张，显然是截然对立的。资本主义国际货币体系究竟将向什么方向发展？美国的主要储备货币地位究竟还有多少可能继续维持下去？

1960 年美元危机以来，美国正是按照它所谓的"国际货币合作"的办法来维护美元地位的。同时，几乎在每一个方面，美国的行动都遭到了法国的抵制和反击。

（一）美国施用各种压力劝阻各国政府和中央银行以美元兑换黄金。从 1960 年底到 1964 年底，各国中央银行的美元储备增加了 30 亿美元以上。② 法国的美元储备虽然也有很大增加，但是自从 1962 年以来，法国每年都是以美元向美国兑换黄金最多的国家。③

（二）1961 年 10 月，美国同七个欧洲国家的中央银行达成协议，联合组成"黄金总库"，在伦敦市场上协同买卖黄金，稳定黄金价格。各参与国同意，除通过"黄金总库"以外，不在伦敦市场上买卖黄金。"黄金总库"中各国所承担的义务总值 2.7 亿美元，其中美国承担一半。法国参与了"黄金总库"的安排，承担了 2500 万美元的义务，但在法国不断以美元直接向美

---

① 《保证自由世界的清偿能力》，第 12 页。
② 美国《联邦储备银行公报》，1965 年 3 月，第 498 页。
③ 同上书，第 496 页。

国兑换黄金的情况下，法国卖出黄金所取得的美元仍旧需要美国兑换成黄金，因此，法国之参加"黄金总库"并没有多少实际意义。

（三）1962 年 3 月起美国同一系列国家的中央银行设立了对开账户。双方各在对方银行中拥有一定数量的备用存款。除了英国和日本以外，在美国经常需要动用其他国家货币的情况下，这实际上是各国向美国提供的短期贷款。1965 年 3 月，11 个国家和国际清算银行同美国订有对开账户，货币总额合美金 23 亿美元以上。法国虽然参加了这一安排，但在主要各国中提供货币的数量最少，期限最短。[①]

（四）1962 年 12 月起，美国政府向一系列国家的中央银行发行不能在市场上买卖的特殊中期债券，用以偿还对开账户的积欠款。1964 年底这种债券的总额达 14 亿美元以上，其中约 11 亿美元是以其他国家的货币为计算单位的。[②] 1963 年 2 月美国也曾经要求法国政府购买这种债券，但为法国所拒绝。

（五）为了使国际货币基金有可能向美、英提供西欧共同市场国家的货币，1962 年成立了"十国集团"，向国际货币基金提供 60 亿美元备用贷款，其中共同市场五国提供了 24.5 亿美元。在法国的坚持下，"十国集团"的协议对于贷款的使用规定了严格的限制。国际货币基金中的投票权完全为美、英所操纵，美国占有投票权的 22.5%，英国占 10.7%，而法国、西德仅占 4.4%，共同市场六国一共也只占投票权的 15.6%；但在"十国集团"中，在贷款问题上，共同市场五国实际上拥有否决权。"十国集团"向国际货币基金提供贷款的协议将在 1966 年 10 月

①　美国《联邦储备银行公报》，1965 年 3 月，第 389 页。
②　同上书，第 504 页。

期满；1965 年 5 月共同市场六国财长会议以后，法国财政部长宣布，共同市场国家同意延长这一协议，但将以改革目前的国际货币制度为条件。

（六）1963 年，美国首次向国际货币基金安排备用贷款。1964 年内，美国已经从国际货币基金提取了 5.25 亿美元的其他国家的货币。[①] 国际货币基金所持有的美元已经超过了规定的份额，各国归还国际货币基金贷款时，已经不能使用号称国际储备货币的美元。此外，1956 年到 1960 年期间，国际货币基金还曾以 8 亿美元的黄金购买美国的国库券，这实际上也是基金对美国的贷款。国际货币基金已经从战后初期美国操纵下对其他国家提供信贷的机构变成为向美国提供信贷的机构。

（七）1964 年关于国际货币基金增资问题的讨论中，美国主张大量扩大资金，也就是说，为美国提供更多的信贷可能，法国则带头反对。最后协议，除了少数例外，国际货币基金各国的份额增加 25%。

（八）但是，在缴纳黄金的问题上，美法又发生了严重的分歧。按照国际货币基金章程的规定，各国在缴纳份额时，应缴 1/4 的黄金。由于美、英份额最高，增资最大，按比例计算，美国要缴 2.5 亿美元左右的黄金，英国要缴 1 亿美元左右的黄金。而且其他国家在缴纳增资中的黄金部分时，还会首先动用它们的美元、英镑储备，向美国换取黄金，这样就会使美、英的黄金储备减少更多。据估计，如果所有国家增资的黄金部分一次全部缴足，美国将马上损失 5 亿美元的黄金，英国将损失 2 亿美元的黄金外汇。[②] 如果这样，美英将在取得更多国际货币基金

---

① 《纽约时报》，1964 年 12 月 8 日。
② 英国《经济学家》，1965 年 1 月 9 日。

的贷款之前，首先要损失很大一笔黄金。因此，美、英主张采取变通办法，减免增资中所应缴纳的黄金，法国则坚决反对。投票机器在美、英操纵下，1965 年 2 月 26 日国际货币基金常务理事会宣布：增资可以分五年缴纳；增资的黄金部分可以先向国际货币基金告贷，以后分五年以基金可以接受的货币归还；国际货币基金还将在纽约存放 2.5 亿美元的黄金，在伦敦存放 1 亿美元的黄金，这些黄金可以分别作为美国和英国的黄金储备。这简直是硬敲竹杠。法国财政部在当天发表声明，表示坚决反对。

以上美国的所谓"国际货币合作"的种种具体措施，表现出美元地位已经下降到了何种程度。正是依靠这样一类型的办法，美国才在 1964 年前强使其他国家的美元储备继续增加。1964 年美国国际收支逆差达 31 亿美元，但是美国黄金流失只有 1.25 亿美元，为 1958 年以来黄金流失的最低水平。但是，这样"剜别人的肉补自己的疮"的"合作"，显然不可能长期维持下去。甚至这整套"合作"办法的原设计人罗萨，在 1965 年 2 月初也不得不承认："我们已经临近我们可以指望从世界其他地区获得任何支持的末期，不能指望它们保持更多的美元——也就是我们的债务——来弥补我们的对外逆差。"①

正是在这种情况下，1965 年年初，法国向美元发动了全面的进攻；伦敦市场的黄金价格再次上涨。

2 月 10 日约翰逊提出了国际收支咨文，对银行对外贷款作了进一步的限制，并呼吁公司企业"自愿合作"限制对外投资。

咨文提出后，甚至于《纽约时报》的社论也指出："这套办法远不是没有漏洞的。对银行贷款的限制只不过是防范于事

① 《美国新闻与世界报道》，1965 年 2 月 8 日，第 48 页。

后……企业家们也不会听从官方的请求，要他们自行限制信贷。"①《华尔街日报》报道说："……国外市场的丰厚的潜在利润对于投资的资金几乎是一种不可抗拒的磁石……""关于削减海外企业投资的号召可以为一些首次计划到国外冒险去的公司所听从，但是并不会减缓那些在国外市场上已经积极行动的公司的狂热的和远为重要的扩展速度。"② 事实上，汽车、石油等重要行业的大垄断企业，已经公开宣布它们将继续扩大对外投资。

由于美国大银行在咨文提出前已经抢先大量增加对外贷款，1965 年 3 月起，银行对外贷款有较大的削减。但是，美国对外贸易的前景正在恶化，美国扩大侵越战争和武装干涉多米尼加的冒险正进一步增大美国的海外军事开支；英国政府为了维护英镑而变卖美国股票的措施不仅加剧了美国股票价格下降的趋势，而且对美国的国际收支也起着不利的影响。据美国官方人士估计，即使没有任何特殊事件，今年美国国际收支逆差仍将高达 20 亿美元③。

特别严重的是，1965 年以来黄金市场上供不应求的现象愈益显著。不仅私人贮藏的需求大量增加，而且一些国家的中央银行、甚至美国的一些大公司也参与了争购黄金的活动。美国除了应付法国等中央银行直接的美元兑换黄金的要求以外，为了避免黄金价格的猛涨，还不得不通过"黄金总库"在伦敦市场上经常抛售黄金，弥补供应之不足。1965 年头六个月，美国的黄金储备已经减少了 14.5 亿美元。

在美元地位进一步恶化的情况下，美国除了必然加紧冻结工

---

① 《纽约时报》，1965 年 2 月 12 日。

② 《华尔街日报》，1965 年 2 月 24 日。

③ 美国《商业周刊》，1965 年 7 月 3 日，第 67 页。

资等对工人阶级的进攻以外，还可能被迫采取提高贴现率等进一步紧缩信贷的措施，甚至于有可能被迫对资本输出作比较严格的限制。为了维持美元作为储备货币的地位，美国统治阶级必然尽一切可能避免黄金美元比价的提高。美国联邦储备委员会主席马丁就曾经提出："不管美元贬值还会造成什么别的后果，我相信它将立即宣告美元作为国际货币的终结和美国从它目前的世界地位后撤的开始，这在政治上和经济上都将产生深远的影响。"[①] 但是，在美国战争冒险进一步失败或英镑再次发生严重危机的情况下，美元被迫贬值的可能并不能排除。

无论美元是否贬值，美元作为国际货币体系中主要储备货币的垄断地位势必进一步削弱。根本问题在于，任何国家都不可能长期容忍美国资本大举入侵、收购企业、夺取市场，而继续为美国弥补国际收支逆差。1965 年 3 月 1 日，共同市场货币委员会的报告就表示怀疑："六国"是否应该"通过积累美元来为美国的逆差付款，这种逆差主要是由于向西欧输出资本而造成的"。越来越多的西德重要垄断财阀，对美国资本大量流入，而且往往是以"德国购买者认为是过高的价格全部地或部分地收购企业"表示不满。[②] 德意志银行董事长阿布斯公开声称：也应该考虑以部分美元储备兑换黄金，以便使美国人三思而后行。[③] 前联邦银行行长沃克更对法国恢复金本位的建议表示赞同，并主张法国和西德两国应该相互承担义务，不在未经对方同意的情况下进行贬值。[④]

虽然西欧共同市场内部也存在着许多矛盾，共同市场各国对于国际货币问题也还有不少分歧，但是各国对美元垄断地位的日

---

①　纽约联邦储备银行：《每月评论》，1963 年 1 月，第 12 页。
②　英国《经济学家》，1965 年 2 月 13 日，第 710 页。
③　伦敦《金融时报》，1965 年 2 月 8 日。
④　伦敦《金融时报》，1965 年 2 月 18 日。

益不满势必愈来愈表面化。

因此，从总的趋势来说，资本主义国际货币体系将朝着多中心的方向发展，也就是朝着脱离美元的方向发展，朝着四分五裂的货币集团的方向发展。有可能像法国所建议的那样，出现实际上的多中心的金汇兑本位制，也有可能出现既不与美元相联系也不与黄金相联系的变动的汇率制度。在货币金融发生严重震荡和危机的情况下，势必还将出现更多的外汇管制、多种汇率、货币贬值等等货币紊乱的现象。

美元的垄断地位是美帝国主义霸权的重要基础。美元垄断地位的进一步瓦解，必将进一步削弱美帝国主义在整个资本主义世界的霸权地位。

三

国际货币体系同资本主义世界金融危机的关系究竟如何？约翰逊所关心的"30年代的灾难"会不会由于国际货币体系的动荡而爆发？

同法美货币战相呼应，资产阶级学者中，在这些问题上也有两派意见。

一派意见可以称之为金本位派。这派意见认为，金本位制具有自动调节的作用，如果一国发生国际收支逆差，就会丧失黄金，而黄金的丧失会抑制国内的购买力，这就会减少商品进口，增加出口，从而使国际收支逆差趋于消失。但是，在当前以美元为主要储备货币的金汇兑本位制下，当美国发生国际收支逆差时，只要付出美元，而无需付出黄金；具有顺差的国家在收到这些美元后，又会把这些美元重新存放在美国，作为自己的货币储备；这就排除了金本位制下的自动调节作用，使美国没有必要消除逆差，而且使同一笔美元可以作为两个国家同时扩大信贷的基础，从而引起普遍的通货膨胀。这派意见认为，如果这种制度维持下去，就必然会产生 1929 年那样的"恐慌"、"崩溃"和"巨大的灾难"。因此，他们主张恢复金本位。这派意见可以以法国的吕埃夫为代表。[①]

　　另一派意见可以称之为凯恩斯派。这派意见根据凯恩斯的学说，认为国际货币体系所面临的问题不是通货膨胀的问题，而是所谓国际清偿能力不足的问题，即整个资本主义世界黄金外汇储备不足的问题。他们强调，国际清偿能力的不断增加，是促进国际贸易的发展、保证各国的"经济增长"和"充分就业"的必要手段。如果国际清偿能力的增加仅仅限于黄金的生产，就不可能满足这一需要。他们认为，战后以来，在美元作为国际储备货币而美国又长期发生国际收支逆差的情况下，各国外汇储备虽然有很大增加，但是整个资本主义世界的黄金外汇储备仍旧远远落后于国际贸易的增长；一旦美国国际收支重新出现顺差，就会发生国际清偿能力严重不足的问题，各国将被迫采取紧缩政策，争相削减进口，建立贸易壁垒，从而导致"30 年代那样的灾难"。因此，他们坚决反对凯恩斯称之为"野蛮的遗迹"的金本位制，主张进一步寻求增加国际清偿能力的办法。这一派意见可以以美国的特里芬和英国的哈罗德为代表。[②]

　　这两派意见显然都反映了他们各自代表的统治集团的利

----

　　① 吕埃夫：《西方正冒着信贷崩溃的危险》，载美国《幸福》杂志 1961 年 7 月号。

　　② 参见特里芬：《黄金与美元危机》，1960 年版；《改进世界清偿能力》，载英国《银行家》，1960 年 1 月；哈罗德：《国际清偿能力》，载《伦敦与剑桥经济公报》，1964 年 12 月。应该指出，特里芬和哈罗德的意见也并不完全相同。特里芬是主张以扩大国际货币基金的权限使之成为资本主义世界的中央银行的办法来扩大国际清偿能力的；而哈罗德则主张通过提高黄金的美元价格增加国际清偿能力。这也在一定程度上反映了美英之间在这一问题上的矛盾。

益。①金本位派虽然对现有的资本主义国际货币体系提出了一些不无道理的批判，但是他们所提出的解决办法却是完全不现实的；凯恩斯派则是彻头彻尾地为现有资本主义国际货币体系辩护。

无论是在经济上或在政治上，战后以来的发展和当前的情况都足以说明，这两派意见所提出的办法丝毫也无助于解决资本主义世界在国际货币体系方面所面临的问题。

战后以来，各主要资本主义国家所实行的正是凯恩斯所鼓吹的赤字财政和信贷扩张的通货膨胀政策。战后初期，各国的具体情况有很大的不同。就美国来说，战争期间建立起来的庞大的生产能力，立即遇到了市场狭隘的极大困难。通货膨胀的政策正是垄断资本为了解决市场问题的困难而实施的。在一个时期内，由于美国拥有雄厚的黄金储备，由于美元的特殊地位，由于其他国家竞争能力的普遍削弱，通货膨胀还没有引起美国国际收支的严重问题。但是，即使在当时的条件下，通货膨胀也并不像凯恩斯派所说的那样，可以永远解决生产与市场的矛盾。事实证明，美国不仅经济危机特别频繁，而且经济增长的速度也日益落后于其他主要资本主义国家。就其他主要帝国主义国家来说，战后初期，战争的严重破坏需要迅速恢复，垄断资本同样是依靠通货膨胀的政策，同时实行货币贬值，在进一步压低劳动人民生活水平的基础上，一时实现了生产较快的增长。但是，随着这些国家生产的增长，市场的问题也同样地严重起来。

1957—1958 年资本主义世界的经济危机就是在生产与市场

---

① 显然，第一派意见代表着法国和欧洲大陆主要国家统治集团的利益，第二派意见代表美、英统治集团的意见。但是，这种分野也并不是绝对的。由于各国统治集团中也存在着利害关系的不同，各国内部在这两派意见中也有一定的偏向和分歧，金融统治集团中重点在于银行资本方面的更多地接近于第一派意见，重点在于工业资本方面的更多地接近于第二派意见。

的矛盾普遍激化的基础上爆发的。这次危机以后，各国的通货膨胀又有了进一步的发展。美国从肯尼迪政府上台后，为了扭转经济停滞的趋势，进一步采取了通货膨胀性的财政货币政策。各国垄断资本，在国际竞争严重加剧的情况下，尽管市场问题已经十分严重，仍旧进一步在扩大信贷的基础上进行大规模的投资。美国的通货膨胀已经引起了国际收支的严重困难；由于美元作为国际储备货币的地位，美国国际收支逆差的扩大更加剧了其他各国的通货膨胀。无论是在美国，或是在其他国家，生产的扩张都已经远远地超过了有支付能力的需求，信贷基础严重不稳。

在这种情况下，由于通货膨胀而产生的各国国际收支的困难，同前一个时期相比，具有远为严重的性质。在通货膨胀推动下所产生的生产与贸易的过度扩张，使各国的国际收支都同时处于随时可以发生严重困难的境地。1958 年以前，美国的国际收支还没有出现严重的问题，作为国际货币体系的基础的美元还没有发生严重的动摇，其他各国相继出现的国际收支危机还有可能通过美国方面的信贷安排或各国的货币贬值而暂时获得解决。今天，不仅美元地位的不稳威胁着整个资本主义世界的国际货币体系，而且其他各国也随时可能出现国际收支的危机。1960 年美元危机以后，英国、加拿大、日本、意大利等先后不断发生国际收支危机，也说明了这一点。这正是马克思在《资本论》中所分析过的情况："这一切国家已经同时过度输出（即过度生产）和过度输入（即过度贸易），价格已经在一切国家上涨，信用已经在一切国家过度扩张。并且在一切国家，会有同样的崩溃跟着发生。因此，金流出的现象，会依次在一切国家发生。它的普遍性，指示了：（1）金流出只是危机的现象，不是危机的原因；（2）金流出在不同诸国发生的顺序，不过表示在什么时候轮到同这些国家算账；在什么时候轮到这些国家发生危机；在什么时候，潜伏的危机要素轮到要在这些国家内爆发。"①

　　在这种情况下，试问金本位派和凯恩斯派又有什么办法呢？

　　按照金本位派的主张，运用金本位的自动调节的原则吗？这将意味着美国采取严峻的紧缩措施，立即引起严重的经济危机。在其他各国同样存在生产与市场的尖锐矛盾的条件下，这还会立即轮到同这些国家算账，轮到这些国家发生危机。

　　按照凯恩斯派的主张，扩大所谓国际清偿能力吗？这本来就是美国一直所采用的办法，正是这种办法导致了当前的窘境。现在，不仅帝国主义各国之间矛盾的尖锐化已经堵塞了美国利用美元地位在整个资本主义世界范围内无限制地实行通货膨胀的可能，而且，即使继续人为地增加黄金外汇储备，也只能进一步加剧国际收支的不平衡，使各国的国际收支危机更加频繁和严重。应该指出，所谓通过国际清偿能力的增加可以无止境地促进国际贸易的发展，不仅在理论上是错误的，而且也不符合历史事实。资本主义世界各国黄金外汇总额占进口总值的比例，1913年是21%，1928年是42%，1938年是117%，1963年是43%。②凯恩斯派往往只是引用第二次大战前夕的比例大于当前这一比例的现象，来论证当前的国际清偿能力仍旧不敷需要，仍旧需要进一步增加。其实，如果注意一下1913年同1928年这两年的数字，就可以看出，尽管1928年的这一比例等于1913年的两倍，但是，随之而来的并不是什么"经济增长"和"充分就业"，而是1929—1933年资本主义世界最严重的一次经济危机。值得注意的是，1928年的比例之所以提高，原因之一就是在金汇兑本位

　　①　参见马克思：《资本论》第3卷，人民出版社1953年版，第634页。
　　②　国际货币基金：《国际储备和清偿能力》，第18页；哈罗德：《国际清偿能力》，载《伦敦与剑桥经济公报》，1964年12月，第Ⅵ页。

制下外汇储备的增长，而当前外汇储备在整个黄金外汇储备中的比例更大大高于 1928 年。（这一比例，1913 年为 11%，1928 年为 25%，1938 年为 7%，1964 年为 37%。[①]）有什么理由认为人为地进一步增加所谓国际清偿能力不会引起一次比 1929—1933年更加严重的经济危机呢？

资本主义生产方式的历史使命之一就是建立世界市场，发展各民族之间的经济联系。但是，资本主义的生产方式在完成这一历史使命的过程中，却也包含了深刻的内在矛盾。"各民族的相互依赖和各个地域的经济联合，不是通过作为平等单位的各民族合作建立起来的，而是通过一些民族征服另一些民族、比较发达的民族压迫和剥削不大发达的民族建立起来的。"[②] 国际货币体系在各民族之间的经济联系中起着重要的作用；资本主义国际货币体系的形成和瓦解正反映了这一过程中的内在矛盾。19 世纪70 年代自由竞争的资本主义发展到顶峰的时候金本位的确立，第一次世界大战后金铸币本位的消失，资本主义暂时和相对稳定时期中金块本位制和金汇兑本位制的出现，1929—1933 年大危机及其后的长期萧条中金本位的崩溃，一直到第二次大战及其后的普遍的外汇管制和货币紊乱，这整个过程正是资本主义发展到垄断资本主义、垄断资本主义发展到国家垄断资本主义后矛盾激化的必然结果。第二次大战后，美国在垄断资本"超越现有的政治主权疆界""建立一个新的政治和经济结构"的要求下，[③]一方面建立了以美元霸权为基础的国际货币体系，另一方面在客

---

　　① 《国际储备和清偿能力》，第 31 页；《国际金融统计》，1965 年 6 月，第16—17 页。

　　② 《斯大林全集》第 5 卷，人民出版社 1957 年版，第 149 页。

　　③ 洛克菲勒兄弟基金报告：《二十世纪的对外经济政策》，1958 年版，见《美国的前景》，1961 年版，第 186—188 页。

观上一时也促成了其他一些主要资本主义国家的货币自由兑换、资本的自由移动和外汇限制的部分消除。但是，正因为这一过程同样地是建立在侵略、控制、干涉和欺负别的国家的基础上的，因此也就不能不迅速地转化为它的反面；不仅美元霸权严重动摇，而且甚至美国自己实际上也已经不得不部分地限制资金的自由移动，限制美元的自由兑换。在这种情况下，试问还有什么可能，像金本位派所主张的那样，恢复到过去的金本位，或是像凯恩斯派所主张的那样，继续维持现有的制度，阻止资本主义国际货币体系的进一步瓦解呢？

资本主义国际货币体系正在朝着四分五裂的方向发展。在这一过程中，爆发金融危机的可能性还将大大增加。法美货币战的发展本身就有可能触发危机。30 年代中，法国为了阻止德奥关税同盟的成立，从中欧大量提取资金，助长了中欧债券价格的猛跌，使拥有大量中欧债券的英国银行受到严重威胁，引起了各国向伦敦银行大量提存，结果导致 1931 年的英镑贬值。在当前各国货币金融体系严重不稳的条件下，法美货币战触发金融危机的可能，也值得密切注意。甚至美国联邦储备委员会主席马丁也不得不承认：当前的情况同 1929—1933 年大危机前的情况"有着令人不安的相似之处"①。

金本位派和凯恩斯派所提出的办法都不足以挽救资本主义世界的国际货币体系，但是他们对"30 年代那样的灾难"所共同抱有的恐惧，却并不是没有根据的。

(1965 年 3 月)

---

① 《繁荣的六十年代会是 1929 年前情况的重演吗？》，美国《国民观察家》周刊，1965 年 6 月 7 日。

国家垄断资本主义是垄断
资本主义发展的新阶段

 国家垄断资本主义是否是垄断资本主义发展中的一个新阶段，是否是现代帝国主义的经济基础，这是我国经济学界在50年代末和60年代初探讨和争论的一个问题。《世界经济》第1期和第2期，在事隔将近二十年后，登载有关这一问题的不同意见，令人对"四人帮"摧残学术研究的罪行更加愤慨，对"科学的春天"的来临格外喜悦。

 李琮同志和陈俊欧同志已经对这一问题发表了肯定与否定的两方面的意见。我们倾向于认为国家垄断资本主义是垄断资本主义发展的新阶段，但对李琮同志的论述也并不完全赞同。这一问题，无论在实际情况或有关理论方面，都牵涉甚广；本文仅就当前的争论提出一些初步看法，与陈俊欧同志和李琮同志商榷，并希望我国经济学界进一步展开讨论。

一 国家垄断资本主义是垄断资本同国家 政权的融合,国家已不得不为维护垄 断资本的利益而直接干预经济

国家政权直接干预经济的现象,古已有之。但自由竞争的资本主义时期,当资本主义还是一种上升力量的时候,国家政权主要是在上层建筑的领域内,起着维护资本主义生产方式外部条件的作用,在经济领域中,则以"自由放任"的政策,反对封建垄断。两百年前亚当·斯密在他所著的《国富论》中,鼓吹自由竞争的"无形之手",反对政府干预经济。这种主张在这个时期的资产阶级政治经济学中,居于统治地位。20世纪初,自由竞争的资本主义为垄断资本主义所代替,随着资本主义世界的各项基本矛盾的激化,特别是世界战争和空前严重的经济危机的爆发,垄断资本已不得不越来越利用国家直接干预经济的手段,维护其统治地位,加强其争夺霸权的力量。第一次世界大战、30年代的大危机和第二次世界大战,都显著地推动和促进了国家对经济生活的直接干预。凯恩斯主义在30年代应运而生,公开承认在"自由放任"的政策下,资本主义生产方式已经无法摆脱经济危机和长期萧条,鼓吹通过国家干预经济、限制自发的市场调节,以维持经济增长。这种主张取代了亚当·斯密在资产阶级政治经济学中的统治地位。

列宁很早就发现国家直接干预经济的发展及其重要意义,并对此作出了精辟的理论概括。1917年,列宁就提出国家垄断资本主义的概念,并指出"国家同拥有莫大势力的资本家同盟日

益密切地融合在一起"①。列宁还多次指出，"战争异常地加速了垄断资本主义向国家垄断资本主义转变的过程"②，"一般垄断已经过渡到国家垄断"③，"发展到帝国主义即垄断资本主义的资本主义，在战争的影响下已经变成了国家垄断资本主义。我们现在已经达到了世界经济发展的这样一个阶段，即它已为社会主义直接打开了大门"④。

根据当前争论来看，以上关于国家垄断资本主义发展的实际情况和列宁的理论概括的简要叙述，似乎是争论双方（以下分别称为"阶段论者"和"反阶段论者"）都可以接受的，尽管双方的侧重点，特别是"反阶段论者"的侧重点，可能会有所不同。但是，争论双方对实际情况的分析以及对列宁论述的理解却大不相同，从而得出了截然相反的结论。

二　国家垄断资本主义仍旧是垄断资本主义，一般垄断发展为国家垄断是垄断资本主义生产方式的部分质变

"反阶段论者"并不否认国家垄断有重大发展的事实，甚至也不否认国家对经济生活的干预本身是可以划分阶段的，但认为这种发展并没有触及垄断资本主义的生产方式，并没有形成"相对独立的社会经济制度"，因此不赞成"帝国主义发展到了国家垄断资本主义的新阶段"的说法。他们认为，如果

①　列宁：《国家与革命》，《列宁选集》第 3 卷，第 171 页。
②　列宁：《大难临头，出路何在?》，《列宁选集》第 3 卷，第 164 页。
③　列宁：《俄国社会民主工党（布）第七次全国代表会议（四月代表会议）：关于目前形势的报告》，《列宁全集》第 24 卷，第 211 页。
④　列宁：《为了面包与和平》，《列宁全集》第 26 卷，第 365 页。

说，在资本主义的发展过程中，在国家直接干预经济方面，显示出阶段性的话，那么这种阶段也不"属于社会经济制度方面的阶段划分"，不能成为垄断资本主义生产方式发展中的新阶段。[①]

"反阶段论者"的主要论据是，国家垄断资本主义的本质决定了"国家服从于垄断组织"，"在经济生活中起决定作用的是垄断组织而不是国家"，"在经济生活中处于支配地位的仍然是私人垄断而不是国家垄断"，因此，国家垄断资本主义不可能成为垄断资本主义发展的一个新阶段。

我们认为，"反阶段论者"的这种论据似不充分。

首先，国家服从于垄断组织，服从于垄断组织追求垄断高额利润的目的，说明"国家垄断资本主义只是垄断资本主义发展过程中的一个阶段"，"而不是超越垄断资本主义的一个什么阶段"[②]。这是"阶段论者"完全同意的。但"国家服从于垄断组织"并不足以证明，随着国家垄断资本主义的发展，垄断资本主义的生产方式在保持其本质的同时，没有发生任何变化或部分的质变，从而也就不足以证明，国家垄断资本主义不可能成为垄断资本主义发展的长过程中的一个新阶段。

第二，在探讨国家垄断资本主义问题时，把"私人垄断"和"国家垄断"对立起来，提出究竟是"私人垄断"还是"国家垄断"处于支配地位，这种提法似不甚科学。既然国家垄断资本主义是垄断资本与国家政权的融合，那么，国家垄断的对立物就不是"私人垄断"，而是"一般垄断"，即未与国家政权融

---

①　这一段和下一段的引文均摘自陈俊欧同志的文章。这种看法在苏联的"反阶段论者"的论点中更为明显。参见《世界经济》第2期，《苏联经济学界围绕国家垄断资本主义问题展开的争论》。

②　引自李琮同志文章。

合的垄断统治。① 问题在于，垄断资本是否还有可能无需国家直接干预经济而维持其统治，而不在于国家垄断服从于私人垄断或私人垄断服从于国家垄断。② 看来，这个问题在"阶段论者"和"反阶段论者"之间，是一个比较根本的分歧。在以下一系列争论问题上，我们还将经常碰到这一分歧。

　　第三，国家不仅在上层建筑的领域内，维护垄断资本主义生产方式的外部条件，而且在经济领域中，为垄断资本的利益而直接进行干预，这本身就表明垄断资本主义的生产方式必然随着国家垄断资本主义的发展而发生一定的变化。从实际情况来看，国家垄断资本主义的发展，无论对生产、交换、分配各个环节，或是对帝国主义的对外扩张和争夺，或是对生产社会化和资本主义占有制之间矛盾的激化，都产生了显著的影响。③ 列宁在论述第一次大战期间国家垄断资本主义的发展中，指出"许多国家实

---

　　① 我们认为，强调"国家机关服从于垄断组织"是完全必要的，但以这一说法代替垄断资本与国家政权的"融合"或"结合"，却是不妥的。因为"融合"或"结合"的概念更加丰富、更加深刻，不仅包括国家服从于垄断组织的含义，而且最简练地表述了国家在直接干预经济方面的新作用，表述了金融垄断资本转化为国家垄断资本的实际情况。

　　② 陈俊欧同志根据战后资本帝国主义各国的实际情况，指出"国家空前增长的财政资金，除了用于加强国家机器以维护和加强垄断资本的政治统治外，都最大限度地被用来直接为各垄断资本集团的经济利益服务"，"即使在国营企业中，担任领导职务从而掌握着实际领导权的仍然是一些垄断资本家或其代理人"等等；这些都是"阶段论者"完全同意的。在这里，陈俊欧同志所阐述的种种实际情况正说明了垄断资本已不得不运用国家直接干预经济来维持其统治。另外，李琮同志的论述中，似也有把"私人垄断"和"国家垄断"对立起来的倾向。

　　③ 李琮同志所列举的国家垄断发展的种种实际情况，尽管其准确性和侧重点都还有可以商榷的余地，但也表明了国家垄断的发展在这些方面的影响。还可以补充大量的实际情况，例如国家税收政策如何对国民收入作有利于垄断资本的再分配等等。但特别需要补充的，可能还是金融垄断资本统治转化为国家垄断资本统治的问题。关于这一问题，下文中还将论及。

行了生产和分配的社会调节"①，有些国家"对全部生产实行最严格的统计和监督"②，"有些国家还采取了普遍劳动义务制"③，这些显然都不只是垄断形式的变化，而是垄断资本主义生产方式的变化。

因此，我们认为，国家直接干预经济生活的阶段划分，与垄断资本主义的阶段划分，是不可分割的。当国家干预在经济生活中起支配作用时，一般垄断资本主义就发展为国家垄断资本主义。

三　第二次世界大战标志着国家垄断
资本主义形成为一个新的阶段

一般垄断资本主义发展为国家垄断资本主义，究竟是在什么时候完成的？对于这个问题，"阶段论者"之间也有不同意见。有些人认为是在第一次大战期间，有些人认为是30年代大危机时期，也有人认为是在第二次大战时期，较多的人认为是在40年代末、50年代初。

主张第一次大战时国家垄断资本主义即已确立者，大多以列宁在1917年关于"一般垄断已经过渡到国家垄断"，"垄断资本主义……已经变成了国家垄断资本主义"等论述为根据。主张40年代末和50年代初国家垄断资本主义才确立者，则认为无论在一次大战后或在30年代大危机和二次大

①　列宁：《俄国社会民主工党（布）第七次全国代表会议（四月代表会议）：关于目前形势的决议》，《列宁全集》第24卷，第277页。

②　列宁：《在全俄苏维埃财政部门代表大会上的报告》，《列宁全集》第27卷，第360页。

③　《列宁全集》第24卷，第277页。

战后，国家垄断资本主义都曾经一度减弱或收缩，"只是在40年代末、50年代初，垄断资本主义才最终转变为国家垄断资本主义"①。

我们认为，从整个帝国主义体系的实际发展情况来看，第二次世界大战时期似是国家垄断资本主义阶段的开端。在一次大战期间、尤其是在30年代大危机后的德国，国家垄断确实发展到了很高的程度，但是国家垄断并没有能在整个资本主义世界取得统治地位。第二次大战后，美国在国家管制和国营企业等方面虽然有所收缩，但这种收缩大多还是为最大的垄断资本服务的，只不过是国家直接干预经济的另一种手段。而且，在对外扩张方面，从战后初期国际货币基金、世界银行、关税贸易总协定的建立，以至马歇尔计划的推行等等，都表明美帝的霸权已经建立在国家垄断资本主义的基础之上。西欧各国战后国家垄断的持续发展，包括欧洲经济共同体的建立，更表明这些帝国主义国家在维持其统治和对抗美帝霸权中，也已不得不以国家垄断资本主义为基础。

"反阶段论者"在讨论国家垄断资本主义形成的时间问题时，也有各种不同的看法。一种看法认为"从国家垄断资本主义发展的现状看，在经济生活中处于支配地位的仍然是私人垄断而不是国家垄断"。这种看法似乎并不否认国家垄断资本主义有可能成为垄断资本主义发展中的一个新阶段，而只是认为"至今"还没有达到这一地步。但在论证这一看法时，却往往又以国家服从于垄断组织为根据，认为"即使说私人垄断离开国家垄断便不能生存，那也不能说明国家垄断已经变成了矛盾的主要方面"，"即使某些部门是百分之百地归国家经营，看起

---

① 引自李琮同志的文章。

来好像是国家垄断处于绝对支配地位，其实，这种国家垄断也还是服从于或取决于私人垄断组织的利益和要求"。这在实际上依旧是根本否定一般垄断资本主义转变为国家垄断资本主义的可能。我们认为，从表面上看，国营企业在西方帝国主义各国全部企业资产总额中所占的比重都还不到一半，战后迅速发展的跨国公司在形式上大多还是私人垄断企业；但从实质上看，这些庞大的私人企业的发展都脱离不了国家干预，而且这些私人企业大多正是日益与国家政权密切融合的垄断资本的组成部分。

另一种看法认为，"作为帝国主义基础的垄断，从一开始就包括私人垄断和国家垄断"，"自由竞争是由私人垄断和国家垄断两种形式同时代替的"；认为列宁关于垄断资本主义"已经变成了国家垄断资本主义"的论述，应该理解为没有时间概念的垄断形式的变化，认为列宁关于"资本主义已经发展为帝国主义，一般垄断已经发展为国家垄断"的提法，其中的两个"发展"，应该理解为"在时间上是并列的"。这也就是说，在自由竞争的资本主义进入垄断资本主义的时候，就已经同时进入国家垄断资本主义；因此也就不存在国家垄断资本主义成为垄断资本主义发展的一个新阶段的可能。①

这里，我们又碰到把国家垄断同私人垄断对立起来的问题。"反阶段论者"为证明其论点，往往引用列宁在 1916 年关于私人垄断和国家垄断"不过是最大的垄断者瓜分世界的帝国主义斗争的个别环节"，"不过是一个办公室的两个科长"这两句

---

① 有关"反阶段论者"以上二种看法的引文，均出自陈俊欧同志的文章以及有关国家垄断资本主义问题的《讨论会纪要》。这两种不同看法显然是相互矛盾的，但陈俊欧同志的文章中似乎兼而有之。后一种看法对列宁有关论述的理解，在"反阶段论者"中，可能并不具有代表性。

话。①但是，列宁在 1917 年首次提出国家垄断资本主义的概
念时，就同时提出了"一般垄断"的概念，多次指出"一般
垄断已经过渡到国家垄断"，"一般垄断已经发展为国家垄
断"②；而且还明确指出"战前存在着托拉斯、辛迪加等等的
垄断，战时出现了国家垄断"③，丝毫没有在时间上并列之
意，更不认为它们同时取代了自由竞争。如果说，垄断资本
主义转变为国家垄断资本主义的过程是一种没有时间或时期
概念的形式的变化，那么如何理解列宁多次提出的"战争异
常地加速了垄断资本主义向国家垄断资本主义转变的过程"
呢？如果说，"资本主义已经发展为帝国主义，一般垄断已
经发展为国家垄断"，这两个"发展"在时间上是并列的，
那么"一般垄断"究竟何所指呢？难道是自由竞争时期的一
部分？"反阶段论者"的这些论点实际上是从列宁的论述中
排除了"一般垄断"这一重要概念。

　　我们认为，列宁关于国家垄断资本主义是"历史阶梯上
的一级"，是"世界经济发展"的"一个阶段"的论述④，
是有时间概念的；"反阶段论者"上述两种看法，似都难以
成立。

────────────

　　① 列宁：《帝国主义是资本主义的最高阶段》，《列宁选集》第 2 卷，第 793、
760 页。
　　② 列宁：《俄国社会民主工党（布）第七次全国代表会议（四月代表会
议）》，《列宁全集》第 24 卷，第 211 页。
　　③ 列宁：《俄国社会民主工党（布）第七次全国代表会议（四月代表会
议）：为捍卫关于目前形势的决议而发表的演说》，《列宁全集》第 24 卷，第
273 页。
　　④ 列宁：《大难临头，出路何在？》，《列宁选集》第 3 卷，第 164 页；《为
了面包与和平》，《列宁全集》第 26 卷，第 365 页。

四　国家垄断资本主义是官僚垄断
资产阶级的统治

"反阶段论者"认为，"现在各资本帝国主义国家，占统治地位的是垄断资产阶级，并没有形成和出现一个国家垄断资产阶级"①，以此作为否定国家垄断资本主义是一个新阶段的另一论据。

我们认为，国家垄断资产阶级是存在的，那就是与国家政权密切融合在一起的垄断资产阶级，也就是官僚垄断资产阶级。

国家政权为垄断资本所控制，这在一般垄断时期就已经如此。但是当国家对经济的干预在经济生活中占有支配地位时，控制国家政权对于相互争夺的垄断集团来说，更直接关系其兴衰存亡。只有控制国家政权，或在国家政权中占有较大份额，利用国家干预经济为本身服务，才有可能获得垄断高额利润，否则就会遭到衰落和灭亡的命运。这一方面使垄断集团之间的矛盾大大激化，另一方面也使资本更加集中于少数官僚垄断寡头。如果说，在一般垄断时期，国家还是整个垄断资产阶级的代表，那么在国家垄断资本主义时期，国家就是官僚垄断资产阶级的代表，国家维护官僚垄断资产阶级的利益，不仅直接压榨无产阶级和劳动人民，而且损害和打击一切其他资本家集团的利益。②

与国家垄断资本主义相适应的政体是法西斯专制制度；在这种制度下，官僚垄断资产阶级的统治毫无掩饰地呈现出来。在那

---

① 引自《讨论会纪要》。

② 李琮同志提出，国家垄断资本主义所产生的新的矛盾是"私人垄断和国家垄断之间的矛盾"。我们认为，新的矛盾似是官僚垄断资产阶级与非官僚资产阶级之间的矛盾。

些还保留着一点资产阶级内部民主幕布的国家里，在表面上，国家政权还不得不多少照顾一些资产阶级的整体利益，大官僚本身也不一定都是大垄断资本家，但这并不能掩盖居于统治地位的垄断资本是官僚垄断资本的本质，并不能否定国家垄断资产阶级的存在。

在第二次世界大战以来国家垄断资本主义的这一新阶段中，主要帝国主义国家出现了一个较高速度的经济增长和科技发展的时期。国家对经济的直接干预在这方面起了相当重要的作用。但是，与此同时，国家干预经济的消极作用也日益显著。通货膨胀的加剧，长期失业的增长，生产过剩和财政金融危机的并发，以美元为中心的国际货币体系的逐步瓦解，都说明了这一点。① 到了70年代，战后帝国主义国家的经济发展中，已经明显地出现了增长速度大大减缓的转折点；甚至资产阶级经济学者也不得不普遍承认凯恩斯主义的破产。帝国主义国家经济发展中的这种转折是必然的，不可避免的。因为，国家垄断资本主义在推进生产社会化的同时，却使资本主义的占有制进一步缩小为官僚垄断资产阶级的统治；国家垄断资本主义这一新阶段，就其整体而论，绝不是什么生产关系适应于生产力发展的变化，而是使生产社会化和资本主义占有制的矛盾更加激化。

---

① 李琮同志非常强调，国家垄断资本主义"对科技的飞速发展，对新技术的迅速采用和推广，对劳动生产率的提高，生产成本的降低，新部门、新工艺、新产品的不断涌现"等等，都产生了"十分重要的作用"；而似较忽视国家垄断资本主义在这些方面的消极作用。其实，第二次世界大战以来重大科技发展几乎都起源于军事方面，美苏科技研究开支一半以上用于军事生产的发展，美帝当前为维护其核垄断地位，甚至阻挠其他国家在核原料的再处理方面运用新技术等等；这些都表明，在国家垄断资本主义的阶段，科技的发展及其采用和推广，虽然至今快于过去，却远远低于它们所可能达到的程度。而且，战后主要资本主义国家经济较快增长的时期显然已属过去，国家垄断资本主义在这方面的消极作用今后还将更加明显。

有关国家垄断资本主义问题的探讨，对分析资本帝国主义的变化或社会帝国主义的本质，都具有重大的现实意义。在这方面，还迫切需要我国经济学界作出更大的努力。

（原载《世界经济》1978年第4期）

中国的经济展望

30 多年前，中国一位伟大的导师曾经说道："对情况和问题一定要注意到它们的数量方面，要有基本的数量的分析。任何质量都表现为一定的数量，没有数量也就没有质量。"您或许会认为这是在某个计量经济学会上发表的演讲，或者是对一群杰出计量经济学家所作的午餐致辞。其实讲这番话的人正是毛泽东，他是在中国共产党的中央委员会上讲的这番话。[①] 毛泽东同志还说道："我们有许多同志至今不懂得注意事物的数量方面，不懂得注意基本的统计、主要的百分比，不懂得注意决定事物质量的数量界限，一切都是胸中无'数'，结果就不能不犯错误。"

遗憾的是，人们并没有太重视毛泽东同志的重要教导，或许他自己也未做到这一点。直到今天中国仍然缺乏出色的计量经济学家。如果我们能够真正领会和贯彻这一教导，中国在经济发展过程中就能够避免很多严重的问题，或者至少是减少其破坏性，而我们的经济成就也会大得多。

[①]　毛泽东：《党委会的工作方法》，中国共产党第七届中央委员会第二次全体会议，1949 年 3 月 13 日。

　　中华人民共和国自成立以来在经济发展上取得了巨大的成就。在 30 多年内，中国已经从一个落后的半封建、半殖民地社会转变为独立自主的社会主义经济，拥有了相当完整的工业体系。中国大体上消除了民众的赤贫和极端不平等的收入分配现象，极大程度地改善了居民的健康、教育和道德水平。在只占世界可耕地总面积 7% 的耕地上，中国成功地养活了世界约 1/4 的人口。人均预期寿命提高了 30 多岁：解放前还不到 40 岁，现在已经接近 70 岁。中国还逐步形成了自己的发展战略，它既不同于其他的社会主义国家，也不同于其他的不发达国家。

　　另一方面，中国的经济发展战略当然也不是没有错误，没有挫折的，随着激烈和凶猛的批过来批过去，其发展战略重点经常变化。特别是在 50 年代末的"大跃进"和 1966 年至 1976 年的"文化大革命"时期，战略的扭曲和改变导致了经济灾难和政治动荡。"文化大革命"后，人们对过去的经历进行了反思，并就发展战略展开了广泛的研究和辩论。根据逐渐达成的共识，1979年启动了调整和改革的计划。调整和改革计划中集中的问题可以归结为三点：（1）生产关系，（2）积累与消费的关系，（3）经济管理结构。

　　生产关系的社会主义改造是一个漫长的过程，其中生产资料的公有制形式将经历不同的阶段。中国的经验表明，生产关系的改变必须与生产力的发展水平和人民群众的意识形态水平相适应。

　　从 1949 年到 1957 年，私营企业的公有制改造和农业、手工业的集体化基本完成，由于中国采取了循序渐进、逐步开展的政策，因而避免了苏联所出现的生产滑坡情况。在这一时期工业和农业产量均有迅速增加。

　　在"大跃进"期间，农村合作社合并为人民公社，由数千个农户组成的公社成为独立核算单位。结果，较富裕的合作社的收入急剧减少，其生产积极性受到挫伤，这也是 1959 年到 1961 年农业产量持续下降的原因之一。当农业集体化程度有所下降，先是降低到由生产大队，然后降低到以生产队为会计核算基本单位的时候，农业产量才得到恢复并再次增长。然而，在"文化大革命"期间，仍然有政策上的反复，试图将生产队作为会计核算的基本单位，取消农民自留地和农村集市，轻集体企业而重国有企业，同时几乎完全禁止手工业和服务贸易中的个体经营。

中国是一个人口众多的大国；在很多地区和很多领域机械化水平和劳动生产率还非常低。期望单独依靠大型国有企业就能为所有人的需求提供服务是不现实的。应该利用公有制的不同形式去适应不同的情况。在公有制占主导地位的情况下，应该允许个体所有制发挥一些公有企业无法提供的功能。过去的错误是认为公有制水平越高、规模越大越好——国有企业总是优于集体企业，大的集体企业总是优于小的。因此，在有些时候不仅没有促进生产力的发展，反而对其形成了严重的阻碍。

现在我们强调，应该严格遵守社会主义"各尽所能，按劳分配"的原则。应该尊重生产队自主经营的权利，同时在生产队内，应该建立各种联产承包生产责任制，将家庭和个人的酬劳与他们所完成的工作紧密联系。在城镇里，应该鼓励集体企业，允许个体经营，以便创造更多的就业机会。事实上，在过去 3 年内就业人口增加了 2000 万，其中很大一部分是由集体企业创造的。

积累是经济发展中最重要的因素之一。自新中国成立以来，随着剥削的消灭和资源的充分利用，尤其是农村地区未充分就业人口的全面动员，中国得以保持一个比以前高得多的积累率，从而取得了比过去高得多的增长率。但积累率过高不仅减少了当前消费，而且导致经济的比例失调，从而实际上阻碍了经济增长。

在 1953 年至 1957 年的第一个五年计划时期，积累率——即投资与国民收入之比——平均是 24% 左右。在"大跃进"时期，1958 年积累率迅速上升到 34%，1959 年攀升到 44%，由此导致经济严重紧张，最后国民收入和积累急剧下降。在 70 年代初期，积累率再次上升到 30% 以上。"文化大革命"后，由于在现代化道路上急于求成，积累率进一步上升到接近 37%。但后果是基本建设过度扩张，建设周期延长，生活水平改善放缓，以及农业、轻工业和重工业比例严重失调。

中国一直强调农业的重要性。农业是经济的基础，工业的重要性在于它能为农业需要提供服务。但农业增长率远远落在工业后面。除了相对人口而言耕地面积匮乏、不同时期农业政策失误外，过度的积累也带来了有害的影响。在一个 80% 人口从事农业的国家，积累的主要来源只能是来自这一部门。但工业的高价格、高利润导致农业的被动积累。自"文化大革命"开始以来的 12 年间，工农业产品的相对价格并没有随生产率的变化而调整。农业产品和工业产品的不平等交易早些年曾在相当程度上得到矫正，而随着制造业生产率的增加，其不平等程度再次加剧。结果农业增长受到损害，严重依赖农业为其提供原材料的轻工业也受到了牵连。

重工业的发展当然是经济现代化不可或缺的。事实上，较为完整的重工业的建立是新中国主要的成就之一。但我们过分强调了钢铁生产，而在能源、电力和交通等方面却发展不足。自新中国成立后，能源和电力产量确曾大幅度增长，但在"文化大革命"及其后不久，由于过分强调石油和煤炭的提炼，而不是探测和开采，石油和煤炭的产量增长难以持续。过高的积累率导致新的建设项目盲目开工且效率低下，而且消耗了大量的能源、电力和交通设施，同时许多现有的生产能力由于供应短缺没有得到充分的利用。

自 1979 年以来，在修正比例失调方面做出很多努力。大部分农产品的收购价格提高了，农业税降低了，同时国家对农业的投资增加了。优先向轻工业提供能源、电力、原材料和运输设施，同时向其提供国家投资、银行贷款和外汇。在重工业内，更多地重视部门平衡的维持：压缩那些能源和原材料供应没有保障的生产能力扩张。不仅农民收入增加，城市居民特别是低收入群体工资也得到了增加；而国家预算中的基本建设拨款则减少了。

在 50 年代，中国在经济计划和管理上主要仿照苏联模式，即建立高度集中和行政化的管理体系。这一模式在集中资源实现主要的目标上发挥了非常有效的作用，但不利于充分发挥企业和工人的积极性。价格和市场机制降到一个相对不重要的地位，经济计划的实施主要依靠行政手段。国家机构常常向企业硬性下达生产任务、分配原料投入并购买其产出，企业利润几乎完全上交给国家，而所需的投资资金是由行政当局划拨。因此，企业越来越成为行政部门的附庸。

早在 50 年代，就已有人意识到上述体系的缺陷。早在 1956 年，中央就决定研究如何合理分配中央政府、地方政府与企业的权力和利润。但该项工作受到"大跃进"和"文化大革命"的相继冲击而中断。

只有在"文化大革命"后，人们才开始真正坦诚地思考和热烈地辩论企业的职责以及价格、市场机制的作用。自 1979 年以来，已有大约 6600 个国有工业企业（产值占国有工业企业总产值的 60%）进行了改革。企业得到了更大的自主权力，可以保留企业利润、安排生产计划、自主地销售产品并支配投资资金。过去通过国家预算划拨的投资资金现在改为由银行贷款。一些原来由行政当局根据经济计划分配的生产资料，现在也由市场供应，由企业选择购买。一些生产生活消费品的企业也设立了自己的销售机构，而不是完全将其产品销售给国有贸易机构。如果一个工业企业完成了计划和合同，它就可以安排自己计划外的生产和销售。许多企业间开始了各种形式的联合，以此促进专业化和协作。

当企业承担了更大的职责之后，工人参与企业管理也变得更加重要了。每个企业都有工会组织，这些工会组织成立于50年代，现在再度变得活跃起来。目前，它对管理层只有建议和监督的权力。但是，随着经济管理体制改革的进展，工会应该对企业的重大问题拥有决定权，其中包括任免企业领导成员的权力。

调整和改革的计划已经取得了一些令人瞩目的成就。随着农产品收购价格的提高和农业政策的调整，1979年农村居民的生活水平已经明显得到改善，农业产量大幅度提高。

另一方面，也出现了一些新问题和新困难。在过去的两年里，通货膨胀压力很大。在农产品收购价格和工人工资提高的同时，生活必需品的价格保持不变，因此国家预算出现大量赤字。而基本建设的压缩幅度还不够大。当中央政府削减投资项目时，刚刚获得更大自主权和自立经营权的地方政府和企业，常常保持甚至增加其投资支出。事实上，这些支出反而抑制了中央政府对迫切需要的领域如能源、电力和交通的投资。于是在调整比例和经济管理体制改革之间发生了冲突。目前的重点是调整，针对6600家国有企业的改革会继续下去，但暂时不会推广到其他企业。

这是不是意味着中国近期的改革可能会昙花一现，这种渐进式改革注定要失败？

这里有一个关于渐进式改革的寓言。一个国家的交通规则一直是车辆在道路的左侧行驶，现在却想要改为在道路的右侧行驶。于是首先进行试验，先让少数汽车在右侧行驶，结果当然是一片混乱，然后政府根据试验的结果决定不改变交通规则。

中国当然还没有决定放弃改革。有利于当前调整的改革措施，如将投资拨款变为银行贷款正在推广。其他改革措施可能不得不等到通货膨胀压力被控制住，经济的比例失调和相对价格的不合理或多或少地得到纠正才会继续推行。

调整和改革的计划 1979 年底首次正式宣布，当时预计持续三年。现在很显然调整会持续到 1981 年，改革会持续更长时间。无论如何，平衡中央集权与地方分权，经济计划执行中行政措施与价格和市场机制，将一直是社会主义经济的规划者不得不处理的问题。回到上面我们所讲的交通规则的故事，困难也许不是选择在右边还是左边行驶，而是决定怎样在左右两边分配车道的数量。让所有的车道都靠左或都靠右也许并不是交通管理的最佳方式。

这段调整时期对中国的对外经济关系有何影响呢？

自"文化大革命"结束起，中国一直采取的政策就是尽一切可能充分利用国际经济关系来促进经济发展。除非国际环境发生急剧变化，这一政策不大可能改变。但在 1978 年，由于计划失误和缺乏经验，成套设备或"交钥匙"工厂的进口不仅超过了消化能力，而且加剧了经济的比例失调。在调整期间，这类进口的规模得到了缩减，而且一些原来的进口合同不得不推迟或取消。但是，进出口的总量一直在稳步上升。

从长远的观点来看，中国对外国技术和设备的需求是巨大的。在未来的十年里，重点是引进新技术和关键设备来改进现有企业，而不是进口成套设备或"交钥匙"项目。

经济管理体制改革会改变中国的基本发展战略吗？

　　中国的基本发展战略是走社会主义道路和自力更生。但社会主义道路不能被曲解为"公有化程度越高越好"，自力更生也不能被误解为自给自足。生产资料的公有制仍将在中国经济中占据主导地位。中国作为一个拥有如此庞大人口的大国，其现代化必须依靠自身的努力。

　　过分强调企业的作用可能会导致每一个小团体对自身利益而不是整体利益的过分关注；经济计划执行中过度使用价格和市场机制也可能导致对物质报酬的过分计较而不是对更高的理想和价值的追求。这大概就是为什么最近中国再次强调思想教育的重要性。社会主义社会的进步只能通过经济发展和思想进步的交互作用才能取得。

　　中国的发展战略还是非常不成熟的。她还在寻找和尝试解决方案。在这一点上，中国还有许多东西要向其他国家学习。

　　　　　　（原载美国宾夕法尼亚大学《沃顿杂志》1981年春季号）

苏美争霸与当前矛盾

一年来，无论是美国还是苏联，在国际局势中的控制能力都有所削弱。这一年苏美争夺是比较激烈的，苏联没有怎么得手，美国想改善自己的处境。这是大家都看到的。

问题是究竟怎样估计这一形势？例如，明年一年，或者长远一点，80年代上半期，形势会不会发生重大的变化？美苏力量对比将会怎样？前一时期一直说是苏攻美守。这一时期，美国又在重整实力，苏联的进攻性似乎减弱了，有的说它是消化不良，总之，是不能不有所克制。这是短期的、暂时的现象呢？还是可能持续一个较长的时期？联合反对苏霸的格局在这一时期是加强了，还是削弱了？还是困难更多了？这些问题值得探讨。

这还牵涉到一个问题：究竟当前世界的主要矛盾是什么？这是同形势估计密切相关的。这个问题也值得进一步探讨。

我觉得，国际局势的发展越来越表现出苏美争夺是主要矛盾。当然，从更长期来看，在霸权主义超级大国存在的整个阶段，贯彻始终的根本矛盾是世界人民与苏美两霸的矛盾，正如整个帝国主义时代的根本矛盾是被压迫人民和被压迫民族同帝国主义的矛盾，或者整个资本主义时代的根本矛盾是无产阶级和资产阶级的矛盾一样。但就当前这段时期来看，更尖锐、更突出的是苏美两霸之间的矛盾，这正是这段时期的主要矛盾。至少在近期内这是很明显的：苏联大肆侵略扩张，形成当前主要危险，美苏尖锐对立，第三世界的力量虽然在壮大，但还不足以左右局势，而且许多国家从反对美霸为主到反对苏霸也还需要一个转化过程。尽管过去这一年苏美控制都在削弱，但也并没有能够改变这个基本形势。人们希望第三世界国家都能反两霸，前门驱狼，后门拒虎，真正地独立起来；希望第二世界国家也有更多的独立性；这样就可能逐步转化矛盾，使苏美矛盾逐渐不成其为世界的主要矛盾。通过这个过程可以逐渐减少世界大战的可能性。目前似乎还不能说已经达到了这一步。苏美争夺引起战争的可能性仍然严重存在。

对于苏美力量对比的现状和前景如何估计？对于联合反对苏霸的格局问题究竟怎么看？

目前世界上绝大多数国家的经济情况都不大好。经济形势对美国等西方国家不妙，苏联和东欧国家也不好。但对比之下，至少是近期，恐怕美国的处境更困难一些。

国际上对苏联经济实力的估计曾有不同的看法。有的说，到20世纪末，苏联的国民生产总值或甚至按人口平均的国民生产总值将超过美国。对此，我未敢苟同。但对它也不可过分低估。我有个印象，美国估计苏联的经济一般偏低。苏联确实有困难，如粮食，好不容易搞到2.2亿吨，结果又下降了。但是也要看到，苏联整个经济的增长率虽然减缓，但总还保持了一定的增长，而且是在大规模扩军备战的情况下增长的。

美国则不一样，好不容易在1980年从危机中挣扎出来，1981年又陷入危机。里根上台之初似有扭转美国经济的雄心，鼓吹什么供应学派、减税、削减政府开支、刺激私人投资等一套，以复兴美国经济。但时间不长，眼看就不行了。预算局长斯托克曼憋不住了，说了实话。《大西洋月刊》发表他的一篇谈话，引起一场轰动美国的政治风波，让里根下不了台。实际情况也确如斯托克曼所说，不行了。里根原来想靠这套办法使通货膨胀率下降，把私人投资搞上去。这一套政策无疑是劫贫济富的，但这种劫贫济富是否有效呢？看来不行。由此产生一系列的问题，从而可能对里根政府的对苏政策产生制约作用。

讲到军事力量对比，我认为在核武器方面苏联实际上占不了什么优势。其实问题不在于核武器，核武器究竟有多大用处是值得怀疑的。真打起来，恐怕两家都不大敢用。更为现实和重要的在于常规军备。里根那一套别的不行，军事工业是搞起来了。美国有无可能改变一下实力对比呢？总的说，前一个时期，苏联利用美国侵略印支战争失败和国力衰落的时机，加紧扩充军备，军事力量对比的趋势显然不利于美国。里根能否扭转这个趋势呢？里根要实现重整军备也有很大困难。甚至共和党人士都表示，大规模增加军费而又削减社会开支是难以为继的。另一方面，苏联的经济困难还没有严重到迫使它削弱扩军势头的程度。在这样的情况下，苏美军事实力对比不大可能根本转变。

对付苏联霸权主义，靠什么？靠联合。但美国在联合反对苏霸的格局中，还是摇摆不定的。特别是在对待第三世界的问题上，美国的政策往往还阻挠和破坏着联合反对苏霸的格局。美国的政策有无变化呢？也有点，例如对中东、对阿以冲突、对巴勒斯坦、对沙特八点方案等问题，都有些变化的迹象。但是，总的看来，变化的步子很小，很慢，而且反复无常。例如，里根政府对于国际经济新秩序问题，它是硬着头皮去参加坎昆会议的。它在会议上被迫勉强承认全球谈判的必要性、紧迫性，会议之后，美国又采取否定态度，又后退了。

　　从世界全局来看，联合反霸是大势所趋。美国虽在变，但变的趋势很慢，有时还倒退。因此，对前途不能只估计一种可能，而要设想多种可能。国际形势的发展取决于各方面力量的矛盾和斗争。

　　　　　　　　　　　　（原载《世界知识》1982 年 1 月）

在经济理论学习班的发言

不是什么辅导报告，也不是解答问题，只作为个人意见的一个发言，供大家参考。每次学习班都提出一些问题，值得探讨，这次的问题也提得很好，我下面讲些自己参加学习的体会。

在我们这次关于中国社会主义经济的学习中，我觉得重要的是要明确这样一个观点：根据过去三十多年的经验，必须进行经济的调整和改革，但同时必须坚持社会主义道路。

什么叫社会主义？社会主义的特征，第一条是生产资料公有制；第二是按劳分配，不是按资本的多少进行分配。这是社会主义和资本主义最大的不同。还要加上第三条，即计划经济。但有人认为这条不是，有些社会民主党人就认为，社会主义可以是计划经济，也可以不是，市场经济也行，有所谓市场社会主义。我们认为，计划经济是社会主义的特征。事实上凡是社会党人执政的国家，尽管有些国有化，但是仍然没有做到生产资料公有制和按劳分配，例如法国。至于南斯拉夫如何，可以探讨。因此，我们说社会主义有三个特征。

回顾我们国家三十多年的经济工作，有很大成就，也有缺点和错误，社会主义优越性没有能够充分发挥，所以需要进行调整。但是，决不能够放弃社会主义道路，相反，社会主义道路必须坚持，这个界限一定得划清。不是要把社会主义改掉，而是要改得更有利于发挥社会主义的优越性。究竟过去有些什么毛病呢？

1. 关于生产资料公有制：生产资料公有制可以有不同的水平，可以是全民所有，也可以是集体所有（即部分劳动者所有）。集体所有制的水平也有不同，例如人民公社的所有制是三级所有，队为基础。1958 年人民公社开始时，是以公社为基础，实际上"一平二调"，往往还超乎公社；后来改为大队为基础，最后才改为队为基础。"文化大革命"时期，又出现所谓"穷过渡"。过去的问题是往往过分强调"一大二公"，越大越公越好，不符合或超过了生产力发展水平。公社化时期和穷过渡等，毛病就出在这里。还有，在某些领域里必要的个体经济消取得太快了。生产资料的个体所有取消太快，对满足人民生活不利。一切社会一个共同的经济规律是生产关系要适合生产力发展水平。但这并不是说要取消生产资料公有制。绝不能倒过来，走另外一个极端，认为生产资料私有制更好。马克思主义认为，生产必然会不断社会化，生产资料不是由个体劳动者占有和使用，而是大家共同使用，而且越来越如此。工厂和农村都是如此，农村随着生产的发展，大家共同使用拖拉机、水泵等。社会化大生产，生产过程大家来参加，生产出来的成品很难说是哪一个人的，是大家共同劳动的产品。生产社会化是必然的，因此，生产资料公有制最后也是必然的，公有制的水平不断提高也是必然的。生产资料的公有制或私有制是社会主义与资本主义的根本不同，但是不能走极端，认为越大越公越好。要从两方面来考虑，公有制水平太高了，要压下来。但从长远来看，还是要提高，因为生产社会化要不断发展，生产关系要符合生产力的发展。

2. 关于按劳分配。过去也有毛病。主要方面是"左"，绝对平均主义，吃大锅饭，不是真正的按劳分配。现在农村中把报酬与产量联系起来，实行联产计酬，搞生产责任制，就是为了更好地实行按劳分配。不能"干不干，二斤半"，都一个样。工厂里基本工资以外发给奖金，也是和产量、质量相联系。所有制是与按劳分配密切相关的。不同水平的公有制，使按劳分配在大小不同的范围里进行。条件不同的两个生产队因为土地等条件不一样，就不可能完全按劳分配。可以缩小一点差别，但不能拉得那么平，否则劳动者就会对产量不怎么关心；要通过物质刺激，使劳动者关心自己的产品。按劳分配与生产力水平和人们的思想水平是密切相关的。要不断提高生产力水平和社会主义的思想觉悟。按需分配，要到共产主义社会才实行。但是在思想意识方面，要逐步朝这个方向走，过去有过头的地方要调整，但是方向不能动摇。不能以"人人为己"来否定社会主义方向，用资本主义方向取而代之。在实行按劳分配时鼓励不计报酬的为人民服务的思想，这是长远的方向。

3. 关于计划经济。过去有过分强调高速度、高积累的毛病，计划管理太死，不适当的集中，结果对生产并不有利。资产阶级经济学鼓吹"人人为己"，通过市场可以取得最好的经济效果。资产阶级经济学的老祖宗亚当·斯密说过，市场是一只无形的手，每个人都在为自己，但是通过市场取得了最好的效果。1776年出版了他的《原富》，18 世纪之时资产阶级的学者还进行过一些科学分析。所以马克思也吸收了古典经济学的某些有益部分，成为马克思主义三大来源之一。到 19 世纪后半期，奥地利学派等鼓吹"人人为己"的市场经济取得最大经济效果，完全以替资本主义制度辩护为目的，成为马克思所说的资产阶级庸俗经济学。20 世纪 30 年代爆发资本主义世界经济大危机，上述理论显然不灵，于是出现了凯恩斯主义，提倡搞一点国家干预的理论。但仍然鼓吹自由经济、市场经济是最合理的。里根去年在坎昆会议上还大肆兜售这一理论，要发展中国家仿效，受到我们的驳斥。解放前，市场经济，民不聊生；解放后，农业集体化，中国只有世界耕地面积7%的耕地，却提供了占世界人口1/4的粮食需要。这是很大的成就。没有社会主义能行吗？我们并不否认工作中有缺点、错误，但是要看大的方面。

资本主义经济理论认为，市场经济通过自由竞争和价格的自由波动，既能使生产符合于需要，又能使生产取得最大的经济效益。如果某种消费品供不应求，价格就会上涨，生产就会增加；如果供过于求，价格下跌，生产就会减少。生产资料的生产也通过市场，资本家进行成本核算，按利润的多少决定如何组织生产。例如，生产某种产品，燃料既可用煤，也可用石油，究竟用石油，还是用煤，决定于两者的价格，如果存在着自由竞争，用我们的话说，存在着等价交换，那么，按照市场价格组织生产，就能以最少的劳动，获取最大的效益。

这套理论的主要毛病有：首先，这是以"自由竞争"为前提的。但是，资本主义生产的发展不可能停留在自由竞争的基础上，在自由竞争时的等价交换，到垄断阶段已不可能实现。垄断价格和非垄断价格之间，必然是不等价交换；按市场价格，也就不可能组织有效的社会生产。当代，垄断已不仅存在于一个国家内部，已经形成了国际性的，超出了一个国家，因此许多问题要从这一角度来考虑。如列宁所指出的，发展到帝国主义阶段生产集中和垄断，世界市场已经瓜分完毕，有一部分成为帝国主义国家，一部分成为殖民地和半殖民地。垄断是必然趋势，自由竞争已不可能。那么采取一些措施，如实行反垄断法等是否有效呢？也不可能。因为社会化大生产要求高度集中，再采取分散措施，是一种倒退。而且在生产资料私有制的基础上产生的政权就是垄断资产阶级操纵的，它也不可能去反垄断。因而大垄断是必然的。

其次，无政府状态，盲目生产。即使在自由竞争下，市场经济也是通过价格的波动实现等价交换的，如果某种商品价格上涨，利润增加，资本家就会拥入这一部门大量投资，当生产能力提高后，往往产生供过于求，因此周期性经济危机不断出现。垄断大企业是否能有一点预见性防止盲目生产呢？也有一点，但垄断并不能完全排斥相互之间的竞争。一个行业中往往有几个大垄断企业，例如美国三大汽车公司，西方七大石油垄断组织等，非但不能防止无政府状态，相反加强了这种状况，因为各垄断组织都力图维持和增加自己在市场上的份额，明知大家都大量投资，必然会出现供过于求，但也不得不干。这在历次投资过程中表现得非常明显。

当然，我们不能说资本主义社会没有发展，资本主义社会，特别是第二次世界大战后，曾经有过迅速无比的发展，达到了前所未有的发展速度。列宁早就说过，不排除它在某些时期、某些部门有极其迅速的发展。斯大林否定了这一点，但列宁是对的。垄断情况下也可以发展，无政府状态下也可以发展，而且可以发展得很快，但是在经济危机不断发生和垄断不断加强的情况下发展。一部分垄断加强，另一部分破产，所以两极分化严重。

我们不能承认那一套"人人为己"的理论，把市场经济说得神乎其神，说成是最好的经济制度。其实，绝大多数资产阶级经济学家也都不得不承认这种理论的缺陷。就是凯恩斯主义，通过市场进行国家干预，发展国家垄断资本主义的一套，也已日益不灵。里根政府搞的那一套，表面上似乎反对国家干预，更多依靠市场，其实是更直接地为垄断资本服务，通过"劫贫济富"的方式，更利于垄断资本获取利润。

资产阶级市场经济的理论并不是完全没有合理成分。它的合理成分在于：合理组织生产必须符合于价值规律，也就是符合于等价交换。价值取决于社会必要劳动量，各种商品按照它的价值互相交换，就是等价交换，也就是价值规律。在自由竞争的条件下，等价交换是通过市场，通过价格的自由波动，而勉强实现的；但等价交换并不一定非通过市场不可。在生产资料公有制保证下，也有可能通过计划经济，合理计算各种产品的必要劳动量，规定价格，从而实现等价交换，而又避免市场经济的无政府状态和垄断的弊端。计划经济要充分运用价值规律，不要把二者对立起来。社会主义计划经济的产品有很多必须通过市场，例如绝大多数的消费品就是由消费者在市场上购买的，而不是配给的；但消费品的价格绝大部分是计划规定的，并不在市场上自由波动。生产资料过去用计划调拨的办法，不通过市场，但即使通过市场，价格也要由计划规定。当然，实际上计划管不了那样多，没有可能通过计划规定千千万万商品的价格，使它们符合于等价交换，因此有些商品，让价格有一定波动，像自由市场上价格的波动，可以调济供求，以便使生产的组织更为合理，更能取得最大的经济效益。因此，要以计划经济为主，市场调节为辅，总的通过计划实现等价交换（价值规律）。现在是商品经济产品要交换，要运用价值规律；就是到了共产主义社会，没有商品了，按需分配，产品只具有使用价值，而不具有商品价值，在组织生产时仍然还要考虑价值规律，进行经济核算，这和究竟用煤好还是用石油好道理是一样的。那时的计划经济比现在还会更为严格、合理。总之，我们要很好利用价值规律，发展生产，调济需求，绝不是东西一缺、价格低了，就提高一些，这不是真正运用价值规律。计划经济是社会主义的一大特征，要坚持搞计划经济，毫不动摇，要尊重和利用价值规律，执行计划经济为主、市场调节为辅的方针，而不是用市场经济代替计划经济。

价值规律也不应该同国民经济有计划按比例发展的规律对抗起来。

究竟按什么比例发展，同价值规律密切相关；当然，也不是完全由价值规律决定的。

关于马克思主义的再生产理论，在 $C + V + M$ 的公式中：

C 为不变资本，V 表示可变资本，M 表示剩余价值，$V + M$ 表示活劳动，一部分用工资支付给工人。从一国整个生产说，$C + V + M$ 为总产值，$V + M$ 为国民收入。

必要劳动分为两部分，除机器、原料等物化劳动 C 外，还有活劳动 $V + M$。

第 I 部类　生产资料的生产——$C_1 + V_1 + M_1$

第 II 部类　消费资料的生产——$C_2 + V_2 + M_2$

保持原来生产水平不变，维持简单再生产时，生产资料的生产应刚好是以补偿消耗掉的生产资料，所以 $C_1 + V_1 + M_1 = C_1 + C_2$

$V_1 + M_1 = C_2$　这就是马克思简单再生产的公式。

而扩大再生产公式则为　$C_1 + V_1 + M_1 > C_1 + C_2$

$$V_1 + M_1 > C_2$$

由此可见，要扩大再生产，必须有一定积累，吃光、用光，便不能扩大再生产。生产发展要快，就要有较多积累。可是过高的积累会影响当前的消费，影响劳动者的积极性。过去我国是高积累，最高积累率接近 40%，1978 年还接近 37%。因此必须压低，可是压得很低也不合适。资本主义国家如日本等国积累率也很高。就我国情况简而言之，要扩大再生产，就是陈云同志所说的，先要保证吃饱，但又不能吃得太好。

优先发展生产资料的生产是不是一条普遍规律？这是列宁提出来的，应该认为，这是一条普遍规律，因为一般来说，劳动生产率的提高有赖于资本有机构成的提高。资本的有机构成，即不变资本与可变资本的比例，以公式表示为$\frac{C}{V}$。只有生产资料的生产优先发展才能符合有机构成提高的需要，即生产资料生产发展速度要超过消费资料生产的速度。当然现实情况中，资本有机构成的提高，并不一定导致劳动生产率的提高。不是所有$\frac{C}{V}$的提高都带来劳动生产率的提高。例如投资太多、时间太长、浪费大的胡子工程，就不产生应有的经济效益。相反效率很低。结果，C很大，但大部分浪费掉了，劳动生产率并没有提高。我们现在压缩投资，就是要消灭或至少减少这种浪费，不要因此而否定生产资料优先发展的规律。

优先发展生产资料的生产和农、轻、重的发展顺序有无矛盾呢？农、轻、重的安排顺序和生产资料、消费资料生产的划分不一样，是两个范畴。从速度上要优先发展生产资料的生产。在投资安排时要首先考虑农业轻工业，保证生活水平逐步有所提高，然后再考虑积累。一般说来，农业发展速度不能超过工业发展速度。但是首先要考虑农业、轻工业，"民以食为天"，先要吃饭，饭基本上从农业来，消费品主要靠轻工业提供。

低工资、低物价、高补贴，高工资、高物价、取消补贴，究竟哪一种办法较好？从等价交换的角度，当然能取消补贴最好。但按比例发展，光靠价值规律安排不行，不大可能完全做到等价交换。由于历史原因，我国工农业产品长期存在不等价交换，只能逐步消除。搞补贴确实产生很多毛病，但是马上取消补贴，很容易发生物价上涨和通货膨胀。现在农民有钱愿意存起来，要是物价不断上涨就会把票子拿出来买东西。解放前通货膨胀，人们扛着几麻袋钞票上街买东西的情景，恐怕许多上年纪的人还记忆犹新，那时我国曾是世界上通货膨胀最严重的国家。这些情况均应考虑到。提高了工资不搞补贴，必然造成通货膨胀。我们现在拿出补贴费用占预算的1/3，约三百亿。将来当然还要靠发展生产，增产节约，提高劳动生产率，提高经济效益、降低成本，才能逐步减少国家的补贴。当前我国的经济形势很好，但是财政赤字也不小，预算赤字数字还不包括国库券和外债，所以还是比较严重的，潜在性危险没有消失。一定要紧缩开支，杜绝浪费和打击经济方面的走私犯罪活动。

最后，再强调一下，调整、改革非常必要，但必须坚持社会主义道路。要划清资本主义经济学和社会主义政治经济学的界限，划清社会主义道路和资本主义道路的界限。所谓"四个小老虎"的道路是不可取的。计划在垄断资本的手中只能为垄断服务。我们现在有完整的经济基础，政权在劳动人民手中，三十多年的建设成绩很大，我们自己能生产飞机发动机（台湾就不能自己生产），工业有一定的完整基础，今后要总结经验教训，更有效地利用外资和内资，把经济工作做好，而且要特别防止腐化堕落，否则社会主义计划经济趋同于资本主义自由经济，那国家就真要变颜色了。

以上意见，很可能有不妥当的地方，欢迎大家提出来讨论、批评和指正。

（1982 年 4 月 16 日）

美苏争夺世界霸权的斗争

一 第二次世界大战期间和战后初期美苏争夺的情况

苏联人民在反法西斯斗争中作出了非常大的贡献，斯大林在这方面也有很大的功绩。但在战争期间以至战后的初期，苏联的大国沙文主义也有严重的发展。突出表现是参加大国的交易，即美、英、苏三大国的交易。对战后的国际政治体系，它们作了有利于自己的安排，即所谓雅尔塔体系。战争期间，苏、美、英三国首脑举行了几次会议，对战争的进程采取了共同的立场和共同的办法，同时也企图对战后国际政治体系作出一定的安排。最重要的几次会议是：1943 年 11 月的德黑兰会议。1945 年 2 月的雅尔塔会议、1945 年 7—8 月的波茨坦会议。在这些会议上，决定了战后的各国疆界，在一定程度上划分了势力范围。苏联通过战后的安排取得了其他国家的领土，以及在其他国家中取得了一定的特权。譬如说，取得了芬兰的一部分领土，波罗的海的三个国家立陶宛、拉脱维亚和爱沙尼亚并入了苏联，取得了波兰一部分领土、罗马尼亚和捷克斯洛伐克的一部分领土和日本的北方领土。对外蒙、中国的大连旅顺和南满铁路，苏联都取得了一定的特权。对东欧社会主义国家的建立，苏联起了很大的作用。但在战后初期，苏联力图控制这些国家，干涉了这些国家的内政。这表现为对南斯拉夫，也表现为 1948 年以后清除东欧国家中的所谓"铁托分子"、"民族主义者"、"反苏主义者"的事件。

产生这种大国沙文主义的原因，一方面是沙皇俄国时期的扩张主义的残余，另一方面也是以狭隘民族利益代替了无产阶级的国际主义。这突出表现在当时斯大林的"战略据点"的理论。斯大林在德黑兰会议上提出，必须占领最重要的战略据点，不让它们落在德国手里。不仅要在欧洲，而且在远东也应该占领这样的据点，使日本也不能重新发动侵略。这就是说，在防止德日重新发动侵略战争的口实之下提供一种理论：苏联和其他大国有理由占领其他国家的战略据点。另一原因就是低估了世界上各种革命力量的作用，特别是民族解放运动的作用，因此，强调了大国之间的安排。

当时的国际形势和英美的战略对苏联的战略方针也有一定的影响。战争期间，英美一方面要求苏联承担对德战争的主力，承担战争的主要负担，迟迟不开辟第二战场，同时又要求苏联在战胜德国法西斯以后迅速开展对日本的战争。英美既要求苏联承担战争的最大的重担，又要限制苏联对其军事力量已达到的或可能达到的地区的控制。所谓"战略据点"论，实际上是丘吉尔提出来的。丘吉尔在德黑兰会议上首先提出了战略据点的论调，其用意是允许苏联在战后取得战略据点和特权，以此换取苏联坚持这场战争，并承担战争的主要责任和主要负担。势力范围的划分也是丘吉尔在 1944 年 10 月访问苏联的时候首先明确地向斯大林提出来的。丘吉尔提出在几个地区划分势力范围。如在希腊，英国的势力在战后要占 90%，苏联占 10%；在罗马尼亚，其他国家的势力占 10%，而苏联占 90%；在南斯拉夫和匈牙利双方势力各占一半；在保加利亚则是 25% 对 75% 。这些意见一方面是要苏承担战争的责任，另一方面也是要限制苏联，即苏联军事力量已达到的某些地区，也还要保持英国和其他国家的一定势力。

关于把中国的大连作为自由港的问题，是罗斯福在德黑兰会议上首先向斯大林提出来的。当时斯大林回答说："中国人恐怕不喜欢这种方案。"罗斯福说他很有把握，他认为蒋介石是不会反对的。他这样说是有根据的。在德黑兰会议之前开了一次开罗会议。这是英、美、中三国会议，丘吉尔、罗斯福和蒋介石参加了这次会议。在开罗会议上，蒋介石向罗斯福提出：战后中美两国的军事基地都可供另一方使用。当然，美国的基地供蒋介石使用是荒唐的，实际上是中国的基地供美国使用。蒋介石当时明确提出旅顺可供中美两家共同使用。罗斯福在德黑兰会议上提出这个问题的目的是，在欧战结束以后要苏联立即参加对日本的战争，同时也希望苏联不要在中国大规模地扩大其势力范围。关于外蒙古和唐努乌梁海问题，也是在开罗会议上罗斯福向蒋介石提出来的。他问蒋：这些问题究竟怎样？将来会怎样？蒋说：这些问题将来要同苏联谈判解决。1945 年波茨坦会议时，正是苏联参加对日战争的前夕。会议之前和会议期间，宋子文到莫斯科去谈判，说要维持外蒙古的现状。这完全是根据美国当时的要求做的。蒋介石主要考虑的不是要苏联参加对日战争，而是要限制苏联战后在中国内战中所起的作用。因此，国民党同苏联达成协议后，蒋介石欣喜若狂，甚至向美国当时的驻华大使赫尔利说：苏联已答应支持中国国民政府。美英当时这些做法对苏联的态度也产生了一定的影响。

战后初期，美国在经济上和军事上都占绝对的优势，因此对雅尔塔体系的安排是不甘心的，这种情况在波茨坦会议上已经开始有所表现。这次会议是在苏联参加对日战争之前召开的，但美国当时已经表现出要对过去雅尔塔会议上对苏联的承诺作出限制。战后杜鲁门政府很快便提出了"遏制"政策，艾森豪威尔和杜勒斯时期又提出所谓"推回"政策，即从英法原来的殖民势力范围把苏联的势力推回去。这在中东表现得特别显著。在这个时期，苏联在第二次世界大战中所达到的地方，没有能够维持一个对苏联有利的政治形势。例如在伊朗，当时苏联和伊朗签订了一个开采石油的协议，这个协议比伊朗和英国订的协议要好得多。协议签订以后苏联就撤军了，撤军以后伊朗便撕毁了协议。又如在中国，苏联军事力量撤出以后，同意把东北行政权交给蒋介石的国民政府。1955 年，苏联签订对奥和约后也从奥地利撤军了。由于当时力量的对比，苏联不得不从它的军事力量到达的地方有所撤退。这是第一个时期的情况。

二　50 年代中期至 60 年代末期美苏争夺的情况

1956 年 10—11 月，发生了波匈事件和苏伊士运河事件。这两方面的事件在战后美苏争夺当中起了相当重要的作用，也标志着一定阶段性的变化。波兰事件和匈牙利事件不完全一样，外部力量的因素所起的作用有很大的不同，但是，都有反对苏联控制的一面。苏伊士运河事件是埃及对抗英国、法国和以色列的事件。美国在这当中夺取了英法的势力范围，从而导致了英美之间严重的矛盾。当时美国有一部分人向苏联提出分界的主张，即两家分界而治：有关东欧的问题西方不插手，但有关中欧以西那方面的问题，苏联也不要插手。这样的主张，赫鲁晓夫欣然同意了。在这以后，特别是在 1959 年赫鲁晓夫与艾森豪威尔会谈之后，赫鲁晓夫一再强调美苏两家合作主宰世界，说什么如果有人敢动一下，美苏两家用手指头点一点，他就不敢动了。当时苏联强调星星之火可以引起大战的爆发。这明显地是在压制反帝斗争，压制第三世界民族主义国家反对美国的斗争。有人认为，当时赫鲁晓夫对其他社会主义国家还是作出一些让步的。如波匈事件后，苏联于1956年10月30日发表了一个声明，承认苏联过去在同其他兄弟国家的关系中犯了一些错误，而且还放弃了一部分特权，其中也包括同中国的关系在内。但实际上这完全是在当时形势下被迫作出的让步。在这以后，它就加强在社会主义阵营内部的控制，而且往往是跟美国和其他帝国主义国家相勾结来加强控制的。1958年赫鲁晓夫向中国提出建立共同舰队和长波电台，遭到中国的拒绝。1959年，它撕毁了关于国防新技术的协定。1960年撤退了专家和撕毁合同。1962年在新疆地区进行大规模的颠覆活动。1963年同美英签订部分禁止核试验条约，企图限制中国试验和发展原子弹，以及1969年的珍宝岛事件。这一系列的做法是有它的必然性的。对于其他社会主义国家也是这样。1968年苏联出兵捷克斯洛伐克，公开提出所谓"有限主权论"，所谓"苏联不会拱手让出革命的成果"，军事干涉是"苏联的阶级义务"，等等。实际上，这就是说，其他社会主义国家的主权是有限的，要允许苏联进行干涉。1962年古巴导弹事件也表明了这一点。当时美国还有力量，能够继续对苏联进行恐吓，迫使苏联不得不从古巴撤退。古巴导弹事件以后，苏联就开始了大规模的扩军备战，特别是加强战略核力量。美国在这个时期陷于越南战争。第三世界的民族解放运动也是对美国的严重打击。美国当时的势力范围是最大的，它的实力已难以维持这样大的势力范围。力量对比已发生很大变化。这时期苏联的大国沙文主义逐渐地发展为霸权主义。

大国沙文主义和霸权主义之间既有必然的联系，又有本质的区别。斯大林后期已有严重的大国沙文主义，三大国决定问题，进行划分势力范围的安排。但当时苏联主要是从保障苏联安全出发考虑问题的。当然，斯大林当时也有对形势估计不足的错误。对此斯大林后来是作了一些自我批评的。到赫鲁晓夫时期，苏联领导集团竭力加强对社会主义国家的控制，同时又对民族解放运动进行遏制，利用民族解放运动作为同美国争霸的筹码。在大国沙文主义逐步发展为霸权主义的情况下，在力量对比发生变化的时候，苏联霸权主义必然进一步发展为和美国争夺世界霸权。这就到了第三个时期，即70年代的时期。

三　70年代美苏争夺的情况

这时期美苏双方力量对比无论在经济上还是在军事上都已发生了显著变化。在经济方面，苏美都强调本身经济力量的强大，而在军事方面双方却都有点"谦虚"的精神。实际上到70年代苏联在军事力量方面确实是大大改变了美国占优势的局面。

在经济方面，根据美国官方的估计，苏联国民生产总值在1960年只是美国的46%，到1965年增加到48%，1970年增加到53%，已达到美国的一半以上，1975年又增加到59%，而1980年是54%。苏联自己估计：苏联国民收入1950年相当于美国的31%，1957年是50%，1965年是59%，1975年是67%，最近发表的数字1980年仍为67%；苏联工业总产值1950年相当于美国的30%，1957年增至47%，1965年增至62%，1975年增至80%，1980年是80%以上；农业总产值（按前五年的平均数计算），1950年相当于美国的55%，1957年是70%，1965年是75%，1975年和1980年是85%。无论是苏联的估计还是美国对苏联的估计，都明显地表明，到70年代中期苏增长速度一直是高于美国的，在重要工业产品中有些已超过了美国，如石油、钢等都是在这个时期超过美国的。但直到现在为止，苏联的经济力量还是大大低于美国的。双方估计都有些偏向。但总的来说，苏联的经济力量相当于美国的 60% 的样子。在经济效益、技术方面，苏联都还落后于美国。钢产量虽高，但在使用当中有很大的浪费。苏联的劳动生产率也大大低于美国。根据苏联自己的估计，它的工业劳动生产率只相当于美国的 55% 或稍多一点，它的农业劳动生产率却只相当于美国的 20%—25%。

苏联把自己的经济力量大量地集中使用于军事方面。根据西方估计，从 1972 年起苏联的军费便超过了美国。苏联国民生产总值在 70 年代初期有 11%—13% 用于军事方面，70 年代后期有 12%—15% 用于军事方面，而美国的相应数字大体是 6% 左右。苏联在军事力量对比方面，不仅常规力量超过了美国，而且战略、核力量也逐渐地和美国取得了均势。正是在这种力量变化的情况下，尼克松提出了尼克松主义，准备进行一定的收缩，强调把对抗变为谈判。这一方面反映西欧、日本和美国的竞争大大加剧了，美国经济实力地位的优势相对地有所削弱；另一方面，也反映了美苏力量的变化，美国更需要联合其他力量以对付同苏联的争夺。美国在越南失败以后，1975 年在欧安会上正式承认战后雅尔塔体系所规定的苏联的疆界，承认苏联在东欧的势力范围。这就是说，联邦德国在 1970 年提出的东方政策，即承认战后苏联的边界，把民主德国的一部分土地割给波兰，作为苏从波兰割去的一部分领土的补偿，以及同年联邦德国同苏联、波兰就上述问题达成的协议，在 1975 年的欧安会上得到了正式承认。这也表明这一时期力量对比发生了变化，两霸争夺的形势发生了变化。

1975 年以后，苏联更大规模地进行扩张：1975 年在安哥拉，1977 年在埃塞俄比亚，1978 年在南也门，支持越南侵略柬埔寨，

1979 年底直接入侵阿富汗。阿富汗事件表明：苏不仅在原有的势力范围内加强控制，而且还在原有势力范围之外进行侵略扩张。毛主席当时指出："美国有海外利益要保护，苏联要扩张，这个没有法子改变。"这是一个很精辟的论断。

四　当前美苏双方力量的对比和今后的前景

最近一二年来，出现一些新的情况。例如，中东的形势，美国利用以色列侵略黎巴嫩，巩固了美国在中东的地位，苏联对此没有作出有力的反应；在波兰和阿富汗，苏联的困难显然增加了，包袱加重了；苏美经济力量的对比及其发展趋势，最近几年不像过去那样有利于苏联；美国在里根上台以后也在加紧扩军备战，军事力量对比也不像过去那样有利于苏联。苏联确实有许多困难，如阿富汗问题一时还不能解决，有些消化不良。波兰属于苏联的范围，但波兰事件主要是由于国内因素，而不是由于外力产生的，不是美国和西方的外力造成波兰事件的。如果波兰事件发展到无法控制的地步，苏联是会采取更强硬的措施的。在这种情况下，美国除采取一些经济制裁以外，不会有什么大的作为。因此，还不能说总的形势发生了什么变化。苏联现在还没有收缩的样子。

今后会怎样呢？今后力量对比的发展趋势又会怎样呢？从经济上看，近年来，苏联的经济增长率显然是下降的。根据苏联自己公布的数字，国民收入的增长率是减缓的：50 年代增长率是 10%，60 年代是 7%，70 年代是 5%。近年来增长率继续下降：1981 年国民收入只增加了 3%，而 1982 年则只有 2%。美国对苏联经济增长率的估计：50 年代是 9%，60 年代是 5%，70 年代是 4%，1979—1981 年平均年增长率是 2% 以下。根据苏联自己的估计，苏联的国民收入和美国相比，从 1975 年到 1980 年没有变化，一直是美国国民收入的 67%，根据美国的估计，苏联国民生产总值和美国相比，1975 年到 1980 年还有所下降：1975 年是 59%，1980 年是 54%。很明显，苏联的经济增长率确实是下降的。从 1975 年和 1980 年这两年看，苏联不如美国。但在这方面有几个问题是需要注意的：1975 年是美国经济危机严重的一年，是生产下降到最低点的时候。在这种情况下，苏联占美国的百分比比较多。这是一种特殊的现象。危机年以后，苏联占美国的百分比有所下降，这也是正常的。过去也有过这种情况。因此，还不能由此得出结论说，美苏经济增长的趋势今后一定会不利于苏联。从前景看，苏联增长率下降是有其根源的，而且有些根源是难以逆转的。首先是劳动力的原因，即劳动力的增长不如以前快了；还有资源开发的原因，即资源开发不如以前容易了，特别是石油；也有经济体制方面的原因。苏联的体制有些是斯大林时期遗留下来的。过分的集中、管理的僵化、对农业的不重视，这些方面赫鲁晓夫和勃列日涅夫都做了一定的改革，也收到了一定的成效。从现在经济增长率下降的趋势看，收效都不大，在科学技术发展上没有取得显著的成效。苏联为了争夺霸权大规模地扩军备战，把国民开支的很大部分用于军事方面，自然也影响了经济的增长。这里涉及苏联是不是社会主义国家的问题。有些同志认为，苏联既然是霸权主义国家，它就不可能是社会主义国家；如果是社会主义国家，那它也就不可能是霸权主义。我认为，恐怕不完全是这样。即使它基本上还是社会主义国家，也有可能推行霸权主义。因为到目前为止，世界上还没有纯粹的理想的社会主义国家。大国沙文主义或是狭隘的民族主义都可能发展成为霸权主义。现在，苏联要想扭转它的经济增长率下降的趋势，是比较困难的。但是，也不能过分强调苏联经济的困难，应看到苏联的经济基本上还是能够稳定地增长的，其政治体制也还能维持大规模的军费。在这些方面，美国就不同了。很难说美国能维持经济的稳定的增长。美国的经济增长率也在下降。美国在50—70年代这20年间，经济发展速度是比较快的，在它的历史上也是少有的，经济增长率接近5％，尽管还低于苏联，但就美国本身来讲，这是少有的20年。从当前情况来看，这样快的增长在美国已是过去了。在美国，通货膨胀和生产停滞并存的局面，即滞胀局面在今后相当长的一个时期内是难以改变的。从1979年至1981年，美国出现两次危机，当前危机还没有过去。1981年美国经济增长是负数，是下降的。总的来讲，美苏的增长率的差别可能要缩小。因此，美苏经济增长率差距有利于苏联的改变可能要比过去缓慢一些。但苏联的生产率的增长在今后一个相当长的时期内可能还要比美国高一些。譬如说，苏联的增长率可能接近3％，而美国可能更接近于2％。当然，在这长时期中的每一个具体时期，情况不一定这样。

在军事方面，当前苏联在常规力量上，如兵力、坦克、飞机、潜艇、大炮等方面的数量显然比美国多。美国在飞机的性能、大型的舰只即航空母舰占有一定的优势。一般公认，在常规力量方面，苏联占优势。在战略核力量方面（所谓战略核力量，是通过远程运载工具向对方进行核打击的力量，其中包括以陆地为基地的洲际导弹、以海洋为基地的远程导弹，远程飞机等），导弹的数量，特别是以陆地为基地的核导弹的数量，导弹所能运载的当量，苏联大于美国；在弹头的数量、以海洋为基地的核导弹方面，在远程轰炸机方面，美国大于苏联。在技术方面，精确性方面，美国占有优势，但苏联在很快地追赶。一般认为，在战略核力量方面，双方大体相当。在1962年古巴导弹危机时期，美国还可以凭借其导弹的优势，迫使苏联撤走导弹。现在不行了，甚至对用战略核导弹作为欧洲的核保护伞，也没有多少人相信了。因为美国不可能一次解决苏联的导弹，你打过去，他还可以打回来嘛！美国是否会牺牲本土，来保护别的国家？这也是没有人相信的。总之，双方力量对比发生了很大变化。美国还有很多以海洋为基地的核力量。这些是不易侦察到的。因此，苏联也没有第一次打击力量，即一次把美国的核力量全部消灭掉的力量。美国还保持着第二次核打击力量。但在战略核导弹方面，已造成了大体的均势状态。战区核力量，包括有中程、短程的核导弹、核弹炮、飞机（中程、短程的轰炸机）。中程力量方面，苏大于美国，特别是在欧洲苏已有了 SS－20 中程导弹，还有旧一点的 SS－4、SS－5 中程导弹，而美国在这方面还没有相应的武器。美国准备到 1983 年底开始在欧洲部署新的中程导弹，即潘兴 II 式导弹，以陆地为基地的巡航导弹。这些都还在试验当中，要到 1983 年底才能开始部署，而且这还牵扯到美国和欧洲盟国的关系问题。在短程力量方面，其中包括短程核导弹和核弹炮等，美国多于苏联。总的来讲，战区核力量，苏联可能多少占一点优势，特别是在欧洲，在北约和华约相峙的地方。西方估计，苏联在军事上的相对优势到 1985 年时将会达到顶峰。因为苏已有相当时期的扩军备战的势头，美国还刚刚开始追赶，而且 1985 年以前苏联相对优势还可以扩大，到 1985 年时苏联的优势会达到顶峰。因此，西方有人认为，从现在到 1985 年是爆发大战可能性最大的年份。这不一定。因为决定战争爆发的还要有其他很多因素。里根上台后强调扩军备战，并规定了扩军备战的较大规模的计划。这个计划需要一定的时间才能实现。

总之，就相当长的一段时期内，苏美攻守的态势，每一个具体时期还需要作具体分析。

五　我国在美苏争霸中的战略和策略

最近一二年来，就中美关系来说，由于美国向台湾出售武器，中美关系一度有些紧张。1982 年 8 月 17 日，中美发表了共同的联合声明，美国承担了义务，要逐步减少以至停止向台湾出售武器。在执行当中究竟如何现在还很难说。我国在和美国的关系中拉开了一定的距离。在中苏关系方面，最近两国副外长进行了磋商，原外长黄华同志去苏联参加了勃列日涅夫的葬礼，并发表了对记者的讲话，表示出对苏关系有一定的松动。在这种情况下，有同志提出，我们在美苏争霸当中的战略是不是又有所变化？

我个人认为，在整个这段时期里，我国反对霸权主义、反对两霸的战略方针始终没有变化，各个时期的侧重则是以我们对国际形势、对美苏争霸的态势的分析作为依据的，是以我们对三个世界的战略划分、以苏美攻守的态势作为依据的。

在反对霸权主义的斗争中，要防止执行当中的偏差，有时反对苏联霸权主义时，反对美国霸权主义就不那么有力；有时也有以苏划线的现象；有时又有点不加区别，如过去对伊朗的国王，对埃塞俄比亚的老皇帝。还有一些第三世界的国家，由于它们的处境仍以美国作为主要的反对对象，以致借用苏联的力量来反对美国，我们为此对它们民族解放运动的正义斗争支持不力，如过去对尼加拉瓜、萨尔瓦多。也有这种情况：我们在反对美国时一定要拉上苏联，而且还要把苏联放在前面，有时就显得很勉强。例如在南北的问题上，在建立国际经济新秩序的问题上，主要矛头应对着美国，当然也有反苏联的一面，而我们有时片面强调反苏联的一面，甚至强调到超过美国的程度。这些都是我们在执行当中的偏差。

在反对霸权主义的斗争中，更重要的是对形势的估计。首先是对战争危险的估计。假如说，我们估计战争迫在眉睫，"燕子低飞，天要下雨"，那么我们就要联合一切可能联合的力量对付最危险的敌人。现在从总的情况看，战争还不是迫在眉睫。但是，这需要世界和平力量的联合和努力斗争。所以尽可能团结第三世界和第二世界更多的国家，反对两霸、反对来自任何方面的霸权主义。目前总的形势没有变化，但苏联的困难在增加，它的攻势有所削弱。美国在里根上台后采取的一系列政策，在许多方面损害着第三世界国家的利益。例如，在中东、拉美、建立国际经济新秩序等问题上，美国的政策更加僵硬，更加不利于第三世界，更少考虑到第三世界的要求。对我国也是这样，里根一上台就要把与台湾的关系提高到官方的关系，以更新式的武器供给台湾。只是在我们的强烈斗争下这股气焰才有所收敛。

一年来，我们的对外政策在这方面有所调整，但不能由此全盘否定过去的政策。如果前一阶段没有形成强有力的反苏力量的话，那么就很难设想现在为什么苏联会一再提出改善中苏关系。另外也应注意这种调整是有限度的。我们不是搞等距离，不是玩牌，而是根据对形势的估计和我们的需要确定我们的战略和策略方针的。这样的方针使我们处于更加灵活和机动的地位，以应付各种可能。我们国家斗争的总目标，就是要削弱两霸的控制和两霸在全世界的霸权，使更多的国家，特别是第三世界真正地取得政治和经济的独立，这是维护世界和平的最重要的保证。近两年来反霸斗争已有明显的发展。两霸左右世界局势、控制自己势力范围的能力都有显著的削弱。我们和苏联的磋商也是与苏斗争的一种手法。我们在磋商中向他们明确提出：在边界撤兵、在阿富汗撤兵、促使越南在柬埔寨撤兵。这都是反对它的霸权主义，而且把柬埔寨问题放在首位。这三条无论实现哪一条，对整个反霸斗争都有利。我们的对外活动更加机动灵活，整个棋走活了；在这种调整的情况下，当然也需要我们有更高的斗争艺术，更好地掌握限度和分寸。只要我们真正按照十二大报告提出的坚持独立自主的对外政策，依据长远的全面的战略，不迁就一时的事变，不受任何人的唆使和挑动，坚持反霸斗争，就完全有可能实现我们的总目标，即争取一个长期的和平国际环境，为我国的四化建设服务。

（1982 年 11 月 27 日）

世界经济和政治形势与中日合作

去年年会以来，世界大多数地区经济形势在不同程度上有所好转，但展望前景，还存在着重重困难；国际政治形势继续动荡不安，但从紧张局势中，却也透露出一些新的希望。近来，在中国，人们常用"抓住机会，迎接挑战"一词，作为争取美好未来的口号。这一口号似乎同样可以适用于当前的世界经济与政治形势。当前的世界经济与政治形势确实向我们提出了严峻的挑战，但也向我们提供了有利的机会。为了中日两国和世界的和平和繁荣，很有必要"抓住机会，迎接挑战"！

一

1983 年，西方绝大多数国家先后转入经济回升，美国经济回升的速度还超过了年初时的预期。与此同时，物价上涨率也大多保持在较低的水平。估计原油价格在相当一段时期内还会保持相对稳定；危机期间被压低的原料价格和实际工资，今年年内也还不会有很大上涨。因此，大多数西方国家今年还可能继续保持比较稳定的经济增长。

但是，各国的财政赤字仍旧十分庞大，特别是美国的财政赤字问题仍旧十分严重。这就使实际利率难以下降，使大规模的固定资本投资高潮难以出现，使各国政府运用财政或货币政策影响经济进程的活动余地更加有限。而且，国际债务问题还未解决，美元汇价不稳，西方货币金融体系继续动荡，贸易保护主义还在蔓延。因此，西方国家经济增长的速度也不可能很快，更难以长期持续；明年年会时，有些国家的物价可能又开始迅速上涨，有些国家可能再次出现生产停滞。

当前，西方主要国家都在努力促进新技术和新产业的发展，希望以此作为推动经济高速增长的新的动力。近年来，先进技术的进步确实为生产力的迅速增长创造了巨大可能。但是，新技术的广泛运用和新产业的蓬勃发展，都需要有利的经济环境，不仅要求各国产业结构的顺利调整，也要求整个国际贸易、金融、货币体系的不断改革。通货膨胀和生产过剩的交织发展、贸易保护主义的蔓延和泛滥、货币金融方面的动荡不安等，对于新技术和新产业的发展显然不利。而且，如果发达国家在先进技术方面，利用它们的垄断地位，对发展中国家采取限制和封锁的手段，加剧发展中国家经济成长的困难，南北矛盾势必更加激化，最终也将不利于发达国家本身的经济增长。各国在国际经济方面是否能加强协调和合作，使先进技术有效地发挥作用，还有待未来实践的检验。

二

苏联和东欧国家经济在 1983 年都有一定好转。苏联的经济增长速度虽然还远低于 70 年代以前的水平，却是近年以来最快的一年。东欧国家，包括波兰在内，经济形势一般也都比前几年好。经济纪律的加强、计划和管理体制的改革，都起了一定作用。一些东欧国家通过削减从西方国家的进口，还取得了对它们的贸易顺差，多少改善了同它们的债务关系。

经济计划和管理体制的改革，无论是对苏联，或是对东欧国家，都将是决定它们今后经济发展的重要因素。1983 年以来，苏联和一些东欧国家，在某些方面加快了改革的步伐；例如，在农业方面，推行集体承包制，有的地方还试行家庭承包制。但是，苏联的经济改革仍旧受到僵化的社会结构和沉重的军费负担的制约，东欧国家的经济发展也还受到贸易条件的恶化和外债负担的影响。它们在近期内的经济发展速度可能维持或略高于1983 年的水平，但 1983 年是否能成为经济增长重新走上较高速度发展的转折点，还有待考验。

70 年代期间，不少东欧国家曾经借助于加强与西方国家的经济关系，较早并较快地推行经济改革。但是，它们的改革，由于国内外的种种原因，遭到不同程度的挫折。原因之一是，它们在加强与西方国家的经济关系时，积欠了不少外债，但它们对西方国家的出口却由于这些国家的经济危机和贸易政策而难以增长。波兰事件以后，美国和其他西方国家的所谓"制裁措施"，对苏联虽然没有产生多大影响，却使东欧国家加强与西方国家经济关系的努力，遭到进一步的损害。70 年代东欧国家对外贸易中西方国家所占比例明显增长，到了 80 年代却又下降，而对苏贸易的比例重新上升。1983 年，东欧国家外债问题有一定程度的缓和，西方国家对东欧的政策也出现了一些变化。今后西方国家的政策是否将有利于东欧国家的经济改革，也还有待考验。

三

对于许多第三世界国家来说，1983 年是经济严重困难的一年。尽管随着发达国家的经济复苏，原料价格略有回升，债务问题也稍有缓和，但或是由于安排延期偿债而被迫紧缩，或是由于天灾而农业歉收，或是由于战争和政局不稳而减产，不少国家的经济甚至继续绝对下降。即使是石油输出国，总的来说，也由于油价下跌和限量生产，国际收支出现逆差，经济下降幅度甚至超过 1982 年。只有亚洲的一些发展中国家和地区，继续保持了较快速度的经济增长。如果今年发达国家的经济回升比较顺利，大多数发展中国家的经济情况也会有所改善，但经济增长速度仍将比过去缓慢。

在前几年的西方经济危机中，第三世界国家的原料价格被压低到战后以来的最低水平，1983 年甚至原油价格也下降较多。第三世界的对外债务，一方面由于实际利息率的提高而负担加重，另一方面又由于西方国家对它们出口的种种限制而更加难以偿还。与此同时，西方国家还缩减了对它们的援助、信贷和投资，近年来甚至出现了第三世界国家资金向西方倒流的极其不正常的现象。这种种因素不仅使许多第三世界国家陷入严重经济困难，引起一些国家的政治动乱，而且使西方国家难于维持在第三世界国家的市场，甚至使整个国际信贷金融体系也发生动摇。如何把握当前世界经济形势有所好转的有利时机，对原料价格、债务以至整个国际贸易、货币体系等问题，作出比较长远、比较合理的安排，对第三世界国家改革国际经济秩序的要求作出比较积极的响应，这是当前国际形势中一个极其重要和迫切的课题。

四

　　进入 80 年代以来，亚太地区的经济，虽然也受到西方经济危机的影响，但相对于其他地区来说，继续保持着较高速度的增长。特别是日本和东亚地区、东盟和其他东南亚国家、中国，在整个世界经济中，愈来愈成为最有活力的地区。因此，人们又在纷纷议论："太平洋将代替大西洋，成为世界经济的中心"，"21 世纪将是太平洋的世纪"。

　　亚太地区的经济发展，确实具有巨大潜力。这一地区不仅拥有丰富的人力资源和天然资源，而且也有雄厚的技术力量和广阔的市场。日本具有先进的经济水平和强大的国际竞争能力，在这一地区的经济发展中处于举足轻重的地位。中国坚持对内搞活经济和对外实行开放的政策，也将产生愈来愈重要的作用。美国的经济重点已经从东北部逐步向西南部转移；在较缓慢的程度上，苏联也在加强开发西伯利亚东部沿太平洋的地区。无论太平洋地区是否将取代大西洋地区而成为世界经济的中心，亚太地区在整个世界经济中的作用无疑将进一步增长。

　　另一方面，亚太地区今后的经济发展也还会面临一系列的问题。第一，这一地区中各国经济水平很不相同，既有经济发达的国家，也有发展中的国家；南北经济矛盾的增长，对于这一地区各国之间的经济关系势必产生一定的影响。第二，日本和东亚地区过去长期以美国作为主要市场，不仅日本对美国贸易有大量顺差，而且东亚地区也大多对日本有大量贸易逆差，对美国则有大量顺差；美国贸易保护主义的加剧对这些国家和地区必然产生不利影响。第三，同其他地区一样，这一地区的经济发展也要求和平与稳定的国际环境，苏联的扩张和苏联支持下越南的扩张，对这一地区还将是严重的威胁。如何调整这一地区各国之间的关系以及它们同其他地区的关系，仍旧是今后需要不断解决的问题。

五

1983 年，既是美苏争夺显著加剧的一年，也是美苏对各自盟国的控制进一步削弱、反对霸权主义的力量进一步加强的一年。国际形势确实更加紧张动荡，但是反对侵略战争、维护世界和平的力量也在增长。

在欧洲，美苏之间在中程导弹问题上谈判的破裂，使两个超级大国的军备竞赛进入了一个更加紧张的新阶段。西欧国家政府虽然支持美国部署中程导弹，但是它们对军备竞赛的不断升级日益担心，各国人民反对核战争和要求裁减军备的运动广泛展开。苏联在捷克斯洛伐克和民主德国部署导弹的对抗措施，在东欧人民中也引起不安和不满。美苏在欧洲的争夺仍旧处于僵持的局面，经过一段时期以后，它们也可能恢复中程导弹和战略核武器的谈判。但是，要使它们真正地削减军备，使欧洲局势确实有所缓和，还需要各国人民作出更大的努力。

1983 年，苏联继续拒绝从阿富汗撤兵，拒绝停止支持越南侵略柬埔寨，但由于当地人民抵抗力量的加强和世界各国人民的反对，处境更加孤立。美国不仅继续支持以色列和南非，而且在军事上卷入中东和中美洲，甚至直接出兵格林纳达。但是美国在中东的军事卷入遭到严重挫折，在中美洲的军事行动更遭到拉美和其他第三世界国家的强烈反对，甚至它的盟国也不予支持。此外，伊朗和伊拉克的战争继续扩大，非洲国家之间还不时出现新的战火。太平洋地区虽然在经济上处于比较有利的地位，但实际上也并不太平，特别是苏联在这一地区大大加强了海、空军和导弹力量，美苏两个超级大国在这一地区的争夺正在加剧。在世界各个地区，都迫切需要进一步加强反对霸权主义的力量，防止两霸争夺酿成更严重的国际冲突。

六

展望将来，中日两国基于"和平友好、平等互利、相互信赖、长期稳定"的合作关系，不仅将有利于两国人民，而且也将对亚太地区和整个世界的政治和经济形势，产生愈来愈大的影响。

中日两国的社会制度不同，但是我们两国人民都有维护亚太地区和世界和平的强烈愿望，坚决反对侵略扩张，反对霸权主义。中国人民长期遭受外来侵略，对霸权主义深恶痛绝。中国历届领导人已经一再申明，并经常教育全国人民，中国永不称霸。中国的国防现代化只是为了防御外来侵略而决不容许用于对外扩张。日本人民和有远见的政治家也经常警惕军国主义的复活。早在1978年中日签订的和平友好条约中，就明确规定，中日双方都不应在亚洲和太平洋地区或其他任何地区谋求霸权，并反对任何其他国家或国家集团建立这种霸权的努力。尽管中日两国的外交政策不尽相同，同世界其他国家的关系也不一样，但是只要我们两国认真贯彻中日和平友好条约的规定，就完全可以对维护亚太地区以至整个世界的和平，作出日益增长的贡献。

中日两国经济发展的水平也很不一样。日本是经济发达国家，在技术、资金等方面，具有很大优势。中国是发展中国家，在经济上还相当落后，但在人力、资源和市场等方面，具有优越条件。在今后很长时期内，双方将在这一基础上，互补短长。但这并不是说，中日两国的经济合作只能建筑在日本永远保持先进、中国永远保持落后的基础上。在两国今后合作的过程中，还必须贯彻平等互利的原则，在技术、资金与人力、资源和市场的交换中，确实对双方有利。只有这样，才能使合作成为长期稳定的关系，既有利于日本的经济增长，也有利于中国当前的经济改革和今后的经济发展，并为制度不同和经济发展水平不同的国家之间的关系，为亚太地区以至其他地区的合作，树立典范。

正如胡耀邦总书记在去年年底访问日本时所指出："今天，在新的历史条件下，中日睦邻友好关系的长期稳定发展，必将更大地造福于两国人民和子孙后代，并为亚太地区和全世界的和平，为 21 世纪的世界文明和人类进步，作出更加光辉夺目的贡献。"

也正像中曾根首相在今年访华期间所指出："中日两国在国内方面为了迎接 21 世纪正在加快步伐巩固新时代的国家建设的基础，对外方面希求为亚洲以及世界的和平和稳定作出贡献。由此可见，日中两国面临着共同的课题和挑战。课题是艰难繁重的，挑战是严峻激烈的。但是我们一定要携起手来，达成这一共同目标。"

（在中日经济知识交流会 1984 年第 4 次会议上的发言，
原载《世界经济》1984 年第 9 期）

世界经济形势的回顾和展望

　　1984 年是 1980—1982 年世界经济危机结束后的第二年，世界大多数国家和地区的经济形势都继续有所好转，但各地区的发展很不平衡。展望前景，既有困难，也有希望。

一　西方国家经济回升中的不稳

　　西方主要国家在 1984 年中经济继续回升，而物价并没有很大上涨，特别是美国和日本上半年的经济增长速度很快，出乎许多人的预料。一些乐观的国际经济评论家因而认为，西方经济已经突破 70 年代以来的"滞胀"局面，重新开始了一个通货膨胀减缓而经济高速增长的时期。但是，从下半年起，美国和日本的经济增长速度大大减弱；西欧的经济增长则一直比较缓慢，失业率至今还在上升。因此，到年底时，乐观空气已有所冷却。

　　西方国家原来希望，新兴技术和产业的发展，在这次经济回升中，将会带动一次大规模固定资本投资的高潮。美国在 1984 年上半年，固定投资确有很大增长，而且很大一部分集中于新技术的运用和新产业的发展。但是，到了下半年，投资增长速度就显著减缓；而且美国的投资在一定程度上还是依靠高利率所吸收的国外资金实现的。西欧国家的固定资本投资则一直没有起色。现在，西方国家特别是美国，又求助于货币政策的放松和利息率的下降，来维持经济的继续回升。但美国的财政赤字很难有较大的削减，过于放宽货币政策，还有可能再次引起严重的通货膨胀。在竞争加剧的情况下，西方各国都在竭力推动新技术和新产业的发展，技术革命的进程并没有中断，但是从 1984 年的情况来看，这还不足以改变 70 年代以来西方经济陷于"滞胀"的局面。由于原油价格继续不振，大量的失业使工资也不会有很大上涨，大多数西方国家有可能在略为放宽货币政策的情况下，继续维持一个时期的经济回升。

但是，总的来说，1985 年的经济增长速度肯定将减缓，而且还不能排除由于货币金融方面的动荡而使经济回升遭到挫折的可能。西方国家的经济发展仍将以走走停停、低速增长为其主要特点。

在西方经济发展中，值得注意的一个问题是美国相对地位的变化。80 年代以来，美国在西方国家国民生产总值中所占的比重有所增长，美元相对于其他主要货币的比价也有显著上升。1984 年，这种变化更为突出。有些人认为，美国已经扭转了过去长期以来经济地位相对衰落的趋势，开始了一个经济重新振兴的时期。但是，美元的升值和美国经济的较快发展速度，在相当程度上是高利率和国外资金流入的结果，日益增长的贸易逆差和国际收支经常项目逆差是靠积欠国外的资金弥补的。如果这种情况继续发展，不用一两年，美国就将从一个债权国变为一个净债务国。因此，迄今为止的变化并不能说明美国经济相对地位的真正好转。美国在先进技术方面，同西欧、日本相比，的确还具有一定优势，但是这些国家也在急起猛追，美国能否充分发挥现有优势的作用，还有待考验。美国经济实力与其全球霸权地位不复相称的基本形势，在相当长的时期内，不会有根本变化。

二　苏联和东欧国家经济改革的进展和障碍

苏联和东欧国家的经济增长速度，70 年代以来即已下降，70 年代末和 80 年代初更加减缓。1983 年各国经济增长率有所上升，1984 年又大多略有提高，但都还远远低于 70 年代以前的水平。经济纪律的加强和经济计划和管理体制的改革，在经济增长率的好转中都起了作用。1984 年，苏联和一些东欧国家在经济改革方面续有进展。例如，在农业方面，推行集体承包制，有的地方还试行家庭承包制；在工业方面，在加强统一计划指导的同时，也在试行扩大企业的自主权。但是，1984 年苏联的农业继续歉收，工业方面推广新技术和新工艺的进展仍然缓慢。无论苏联或东欧，今后的经济增长速度在很大程度上都将取决于经济改革是否能进一步顺利展开。但改革涉及经济权益的重大调整，能否顺利进行与社会结构和精神文明密切相关。苏联的经济改革还受到沉重的军费负担的制约；东欧国家的改革起步较早，步子较大，但也受到贸易条件的恶化和外债负担的影响，而且还会受到经互会的牵制。从 1984 年的情况看，它们在近期内的经济增长速度有可能维持在 1983—1984 年的水平，但还难以改变 70 年代以来低速增长的局面。

三　第三世界许多国家的经济困难

第三世界大多数国家的经济发展，在 1980—1982 年的世界经济危机中遭到沉重打击，1983 年西方经济回升时并没有多少好转，1984年也只是略有改善。总的来说，1984年第三世界国家经济增长速度多少有所回升，出口增长率也有所提高。拉美国家经济在连续两年绝对下降后，1984年开始有所增长，债务问题也略有缓和。三大债务国，墨西哥、巴西、阿根廷，先后与国际货币基金组织达成延期偿还债务的协议。但是，延期偿还债务的协议是以紧缩经济、增加出口、降低生活水平为代价的。根据世界银行的材料，1984年按人口平均的收入，墨西哥已倒退到1978年的水平，巴西倒退到1976年，阿根廷甚至倒退到1970年。撒哈拉以南非洲大陆的不少国家，在初级产品价格下跌和严重的旱灾的双重打击下，更陷入广泛的饥馑。只有亚太地区维持了较高的经济发展速度，在美国和日本经济回升较快的情况下，出口有很大增长。但无论拉美、非洲，甚至亚洲的发展中国家和地区，经济增长速度都远低于70年代。

许多第三世界国家都拥有丰富的自然资源和人力资源，墨西哥和巴西等国还有一定的工业基础，可以运用现有的新兴技术。从较长期看，第三世界国家的经济增长率还会高于发达国家；但近期内，大多数国家困难较大。初级产品价格的低落、债务的沉重负担、发达国家贸易保护主义的加剧和技术垄断的加强，都将使它们的经济发展进一步遇到障碍。从根本上说，第三世界国家都还面临着加强南南合作、改变国际经济旧秩序的重大任务。

四 亚太地区经济重要性的增长和经济合作的发展

80年代以来，亚太地区的经济虽然也受到西方经济危机的影响，但相对于其他地区来说，一直保持着较高速度的增长。特别是日本、东亚地区、东盟国家和中国，在整个世界经济中愈来愈成为最有活力的地区。1984年，环太平洋经济合作的设想也有所进展，并有一定程度的具体化；美国对于这一设想也表现出更大的兴趣。

亚太地区的经济发展和合作，确实具有巨大的潜力。这一地区不仅拥有丰富的人力资源和自然资源，而且也有雄厚的技术力量和广阔的市场。如果能够在东盟的基础上，加强发展中国家之间的经济合作，同时在平等互利的基础上，开展发展中国家与发达国家之间的合作，亚太地区的经济潜力肯定将有更大的发挥。

另一方面，亚太地区今后的经济发展和合作也还会面临一系列的问题。第一，这一地区中各国经济发展水平很不相同，既有日、美、澳、新等经济发达国家，也有东盟等许多发展中国家。这不仅使这一地区难以形成类似西欧经济共同体或自由贸易区的组织，而且使东盟国家有理由担心，任何形式的所谓环太平洋经济合作机构都有可能为日、美所控制，使东盟的现有组织被吞没。第二，日、美两国对这一地区的发展中国家，至今都还不愿承担类似西欧经济共同体对非洲、加勒比和太平洋国家所承担的义务，而且相互推卸责任。第三，日本、东亚地区和一些东南亚国家，过去长期以美国为主要市场，不仅日本对美国有大量贸易顺差，而且东亚地区和一些东南亚国家也对美国有大量顺差，对日本则有大量逆差，在一定程度上是日本通过迂回办法对美国的输出。美国的贸易保护主义和美日经济矛盾的加剧，对这些国家和地区必然产生不利影响。第四，同其他地区一样，这一地区的经济发展和合作也要求和平稳定的国际环境，苏联的扩张和苏联支持下越南的扩张以及苏美两国在这一地区军事部署的加强，对这一地区都是严重的威胁。

今后一段时期内，亚太地区在世界经济中的地位肯定还会有所提高，世界经济中多极和集团化的趋势也会进一步发展，但所谓环太平洋圈的经济合作还会遇到重重障碍，只能有缓慢的进展。

五　中国经济体制改革和对外开放政策的重大国际意义

1984 年世界经济发展中的一个重要特点是，中国在世界经济中重要性的迅速增长，1980—1982 年的世界经济危机中，中国就已经被公认为"相对来说未受经济危机影响"的少数国家之一。1984 年，随着中国经济体制改革和对外开放政策的开展，中国在世界经济中的地位更加提高。伦敦《金融时报》编辑格莱指出："即使是世界经济形势中的种种积极因素，如果同中国在 1981—1982 年的经济调整后的复兴比较，那也会相形失色。与所有其他国家相比，中国如果不是 80 年代的最好的市场，那至少也是今年的最好市场。西方企业已经准备以一定程度的信任为基础，在中国兴办合资企业。"中国经济的改革和开放的进一步发展，不仅将大大加强中国在促进南南合作以及推动平等互利的南北合作中的作用，而且也将对维护亚太地区和整个世界的和平产生更大的影响。

（原载《世界知识》1985 年第 2 期）

世界经济与政治形势

　　一年来的世界经济与政治形势中，出现了一些令人鼓舞的迹象。世界经济在 1983 年普遍有所好转的基础上，1984 年总的来说续有好转。在各国人民的强大压力下，美苏紧张对峙也在向双方对话的方向发展。但展望前景，无论世界经济或世界政治形势中，都还存在着不少严重的隐患。在和平和发展两大问题上，是否能进一步取得进展，还有赖于世界各国、包括中日两国人民的共同努力。

一

　　1984 年西方主要国家经济增长速度超过了 1983 年，而物价上涨的速度并没有很大变化，国际贸易也有较大幅度的增加。但各国经济发展很不平衡，美国和日本增长较快，西欧则增长缓慢，不少国家的失业率继续上升。今年以来，美、日经济增长势头已经减弱，西德等一部分西欧国家有加快趋势。但西欧的经济增长仍将有限，西方国家总的经济增长率显然将低于去年。

　　苏联和绝大多数东欧国家 1984 年的工业生产都保持或超过

了 1983 年的增长速度，并超过了原定计划所规定的指标。但苏联农业再次歉收，国民收入增长率低于 1983 年，又退到了 1982 年的历史最低水平。东欧各国农业丰收，国民收入增长率有所提高，对外贸易也发展较快，除波兰、南斯拉夫外，对西方债务进一步减少。1985 年苏联计划规定国民收入增长率高于前四年的实际增长水平，但也只是 3.5%；大多数东欧国家 1985 年的计划比较谨慎，除罗马尼亚、南斯拉夫外，各项重要经济指标的增长率一般低于去年的实际水平或与之相等。估计苏联和东欧国家还将维持一个时期的低速增长。

发展中国家 1984 年的经济发展也很不平衡。中国的经济增长继续保持很高速度。亚太地区，除菲律宾外，也维持了较快的经济增长。拉美国家在连续两年的经济绝对下降后，去年开始有所回升，债务问题也稍有缓和。撒哈拉以南非洲大陆的不少国家，在初级产品价格下跌和严重干旱的双重打击下，陷入广泛的饥馑。今年以来，中国经济继续高速增长，但为了保证持续和稳定的发展，正有意识地控制增长速度。亚太的一些发展中国家和地区，由于美、日经济增长减弱，经济增长速度将受到一定影响，但仍将保持较高水平。拉美经济可能继续回升，但经济增长率不会很高。南部非洲国家，由于气候原因，农业收成可能一定改善，但还难以摆脱严重的经济困难。

当前世界经济的趋势，虽然总的来说续有好转，但是还存在着许多不稳定的因素，这些因素不仅有可能使整个趋势有所逆转，而且还可能对各国之间的经济以至政治关系产生重大影响。（1）美国的赤字财政和紧缩货币的政策，使美国的实际利息率长期高于其他国家，使 80 年代以来美元汇价长期处于上升的趋势。美国的高赤字、高利率和高汇价，一方面吸引了各国资金流向美国，起了促成美国经济迅速回升的作用，另一方面却愈来愈削弱美国在国际贸易中的竞争能力，使美国的经济增长难以持续。而且，由于庞大的国际资本的流动而引起的美元汇率的上升，本身就具有极不稳定的性质。今年以来，美元汇价已经出现剧烈波动，国际货币金融领域更加动荡。（2）贸易保护主义的趋势仍在加剧。美国一方面要求其他国家为美国的先进技术产品和金融、保险、信息处理等服务行业开放市场，另一方面又加强本身的贸易保护主义措施，不仅对日本施加强大压力，而且对发展中国家劳动密集型的制成品进口也加强限制。在纺织品方面，甚至中国也深受其害。（3）国际债务问题虽然暂时有所缓和，但并未根本解决。债务问题的暂时缓和是在债务国家勒紧裤带增加出口的条件下实现的；根据世界银行和国际货币基金的材料，1984 年按人口平均的收入，墨西哥已倒退到 1978 年的水平，巴西倒退到 1976 年，阿根廷甚至倒退到 1970 年，整个发展中国家的平均生活水准仍低于五年以前。在高利率和贸易保护主义并存的情况下，债务总额仍在继续增加；债务问题将更加难以解决。

发展中国家的经济发展仍面临着重大障碍。它们强烈要求对国际货币金融体系进行根本性改革，要求拆除针对发展中国家的贸易保护主义壁垒。西方主要国家已经初步协议，在关税与贸易总协定的范围内，尽早举行一次新的多国贸易谈判；在主要工业国家之间召开一次审议国际货币制度"改善"问题的高级会议。这些拟议中的国际贸易和货币问题的谈判和讨论，都没有充分考虑发展中国家的需要和要求，而且是否能够缓和西方主要国家之间的矛盾、扭转不利于世界经济的发展趋势，也还有待分晓。

二

1984 年，美苏在核武器谈判中断的情况下，开始了一场新的军备竞赛。从下半年起，特别是今年以来，美苏谈判恢复，两国关系出现松动。但是，更为重要和更值得注意的是，美苏两国控制各自盟国的能力正进一步削弱，东西欧的接近和西欧的联合在继续发展，世界人民反对战争、反对霸权主义的斗争将日益加强。

今年年初，美苏达成协议，把太空武器、战略核武器和中程核武器的问题联系起来讨论。但是，两国的进攻性战略核武器都已接近饱和，形成一定均势，双方都在向所谓核防御体系发展。美国自恃军事、经济实力有所加强并在先进技术等方面拥有领先地位，坚持"星球大战"计划，力图取得全面优势。苏联虽然在经济实力和先进技术方面都存在着不少困难，但也不甘示弱，宣布将公开的军事预算增加12%，显示出决不容许美国取得军事优势的决心。美苏两国争夺世界霸权的根本立场并未改变，谈判势将旷日持久，一时还很难达成足以扭转军备竞赛轮番升级的实质性协议。

欧洲国家对于美苏的紧张对峙和军备竞赛的轮番升级深感不安，因此力促美苏谈判的恢复。事实上，即使在美苏谈判中断的一年多期间，东西欧的交往仍旧十分频繁。民主德国和保加利亚领导人对西德的访问，虽然由于苏联的压力而未能成行，但他们并不遵守当时苏联关于冻结东西方关系的决定，许多东欧国家公开强调中小国家在国际事务中应该而且可以发挥自己的作用。西欧国家在促进东西欧接近的同时，加快了本身联合的步伐。西欧共同体排除了农业政策、预算制度和英国摊款等问题上的长期干扰，从科技、军工以至防务等方面都加强了合作，并重新恢复西欧联盟的组织，达成了关于西班牙、葡萄牙参加共同体的协议。对于美国要求盟国限期决定是否参加"星球大战"研究计划的所谓"邀请"，挪威等国已明确表示不准备"光临"。尽管东西

欧的接近和西欧的联合还面临着种种牵制和困难，但东西欧独立
自主倾向的发展，对于缓和紧张局势、维护世界和平起着有利的
作用。

当然，美苏两个超级大国既没有放弃维护和扩大各自势力范
围的企图，也没有放松对世界上各个热点的争夺。在广大第三世
界的不少地区，发展中国家的经济困难和内部动乱同美苏争夺交
织在一起，形势依然紧张动荡。美国对以色列和南非的支持，使
中东和南部非洲的问题至今难以解决，美国在中美洲的高压政策
使形势更加恶化；苏联在印度支那继续支持越南对柬埔寨的侵
略，在阿富汗还力图加强军事占领；伊朗和伊拉克的战争长期拖
而不决，美苏插手的可能仍然存在。另一方面，第三世界国家独
立自主和联合自强的趋势也有所发展。中东和南部非洲的许多国
家，根据形势的变化，调整了同美苏的关系。中美的孔塔多拉集
团和东南亚的东盟组织在各自地区内的作用有所加强。就是在南
北朝鲜之间也出现了接触对话的良好趋势。特别重要的是，各国
人民，包括美苏两国人民在内，维护世界和平和反对侵略战争的
斗争，出现了新的高涨。当前的形势有利于维护和平和反对战争
的力量；今后形势的发展还将取决于军备竞赛、争夺霸权和反对
霸权、维护和平这两种倾向的斗争。

三

当前国际形势中的一个重要问题是：如何评价美国在世界经
济与世界政治中的地位和作用的变化。

从 50 年代到 70 年代中期，美国在世界经济中的相对地位逐
渐衰落；从 60 年代中期到 70 年代末，美国同苏联的军事力量对
比，也出现了不利于美国的趋势。但是，从 70 年代后期起，特

别是最近两年来，美国的经济增长率超过了许多西欧国家，甚至超过了苏联；美元相对于其他主要货币的比价也有显著上升。80年代以来，美国军费开支大大增加，相对于苏联的军事实力也有所加强。有些论者认为，美国已经扭转了过去长期以来相对衰落的趋势，开始了一个重新振兴的时期。美国的一些领导人也公开表示："力量对比重新朝有利于美国的方向发展"，"美国已经恢复了实力和信心"，"苏联的外交在世界许多地方已处于守势"。

但是：（1）近年来，美国经济的较快发展和美元的升值，在相当程度上是高赤字、高利率和国外资金流入的结果，日益增长的国际贸易逆差主要是靠积欠国外的资金弥补的。据美国官方估计，今年年内，美国就将从债权国变为净债务国，而且不用很久就会成为世界上最大的债务国。美国在先进技术等方面确实还有一定优势，在今后较长的一段时期内，经济增长率也还可能超过西欧。但迄今为止的变化并不足以表明美国的经济实力与其全球霸权地位不复相称的基本形势已经有所改变。（2）美国的军事地位确实有所改善，但美国庞大的军事开支正是财政赤字难以削减的主要原因，而美国的高赤字又是威胁着整个世界经济的一项重要因素。如果美国执意追求军事上的绝对优势，则不仅将不利于西方经济，而且还将危及整个世界经济。（3）在美国的经济实力和军事地位相对改善的情况下，美苏争夺的攻守态势也确有一定变化。但如果美国以此作为重振霸权的出发点，对盟国和第三世界国家采取高压政策，则对整个世界政治形势将产生不利影响。

四

中国正在全力以赴地进行社会主义现代化建设，中国的社会主义建设需要和平和稳定的国际环境。一年来，中国在争取有利的国际环境方面，也取得了一定成就。

中国的对外开放政策在过去一年中有很大的开展。在平等互利的基础上，中国同各种不同类型国家的经济关系都有所增强。各国与中国进行贸易、投资和其他形式的经济合作的兴趣和信心显著提高。随着中国与世界各国经济交往的增长，必然会出现一些新问题，这些前进中出现的问题在坚持改革和开放政策的前提下可以解决，并且正在逐步解决。

中国的独立自主外交政策也有很大开展。在和平共处五项原则的基础上，中国同许多国家的关系进一步改善。中国根据"一个国家、两种制度"的构想，顺利地解决了 1997 年收回香港的问题，不仅为香港今后的繁荣和稳定创造了条件，为和平解决台湾问题指明了方向，而且也有利于整个亚太地区的繁荣和稳定。中美关系在去年两国领导人互访后，发展比较顺利，但台湾问题仍是两国关系中一大障碍。中苏关系也继续有所改善，特别是在去年阿尔希波夫访华后，经济、技术合作和人员交流方面都一定进展。但苏联在柬埔寨、阿富汗和中苏、中蒙边界驻军的三大问题上对中国的威胁并没有解除，继续妨碍着中苏关系真正的正常化。

中国的对外开放政策和独立自主的外交政策，既有利于世界经济的发展，也有利于争取世界持久和平。在这两方面，中日两国基于"和平友好、平等互利、相互信赖、长期稳定"的合作关系的不断发展，具有极其重要的意义。

（在中日经济知识交流会 1985 年 4 月第 5 次年会上的发言）

2000 年中国的国际环境

要实现我们的宏伟目标，需要有一个和平的国际环境。同时，世界政治和经济形势的发展变化，也势必会对我国社会主义建设的进程产生这样或那样的影响。因此，我们有必要对 2000 年前后的世界政治和经济格局进行分析，以针对可能出现的各种趋势和变化，制定我们相应的对策。对 2000 年前后的我国国际环境，大致可作如下几点估计。

一

当前三个世界的基本格局将继续延续下去。苏美争霸的局面将不会改变。到 2000 年，苏美两国将仍然是世界上军事和经济实力最强大的国家。苏美争霸加剧从而导致世界大战的可能性不能排除，但从目前的情况看，两霸的力量对比正处于相对的均势，它们控制各自盟国的能力还在削弱，世界人民反对战争的斗争在继续发展，这些使得在本世纪内发生世界大战的可能性并不大。

第三世界国家在国际政治中的地位还会有所加强。它们反对帝国主义和霸权主义的斗争仍然是今后形势发展的主流和趋势，但它们进行联合斗争的过程将是曲折的。

我国周围地区的政治环境正在朝着有利于我们的方向发展。香港回归祖国以后，台湾问题会更加突出。

因此，从整个世界政治形势的发展趋势来看，虽然我们的国际环境确实存在着一些不稳定的因素，但是，只要我们坚持独立自主、灵活适用的对外政策，充分利用各种有利的条件和矛盾，争取一个相对稳定的和平国际环境是完全有可能的。

二

在三个世界基本格局不变的情况下，世界经济将进一步走向多极化和集团化。

在发达资本主义国家中，美国、日本和西欧三足鼎立之势将继续发展。美国仍然在三方之中占据优势，但已难以阻止经济集团化的发展。

苏联与东欧国家相比，在经济上仍将占很大的优势。东欧国家与发达资本主义国家的经济往来在增加，但由于苏联的控制和阻挠，东西欧之间的经济关系发展不会很快。在这种情况下，东欧国家今后也将加强与发展中国家的经济联系。

发展中国家就总体说，它们的经济发展在近年来遇到了较大的困难。今后，它们将进一步加强相互之间的经济合作。但是，由于种种原因，南南合作的进展将不会太快。在本世纪内，发展中国家与发达资本主义国家之间的经济往来仍将多于它们相互之间的经济联系。当前，我们与发展中国家的经济交往比重不算大。如果我们的经济发展比较顺利，那么进一步开展与发展中国家的经济联系是有很大余地的。所以，从今后世界经济格局的变化来说，对我国社会主义建设事业的发展是有利的。它已为我们顺利地实行对外开放政策提供了有利的国际经济环境。当然，对国际经济旧秩序不利于我们的方面，我们也应有足够的估计。

三

今后，世界经济的发展有各种不同的可能性。一种乐观的估计认为，由于科学技术的发展、经济结构的调整和经济政策的变化，将使发达资本主义国家重新出现经济高速增长的局面，从而将带动世界经济以较快的速度发展。另一种估计则认为，今后世界经济的发展将继续是低速的，很可能与 70 年代的平均水平差不多。我们认为，今后世界经济的发展以低速增长的可能性为大。因为，从当前的情况看，发展中国家的严重经济困难不是短期内能够很好解决的，这使它们的经济重新高速增长很难具备必要的条件。苏联和东欧国家正在进行经济体制改革，但进展很慢，短期内似难以收到显著的效果。发达资本主义国家的经济"停滞膨胀"局面一时也难以摆脱，因为，造成这种局面的许多因素（如巨额的财政赤字和国债，相对统一的国际货币体系瓦解造成的国际金融局势动荡等等）不但都存在，而且有的还在进一步发展。

在今后的世界经济发展中，有几个特别值得我们注意的因素。

首先是科学技术的发展。现在，微电子技术正逐步渗透到从社会生产到家庭生活的各个方面。生物工程、新材料、新能源、海洋工程和宇航工程等等，都已显露出广阔的发展前途。这些对今后世界各国生产力的发展将起很大的促进作用。我国现在的科学技术水平与发达资本主义国家相比，还有较大的差距。从目前的情况看，到 2000 年时，我们要在科学技术上达到发达资本主义国家 70 年代末和 80 年代初的水平，并不容易。但是，只要我们在加强对现有企业进行技术改造的同时，有重点地发展一些有条件、有前途和影响大的高技术部门，在普及新技术和相应发展新产业的基础上，我们就有可能缩小与先进国家在这方面的差距，为 21 世纪赶超先进国家创造条件。

其次是能源和粮食问题。从今后一段时期的发展趋势看，世界市场的粮食价格有可能趋于上涨，石油的实际价格则可能下降。因此，我们在今后的进出口贸易中要尽可能地减少原油出口和粮食进口。在出口石油时要提高加工程度，在进口粮食时要使进口的地区多元化。

再次是对外贸易。如果今后世界经济能以较高的速度增长，我们的对外贸易就可以相应地发展快些，在世界市场扩大较快的情况下争取较多地出口。这样，我们就有可能更多地引进先进的科学技术和机器设备来加快经济建设的速度。如果今后世界经济只能低速增长，我们的出口市场就会受到影响，不易迅速扩大，我们与一些新兴工业国的竞争也会加剧。但是，这时世界市场的商品价格有可能对我们的进口有利，发达资本主义国家的竞争加剧则有利于我们从优选择进口的商品和地区。

最后是国际投资。今后国际资本市场规模的扩大不会很快，高利率也难以在短期内发生改变，这对我们大量引进外资是不利的。在我国目前经济效益不高的情况下，引进外资更应慎重。

综上所述，在我们向 2000 年迈进的过程中，我们是有可能争取到一个有利的国际政治和经济环境的。虽然也存在一些不利的条件和因素，但只要我们有充分的估计，采取恰当的对策，是可以化不利为有利的。在这种情况下，经过全国人民的共同努力，我们完全有把握在 2000 年达到经济发展的既定目标。

（本文是《2000 年中国的国际环境》研究组的报告，由浦山、
　　王怀宁执笔。原载 1985 年 11 月 20 日《经济日报》）

严峻的世界经济形势

　　1985 年的世界经济形势对于许多国家来说都是严峻的一年。西方国家经济回升的势头明显减弱；苏联和多数东欧国家仍处于经济低速增长的局面；绝大多数的发展中国家继续面临严重的经济困难。1985 年也是世界经济中不稳定的因素显著增长的一年。贸易保护主义的加剧和国际货币金融的动荡严重地威胁着世界经济的前景。如何避免这些不稳定的因素导致世界经济的进一步恶化，有待于各个方面作出努力，特别是有待于发达国家采取比较明智的政策。

　　1980—1982 年资本主义世界经济危机以后，美国和日本曾经有过一年多较快的经济回升，但从 1984 年下半年起，经济增长速度显著减缓。1985 年美国的经济增长率不足 3%。西欧的经济回升一直疲软无力，1985 年也没有很大起色，绝大部分国家的经济增长率仍在 3% 以下，直到年底时失业率大多还在 10% 以上。日本 1985 年的经济增长率虽然约达 4.5%，但主要依靠出口的增长，从而也引起了与其他国家在贸易方面的严重摩擦。

　　1985 年苏联和东欧国家经济续有增长，但增长速度仍比较缓慢。苏联基本上完成了国民收入和工业产值的年度计划指标，

但农业产值的增长指标远未实现，总的经济增长速度仅为
3.5%。从 1981—1985 年苏联的第十一个五年计划来看，主要指
标都没有完成，年平均增长率只有 3.2%，这是苏联历次五年计
划中成绩最差的五年。有些东欧国家也由于贸易条件的恶化和外
债的负担而碰到较严重的经济困难。

绝大多数发展中国家在 1980—1982 年世界经济危机后，经
济情况始终没有很大改善，1985 年更有所恶化。原料价格的下
跌使许多发展中国家陷于经济困境，石油输出国也未能幸免。发
达资本主义国家、特别是美国贸易保护主义的加剧，严重影响发
展中国家制成品的出口，甚至一向发展较快的一些东亚国家和地
区也出现经济增长大大减缓或经济绝对下降的情况。债务国不仅
继续遭受高利率的困扰，而且出口更加困难，用紧缩经济、压低
人民生活水平来偿还债务本息的办法，越来越难以持续。

从 1983 年开始的经济回升中，美国的经济政策起着重要的
作用。美国一方面维持着庞大的财政赤字，另一方面采取了较紧
的货币政策，结果利率一直处于较高水平，美元也因此长期保持
较高汇价。在一段时期里，庞大的财政赤字和大量外资流入促进
了美国经济的较快增长。但是，随着经济回升的发展，美国高赤
字、高利率和高汇价对于世界经济以至美国经济本身的不利作用
日益显著。美元的高汇价和由此而产生的美国外贸逆差的急剧增
长，不仅大大加剧了美国贸易保护主义的倾向，使其他国家的对
美出口越来越难以增加，而且也使美国的经济回升难以长期维
持。美国的高利率不仅加剧了债务国的困难，而且在美国国内也
促成了农业危机的爆发，并开始影响到投资和消费信贷；整个债
务问题的再次恶化对美国银行金融体系也形成重大威胁。外国资
金之流入美国，一方面妨碍着其他国家国内投资的增长，另一方
面也使美国的国外债务急剧增加。1985 年美国失去了七十多年

来所一直保持的国际债权国的地位，变成为净债务国。到了1985 年下半年，美国政府已不得不在外贸、财政预算、美元汇价、债务等方面采取一些缓和矛盾的措施，但是步子迈得很小、很慢。

80 年代以来，世界经济中的一个突出问题是发达国家的贸易保护主义。关税的税率虽然由于东京回合的谈判而有所降低，但非关税壁垒大大增加，而且往往是针对发展中国家和地区的。1985 年，美国国会中提出了三百多项限制纺织品、鞋类、钢铁等进口的法案，里根政府虽然否决了严重妨碍纺织品贸易的法案，但贸易保护主义加剧的趋势并没有扭转。关税和贸易总协定已决定为 1986 年举行新的一轮贸易谈判开始进行筹备，但发达国家之间仍旧在开放市场和增加国内需求等方面相互推卸责任，而对于发展中国家特别关心的纺织品等贸易问题，还没有给予足够的重视。

国际债务危机虽然一度有所缓和，但债务的重新安排只是延缓了债务的偿付，而不可能根本得以解决，债务总额仍在继续上升。1985 年底，发展中国家的外债估计已接近于 1 万亿美元。许多第三世界债务国一方面不得不支付巨额外债本息，另一方面又很难从国际资本市场上取得新的贷款，实际上是被迫向发达国家提供资金。这种资金倒流的现象严重地妨碍着债务国的经济发展。许多拉美国家提出，应该把偿还外债同促进本国经济发展联系起来。

最近，美国政府对待国际债务危机的态度多少有所变化，承认债务问题的解决不能仅仅要求债务国紧缩开支，增加出口；还要帮助债务国争取经济增长。美国财政部长贝克在 10 月间的国际货币基金和世界银行的年会上提出，在今后的三年内，由商业银行向发展中的债务国家提供 200 亿美元的新贷款，由国际金融机构提供 90 亿美元。但是，拟议中的新贷款与债务国还本付息的需要相比，数目十分有限。对于发展中国家关于债权国与债务国进行"政治对话"的要求，美国至今仍采取拒绝的态度。

1985 年国际货币市场上还出现了汇价的剧烈波动。2 月底美元汇价达到最高峰。到 9 月间，为了减少贸易逆差，缓和国内贸易保护主义的压力，美国政府在西方五国财长会议上要求日本、西德、英、法共同干预货币市场，进一步压低美元汇价。从 3 月初到 12 月中，美元对其他西方主要货币的比价已下跌约 20%。但美国国际贸易逆差的根本原因在于庞大的财政赤字，在赤字难于压缩的情况下，人为地干预美元汇价不可能解决贸易逆差问题。美元汇价的剧烈波动已经使国际货币体系更加不稳。最近开始的原油价格的急剧下跌，还有可能影响整个国际货币金融的进一步动荡。

科学技术的迅速进步为生产力的发展和世界经济的繁荣创造了有利的条件。世界各主要国家都竭力从科技进步中谋求经济发展的出路。但是，科技进步的实际运用也不能不受到经济环境的制约。1985 年，即使新兴电子工业的发展也遇到了严重的挫折。

世界经济的发展迫切要求美苏两国大幅度裁减核武器，防止把军备竞赛扩展到太空，使科技进步真正能造福于人类；要求发达国家、特别是美国防止贸易保护主义的蔓延和国际货币金融问题的恶化；同时也要求发展中国家加强相互之间的合作，为改善国际经济关系而共同努力。

（原载 1985 年 12 月 27 日《人民日报》）

中国的对外开放和国际环境

——在全国首届对外经贸问题
青年研讨会上的讲话

这是一个大题目。在这个大题目之下，我想着重讲一些有争论的问题。既然是有争论的问题，我所讲的就不可能是定论，而只是一些个人的看法，供大家讨论，并欢迎批评指正。

一

为什么要对外开放？因为在国际经济、技术联系日益密切、生产国际化迅速发展的时代，闭关自守不可能实现现代化。

在科学技术迅速发展的情况下，没有一个国家能够独自发展和掌握所有的先进技术（包括生产、管理、通讯、环境保护等各个方面的技术）。只有对外开放，才能广泛学习别国的长处；同时，通过国际间的比较和竞争，对本国的社会经济发展提供外在的动力和压力，促进本国的进步。只有对外开放，才能"以人之长，补己之短"，闭关自守只能导致落后。

对外开放不仅能够"以人之长，补己之短"，而且还可以

"扬长避短"，"扬己之长，避己之短"，为经济和社会发展积累资金。对一个发展中国家来说，就是要在劣势当中寻求优势或比较优势。过去我们在外贸中常常强调"互通有无"，"调剂余缺"，这当然很必要，但是很不够。因为，扬长避短发挥优势，不仅是互通有无，调剂余缺，还应当借助于国际分工发挥比较优势。例如，我们的纺织业有一定优势，尽管我们自己有棉花，而且也足够我们自己使用，但我们还可以进口棉花，出口纺织品，从中积累资金。如果我们石油加工和化工发达，技术水平较高，我们也可以增加石油制成品和化工品的出口，为此，必要时也可以进口原油。当然，在发挥比较优势时，要注意发展前景，要从动态方面考虑，不要使自己长期局限于落后的生产部门。

发展中国家，在资金和外汇方面，往往长期存在短缺，也就是所谓"双重缺口"的问题。因此，除了外贸方面的积累以外，也需要适当地利用外债和外资。只有对外开放，才能充分利用两个市场、两种资源。

当然，对外开放政策必须是自主的政策，必须适合于本国国情，同时也要适应于每个时期的国际环境。

二

解放前中国的历史表明，每当国家强大和繁荣昌盛的时候，往往采取对外开放政策；在国内混乱、统治不稳的时候，就趋于闭关自守。这也不难理解。强大昌盛的时候，就不怕外来的影响，而是要去影响外界；国内统治不稳的时候恰恰相反，既害怕外界影响，更不敢去影响外界。但是，到了世界资本主义发展的时期，闭关自守是顶不住生产国际化的冲击的，其结果往往是被动的、被迫开放。

西汉、唐朝和明初,从张骞出使西域开辟丝绸之路,到郑和下西洋沟通与印度洋沿岸国家的往来,都是中国历史上各个朝代的鼎盛时期。从明末清初,特别是清朝中叶以后,当世界资本主义迅速发展,而中国还停留于封建统治的时候,落后的清朝统治者很自然地趋向于闭关自守。

1792年英王乔治三世派特使到中国,致函乾隆,要求开放通商口岸。1793年,乾隆回信说:"天朝物产丰盈,无所不有,原不藉外夷货物,以通有无。"乾隆皇帝连"互通有无"都不干,更不用说运用"比较优势"了。但当时的英国却深知比较优势的奥妙,在印度种鸦片出口到中国换取生丝、茶叶和白银。印度当时也生产茶叶,但以鸦片换茶更加符合于比较优势。1817年,里嘉图的《政治经济学原理》出版,颇为精辟地阐述了"比较优势论"。同一年,清朝政府宣布严格执行禁烟法令,要求英国船只立下"不售鸦片"的字据;但英国的东印度公司通令英国船只拒绝,声称这将对欧洲与中国的"自由贸易"产生恶果。

1838年底,道光任命林则徐为钦差大臣到广州禁烟。1840年,林则徐还曾经照会英国女皇维多利亚说,听说英国对前来广东的船只,有命令不准携带违禁的货物,"贵国王之政令本属严明,只因商船众多,前次或未加察","向闻贵国王存心仁厚,自不肯以己不欲者施之于人"。用词恳切,而且也颇有外交策略。"己所不欲,勿施于人"是孔夫子的话,据说《圣经》里也有类似的说法。但无论是孔夫子,还是耶稣基督,都不是里嘉图的对手。当时就有一位贩卖鸦片的苏格兰船长在他的日记中写道:"生意如此之好,没有时间念《圣经》!"

乾隆皇帝拒绝"互通有无",是闭关自守;林则徐坚持禁烟,却不是什么闭关自守。事实上,林则徐明确主张,英国船只只要具结不售鸦片，允许合法贸易，"奉法者来之，抗法者去之"。倒是道光皇帝，在初战胜利后，批驳林则徐的主张，下谕"即将英吉利国贸易停止，所有该国船只，尽行驱逐出口，不必取具甘结"，重行表现出闭关自守的老毛病。

鸦片战争以及其后的历次战争和不平等条约的签订，迫使中国割地赔款，开放通商口岸，并且出让了领事裁判权、关税决定权、内河航行权等。1899 年，美国更公然宣布所谓对中国的"门户开放主义"，要求"利益均沾"。中国的门户是开放了，其结果是中国沦为半殖民地。

旧中国对外关系的历史告诉我们：必须区分"被迫开放"和"主动开放"，区分丧权辱国的开放和维护主权、立足于自力更生的开放。

三

中华人民共和国的成立，结束了中国被迫开放的历史。但是，直到解放前夕，帝国主义者并没有放弃强迫中国实行"门户开放"。1949 年 8 月，美国政府发表《美国与中国关系》的白皮书，其中艾奇逊还公开宣称："美国始终维持并且现在依然维持对华外交政策的各项基本原则，包括门户开放主义……"

新中国不接受艾奇逊之流的"门户开放主义"，废除了帝国主义在中国的特权；但是，新中国并不主张退回到闭关自守，而是坚持自主的开放政策、立足于自力更生的开放政策。毛主席在《论人民民主专政》中就指出：我们不对帝国主义的援助抱幻想，但是准备同英美这些国家"做生意"，而且还"假设这些国家在将来愿意在互利的条件下借钱给我们"，"因为这些国家的资本家要赚钱，银行家要赚利息"。这说明，我们当时是准备采取对外开放政策的，不仅要做生意，而且准备借外债。

　　但是，新中国首先就遭到美国的封锁禁运。正如毛主席在评论艾奇逊的"门户开放主义"时所指出："上海解放以后，本来是开放的，现在却被人用美国的军舰和军舰上所装的大炮，实行了一条很不神圣的原则：门户封锁。"朝鲜战争爆发后，美国更公开出面对我实行全面禁运，冻结我在美国的资产，直到1971年才开始解除，时间长达二十多年。50年代，我国很大一部分对外经济往来是同苏联和东欧国家进行的。但是，到了60年代初，苏联又撕毁合同，撤出专家，加重了我对外开放中的困难。

　　但是，即使在这种困难的环境下，我们还是发展了对外经济联系，特别是对外贸易。其中，有对第三世界国家的贸易，例如50年代同斯里兰卡（当时的锡兰）用大米换橡胶，打破美国的封锁禁运；也有同第二世界国家的贸易，特别是同日本，用民间贸易促进关系的正常化。因此，不能说我们在这个时期采取了闭关自守的政策。当然，在具体执行政策中，也有一些偏差和失误，在指导思想方面，也有一些框框的束缚。"文革"时期，错误倾向发展到顶峰，似乎发展对外经济关系就必然丧权辱国，坚持自力更生就必须自给自足，确实又有点回到了乾隆的腔调。

　　从我国进出口贸易占国民收入的比例变化也可以看出，解放以后我们在对外开放方面的阻力，既有外部封锁，也有内部失误。1950年，进出口贸易总额占国民收入的比例为9.8%，出口占4.7%。50年代期间，这些比例，特别是出口比例，有很大增长。1959年，对外贸易总额占国民收入比例为12.2%，出口占6.4%。从1960年开始，比例下降，1970—1971年下降到最低点，外贸总额所占比例不足6%，出口约为3%，大大低于1950年。只是到1973和1974年，才恢复和超过了1950年的水平。但接着又是所谓批林批孔、反击右倾翻案风，比例又下降。1979

年以后，比例迅速上升，1984 年进出口总额占国民收入的比例达 20%，出口超过 10%，同世界上其他大国相比较，已显著超过印度，与美国、巴西等相仿。

从解放后的经验看，我国的对外开放既取决于我们的主观意愿和政策，也受国际环境的重大影响。

四

十一届三中全会确立对外开放为我国的基本国策。从国际政治形势及其前景来看，我们也完全有可能为实施全方位的对外开放政策争取一个比解放以来任何时期都更为有利的国际政治环境。

世界政治格局从两大阵营转变为三个世界，其中最重要的因素，一是苏联成为霸权主义国家，与美国争夺世界霸权，二是西欧和日本相对于美国力量的增长，三是第三世界的崛起。在这个转变过程中，中国承受了很大的压力。在相当一段时期里，对中国来说是美国的威胁未减，而苏联的威胁又起；不仅美国力图从朝鲜、台湾、印度支那三个方面包围我们，而且苏联也从南北两个方面对我进行威胁。我们始终处于战争或战争的威胁之下。在当时的形势下，这也是难以避免的，但我正确外交路线受到"文革"等的干扰，使我们没有能够充分利用国际形势中对我有利的因素，也加重了我们的困难。当前，美国和苏联对我威胁并未消除。美国在台湾问题上的立场，苏联对三大障碍的态度，都构成对我直接或间接的威胁。但是，70 年代以来，美国已不得不多少有所收缩，苏联的扩张也遇到越来越大的阻力，同时，我外交政策随着国际形势的变化及时进行了调整，我们的国际环境已经比过去任何时候都更加有利于我们的对外开放政策。

　　展望将来，至少到本世纪末，三个世界的基本格局还不会发生根本的变化。美苏争霸的局面还将继续，任何一方都不大可能压倒另一方，任何其他国家也不可能取代两霸的地位，力量对比的变化还不足以改变三个世界的格局。但是，两霸对国际事务的控制能力还将进一步削弱；美苏在军事力量方面的巨大优势，作为控制盟国和威吓第三世界国家的工具，其作用都将削减。尽管第三世界国家还难以突破世界政治的基本格局，但它们在国际事务中的地位还会有所加强。因此，美苏争霸导致世界大战的可能性虽然不能完全排除，但本世纪内的可能性不大；美苏对我威胁不会完全消除，但对我挑起战争的可能也不大。

　　最近的美苏首脑会议也说明：一方面是美苏两霸力争军事优势，美国提出"星球大战"计划，苏联不甘示弱，军备竞赛趋于升级；另一方面，美苏又不得不恢复谈判，尽管首脑会议对军备控制和地区冲突等关键问题并没有取得实质性协议，但双方在会后都力图渲染会谈的成果，并保持了进一步谈判的渠道。与去年相比，美苏关系有所松动。这一方面是由于双方互有需要，不仅苏联不胜巨额军费的负担，美国也有经济困难；更重要的是人心所向，世界各国舆论以至美苏的盟国都反对军备竞赛的升级，美苏都不得不予以考虑，作出争取达成协议的姿态。争夺霸权、进行军备竞赛等战争的因素确实还在增长，但制止战争、维护和平的力量也在增长，而且增长得更快。

　　就我国周围地区来说，日本的确还有军国主义势力，表现在历史教科书的问题上，也表现在不久前的参拜靖国神社的问题上。日本对待战犯的态度同西德很不相同，西德对战犯总还算进行了一些追查和处理，而日本却把战犯供奉在神社，还要进行参拜。日本也还有一部分人并没有放弃对台湾的野心。对此，必须保持警惕。但是，日本国内确实也有强大的反对军国主义的力量和要求中日友好的力量，而且国际环境和我国强大的国防也使日本很难重新走上军事侵略的道路。此外，在我国与越南、印度等的边境上还有可能发生骚扰和冲突；西沙和南沙群岛等由于岛屿的从属和领海问题，也有可能产生纠纷。香港收回以后，台湾问题还会更加突出，所谓"台湾独立"的国际阴谋始终值得注意。但只要我们处置恰当，完全可以挫败这种阴谋。而且在处理这些问题上，我们都处于比较主动的地位。

因此，尽管我国周围地区还存在着一些不稳定的因素，但从总的趋势看，只要我们坚持独立自主的外交政策，充分利用各种有利条件，为我们的全方位的对外开放政策和整个四化建设争取一个相对稳定的和平国际环境，是完全有可能的。

有些同志对三个世界的划分有些疑问，主要的问题是：（一）既然苏联是社会主义国家，怎么会又是霸权主义国家，而且还是争夺世界霸权的国家？（二）第二世界这个概念不十分明确，东欧有些国家究竟属于第二世界还是第三世界？（三）第三世界国家差别很大，能否把它们归为一类，是否还有第四、第五世界？我个人认为，在现实的世界上，并不存在纯粹的、理想的社会主义国家，苏联显然不是，就是我们也不能自诩。大国沙文主义或狭隘民族主义都有可能发展成为霸权主义。苏联的大国沙文主义早已有之，随着实力地位的变化，发展成为霸权主义国家，并不奇怪。除非苏联国内政局发生比较根本的变化，苏联的霸权主义也难以改变，至少在本世纪内还看不出这样的前景。至于一些东欧国家究竟应该划为第二世界还是第三世界，可以有不同的看法，但这并不重要。重要的是美苏两霸的实力特别是军事实力大大超过其他国家；至少在本世纪内，任何其他国家都不可能与两霸争夺世界霸权。第三世界国家情况确实很不相同，它们之间也存在着许多矛盾，但它们都深受帝国主义、霸权主义和殖民主义之害，它们为维护民族独立和发展民族经济的联合斗争还将是主流。

过去，我们对世界革命的估计往往偏于乐观，对世界大战的估计往往偏于悲观。这种估计上的"误差"，到"文革"时期达到"顶峰"。一方面，似乎国际上已经形成乡村包围城市的局面，帝国主义已经面临全面崩溃的形势；另一方面，"山雨欲来风满楼"，世界大战又似乎迫在眉睫。在这样的指导思想之下，根本谈不上正确认识和坚决实行对外开放政策。应当如实地承认，世界资本主义转变为社会主义还将是一个很长时期的过程，在此期间，世界大战的可能性虽然不能排除，但并非绝对不可避免。正确地估计我们的国际环境，对贯彻对外开放的政策十分重要。

五

从世界经济形势来看，既有对我国的对外开放政策有利的因素，也有不利的因素。同我国的国际政治环境比较，也许不利的因素要多一些。

第一，在三个世界的基本格局下，世界经济多极化和集团化的趋势还将进一步发展。

在西方国家中，美国、西欧、日本三极分化的趋势还将继续。美国至少在本世纪内还将据有优势，但资本主义世界相对统一的国际货币和贸易体系将更加难以维持。西欧共同体尽管进展缓慢，但还将进一步扩大和发展。日本建立亚太集团的企图还会有很大困难，但相对于美国和西欧，日本在这一地区的经济地位肯定还将加强。苏联和东欧国家中，不可能出现多极，但苏联将越来越难以满足东欧国家在能源、技术和资金等方面的需要，东欧国家的离心倾向还将加剧。

有一种意见认为，80 年代以来，美国在西方国家中的经济地位有所上升，扭转了过去长期以来经济地位相对衰落的趋势，因此今后也将更有力地阻止多极化和集团化趋势的发展。的确，从 70 年代后期起，特别是在 1980—1982 年经济危机以后，美国的经济增长率超过了许多西欧国家，个别年份甚至超过日本，美国在西方国家国民生产总值中所占比重有所增长。从 1980 年底开始，美元相对于其他主要货币的比价也有显著上升。但是，近年来美国经济的较快增长，在很大程度上是依靠庞大的财政赤字支持的。美国一方面维持巨额财政赤字，另一方面采取较紧的货币政策，结果利息率一直处于较高水平，美元也因此保持较高汇价。但这种政策同时也促成了外贸逆差和对外债务的急剧增长，使美国的经济回升也难以长期持续。1985 年，美国失去了第一次世界大战以来所一直保持的国际债权国的地位，变为净债务国。巨额的外贸逆差更大大加剧了美国贸易保护主义的倾向，从而也加剧了国际货币贸易体系中集团化的倾向。美国在先进技术方面也确有一定优势，美国还竭力企图通过"星球大战"计划等在西方国家中巩固和加强其领先地位，但西欧等国家也因而提出了"尤里卡"计划，日本还力争在先进技术的非军事运用方面进一步赶超美国。美国经济实力同它的全球霸权地位不复相称的总的形势并没有改变，多极化和集团化的趋势也并没有扭转。

第二，70 年代以来世界经济低速发展的局势看来还将持续一个相当长的时期，至少在本世纪内，贸易保护主义还将更加严重，货币金融更加动荡。

西方国家经济在 70 年代初从高速增长转入低速增长，主要原因是：（1）战后美国凭藉其经济绝对优势所推行的贸易自由化和资本自由流动的趋势为贸易保护主义和货币金融多中心的趋势所代替；（2）赤字财政和信贷扩张等刺激经济的措施，促进经济增长的作用越来越小，而加剧通货膨胀和物价上涨的作用越来越大；（3）低廉的原料价格，特别是原油价格，引起了原料生产国的强烈反抗。这些因素近来虽然有些反复，但在较长一段时期里仍将发生作用，西方经济低速增长的局势仍然难以扭转。

苏联和东欧国家的经济增长速度从 70 年代初开始也显著下降。苏联自然资源开发的日渐困难、劳动力增长的减缓、特别是军事开支的沉重负担，今后仍将是经济增长的制约因素。大多数东欧国家还受到贸易条件恶化和外债负担的影响。无论苏联或东欧国家，都还存在着经济体制不利于运用先进技术和提高劳动生产率的问题，今后经济增长速度在很大程度上将取决于经济体制改革的成效。苏联为今后 15 年规定的经济增长年率为 4.7%，这一增长指标虽然远低于五六十年代，但除非经济改革取得很大成效，否则很难实现。

有一种意见认为，西方国家特别是美国近年来经济回升较快，而通货膨胀减缓，因而已经摆脱了"滞胀"的局面，科技革命的发展将使经济恢复高速增长。的确，80 年代以来，美国和一些西方国家采取了较紧的货币政策，压低了实际工资和原料价格，物价上涨率虽然仍高于五六十年代，但已低于 70 年代。但各国财政赤字问题远未解决，通货膨胀的威胁依然存在。事实上，除了美国以外，其他西方国家都已竭力避免以扩大财政赤字作为刺激经济的手段。由于美元的特殊地位，美国在采取较紧的货币政策的同时，扩大财政赤字，一时还有可能吸收大量国外资金，促成经济较快增长。但如上所述，这种政策已经难以持续，而且还导致贸易保护主义的蔓延和整个国际货币金融的不稳。科技革命确实为生产力的巨大发展创造了可能，但是，从科技发展到推动大规模投资高潮和持续而普遍的经济高涨，需要有一个有利的国际经济环境。在贸易保护主义加剧、货币金融动荡的情况下，对西方国家来说，经济环境并不有利。因此，对于科技革命促进西方国家经济增长的作用，也不能过高估计。

第三，世界经济形势，对大多数发展中国家来说，将会有一个严峻的时期。国际经济秩序的改革将是长期艰苦的斗争。

发展中国家在70年代开展了联合的经济斗争，取得了很大成就，特别是石油输出国组织取得了很大胜利。80年代以来，斗争的形势有很大变化。许多初级产品的价格再次被压低到战后的最低水平，原油价格也出现了下降；不少债务国家为还本付息不得不采取紧缩经济、增加出口、压低人民生活水平的措施；即使一向发展较快的、以制成品出口为发展方向的国家和地区也开始受到发达国家贸易保护主义的影响，出现了经济增长率下降的趋势。发展中国家的经济困难，同整个世界经济发展趋势有密切关系，但其根本原因还在于不利于它们的国际经济秩序。西方跨国公司和银行在很大程度上控制着国际贸易、投资和货币金融，垄断着先进技术。国际贸易和货币制度还维护着这种垄断和控制。在经济困难加剧的情况下，发展中国家还将从加强南南合作、改革国际经济秩序中寻求出路，但这一斗争必然会有曲折反复，进展也将是缓慢的。

有一种意见认为，由于生产国际化的发展，各国之间相互依赖加深，因此产生共同利益，并必然导致各国之间的经济合作以至世界经济的一体化。生产的国际化确实加深各国之间的相互依赖，但是，在现实的国际经济秩序中，发展中国家与发达国家的相互依赖并不是对称的、平等的。因此，既可能有共同利益，也必然有利害冲突，是否能导致合作，还要看具体条件，包括斗争的结果。至于世界经济的一体化，如果是指世界所有国家在经济交往中都放弃主权而融为一体，那么，在现实的条件下根本没有可能。我们在对外开放中也不能立足于这样的估计。

中国是个发展中的社会主义国家，我们的对外开放政策也不能不受到国际经济秩序的不利影响。贸易保护主义的加剧不利于我出口的增长，利息率的高昂不利于我举借外债，货币金融的动荡也会增加我对外贸易和引进外资的困难。在技术引进方面，我们还受到美国和巴黎统筹委员会的歧视，苏联也不会完全放弃对我限制。但是，发达国家之间经济矛盾的加剧以及多极化和集团化趋势的发展，也使我们有更大可能利用它们之间的矛盾。而且，在世界经济低速增长的情况下，我国蓬勃发展的巨大市场，无论对发达国家或对其他发展中国家，都具有极大的吸引力。

中国不仅建立了社会主义制度，而且也确定了正确的路线方针，中国不仅具有相对完整的工业体系，而且也拥有强大的国防力量，我们完全有条件独立自主地开展全方位的对外开放政策。但我们也要清醒地看到，我们的社会主义制度还并不完善，我们正在进行经济体制的改革，我们的工业体系以及整个经济体系中技术、管理等水平还不高，劳动生产率还很低，我们的国际竞争能力还不强，我们还受到国际经济秩序的不利影响。这就更加要求我们积极而又谨慎地制定对外开放的各项具体政策，既要调动国内各个方面的积极性，又要严格实行统一对外的原则，处理好局部和整体的关系、当前和长远的关系，从而充分利用有利的国际环境，减少和避免不利因素的影响。在这些方面，有许多问题需要探索，有许多工作有待完成，希望并预祝青年同志们做出更大贡献。

（原载《世界经济与政治内参》1986 年第 1 期）

世界形势与南北问题

一

一年多以来，美苏恢复军备控制谈判并举行首脑会议，美苏关系在气氛上有所缓和，但实质进度不大。

在军备控制问题上，美苏虽然都表示赞同大规模裁减核武器，并提出了不少建议和反建议，但是苏联坚持裁减核武器必须以美国的星球大战计划限制于实验室的研究为前提，而美国则坚持裁减核武器不能同星球大战计划直接联系，并以不再遵守第二阶段限制战略武器的条约相威胁。同时，由于双方在不同种类的核武器和运载工具方面各有不同优势，即使进入削减核武器的具体谈判，也还会有严重分歧。军备竞赛扩展到太空的威胁并未消除。

在地区性冲突方面，苏联在军事占领阿富汗和支持越南侵占柬埔寨等问题上并无松动，美国在中东、中美洲等地又炫耀使用武力，海湾战争长期持续，南非的种族隔离政策导致爆炸性局面。美苏在第三世界的争夺有趋于激化的可能，整个形势仍然紧张动荡。

苏共二十七大后，苏联在对外关系中采取低姿态，制造和解形象，而美国则夸耀力量对比的有利变化，采取高压手段。事实上，由于国内外种种压力，美苏在双方关系中都需要缓和气氛。但双方既未放弃谋求军事优势，又力图保持和扩大各自的势力范围，双方关系取得实质性进展仍有很大困难。

另一方面，由于世界各国人民，包括美苏的盟国以及美苏两国人民，强烈反对战争和军备竞赛的进一步升级，由于第三世界国家维护民族独立、反对霸权主义的斗争，美苏两个超级大国左右世界形势的能力继续削弱。

二

1985 年以来，西方经济回升的势头显著减弱，苏联和多数东欧国家仍旧处于经济低迷增长的局面，绝大多数发展中国家继续面临严重的经济困难。1986 年，发达国家的经济发展中出现了一些有利的条件，但也存在着不少严重的不稳定因素，发展中国家经济发展的外部条件继续恶化。

1980—1982 年世界经济危机后，西方经济曾经有过一年多较快的回升，但从 1984 年下半年起，经济增长速度显著减缓。1985 年，西方发达国家的经济增长率更从 1984 年的 4.7% 下降到 2.8%，其中美国从 6.5% 下降到 2.2%，今年以来，西方经济继续缓慢增长。由于物价上涨率有所抑制，利息率有所下降，石油和其他原料价格继续下跌，西方国家经济发展的近期前景有所改善。美国在汇率、债务和所谓"多边监督"等方面，也与其他发达国家共同采取了一些协调政策的措施，但并未完全解除经济前景中的不利因素。美元汇率的下跌，一方面对日本已经造成一定的经济困难，另一方面在近期内还难以消除国际贸易收支的巨大不平衡，贸易保护主义的趋势并没有扭转。汇率的可能波动、油价的可能变化以及债务问题的可能恶化等都还是经济前景中不稳定的因素；如果美元暴跌或若干主要债务国停止支付外债本息，整个世界经济势将受到严重影响。因此，西方经济缓慢增长的局面可能继续维持一个时期，但突然恶化的可能也还不能完全排除。

1985 年，苏联基本上完成了国民收入和工业产值的年度计划指标，但农业产值的增长指标还未实现，总的增长速度仅为 3.5%。从 1981—1985 年苏联的第十一个五年计划来看，主要指标都没有完成，年平均增长率只有 3.2%，低于过去历次五年计划的实际增长率。今年苏共二十七大表示了对经济改革的决心，提出了今后 15 年国民经济翻一番的目标。今年以来，经济增长速度也确有提高。但是，石油价格的大幅度下降严重影响着可兑换的外汇收入，而经济改革却缺乏有力的具体措施，军备竞赛的压力和维护霸权的需要，还会阻碍改革的进行。近期的增长率可能略高于过去五年，但也难以大幅度上升。东欧许多国家，1985 年农业歉收，经济增长率严重下降，外债重行增加，经济改革的进程也有所减缓。估计今年的增长率可能高于去年，但仍将低于 1983—1984 年的水平。

绝大多数发展中国家的经济情况，在 1983—1984 年西方经济较快的回升中，并没有多少改善，而 1984 年下半年起发达国家经济增长减缓后，却都立即受到不利影响。1985 年，它们的经济增长率大多下降。拉丁美洲国家债务问题重新恶化，除巴西外，经济增长普遍减缓，估计今年的增长率还将进一步下降。非洲国家在连年旱灾后，去年农业收成有所改善，但由于原料价格下跌，出口收入下降，债务问题也开始突出。亚洲的许多国家，包括所谓新兴工业化国家和地区，去年的经济增长也显著减弱，新加坡甚至出现经济的绝对下降。今年以来，原油价格的猛跌使不少石油输出国也陷入严重的经济困难。

发展中国家的经济发展在很大程度上依赖发达国家的经济增长。从当前的情况看，发展中国家很难指望发达国家的经济增长速度足以带动它们走出经济困境。另一方面，发达国家的经济增长也有赖于发展中国家经济的健康成长。很难设想，在发展中国家经济普遍恶化的情况下，发达国家有可能实现真正的经济繁荣。

三

当前南北关系正处于紧要关头。当务之急是防止发展中国家经济发展的严重倒退。

80 年代以来，发展中国家的经济发展已经遭到重大挫折。

发展中国家非石油初级产品的出口价格，在 1980—1982 年世界经济危机中严重下跌，1983 年后也只是出现了短暂的回升，1985 年又急剧下降。从 1980 年到 1985 年，以美元计算的出口价格下降 25%。原油价格从 1982 年到 1985 年下降 21%，今年以来更开始暴跌。发展中国家的贸易条件普遍恶化。

80 年代以来，发达国家贸易保护主义的倾向显著增长。关税税率虽然由于东京回合的谈判而有所降低，但非关税壁垒大大增加，而且往往是针对发展中国家的。据贸发会议 1985 年的估计，发展中国家向发达国家的出口中，1/3 以上受到不同程度的数量限制，主要制成品出口中受到数量限制的比例高达 65%，而同样的制成品在发达国家之间的贸易中受到数量限制的比例却是 23%。

　　1982 年发展中国家债务危机爆发后，许多债务国通过紧缩经济、压低人民生活水平、增加出口的办法，一度使债务问题有所缓和；但由于发达国家经济增长缓慢、石油和其他初级产品价格下降，而制成品出口又越来越受到阻挠，债务问题重行恶化。许多债务国一方面不得不支付巨额外债本息，另一方面又很难从国际市场上获得新的贷款，实际上是被迫向发达国家提供资金。这种资金倒流的现象严重妨碍债务国的经济发展。债务问题上从资金周转（liquidity）问题迅速转变为偿付能力（solvency）问题。

　　80 年代以来，发展中国家的经济增长已大大减弱。根据联合国的统计资料，发展中国家（不包括中国）1976—1980 年国内生产总值的年平均增长率为 4.9%，而 1981—1985 年只有 1.4%。按人口平均的国内生产总值更连年下降，许多发展中国家的人均收入已倒退 10 年以至 15 年前的水平。

　　对于发展中国家的这些紧迫问题，发达国家采取了一些措施（例如贝克计划），并在不同场合（例如西方七国首脑东京会议）表示协助解决的意愿。但这些措施和意愿都有待具体落实，至今作用不大。

四

　　南北关系的根本问题是寻求南北共同繁荣的道路。

　　由于历史上的种种原因，世界各国分为经济上的发达国家和发展中国家，世界分为南北。在国际经济联系日益密切、生产国际化迅速发展的情况下，各国之间的相互依赖加深，南北之间也并不例外。但是，在现实的国际经济秩序中，南北的相互依赖关系并不是对称的、平等的。北方处于经济上的有利地位，南方处于不利地位。因此，在发达国家经济困难的时期，发展中国家往往首当其冲，深受其害；初级产品价格被压低，出口市场困难增加，债务问题更加严重。美国尽管长期出现国际收支逆差，却可以利用美元的特殊地位，大量吸收国外资金予以弥补；而发展中国家在出现国际收支逆差时，往往迅速被迫紧缩经济，压低人民生活水平。

但是，当前的世界形势与过去已有很大不同，政治条件也发生了很大变化。南方不会长期容忍本身的经济发展受到阻挠以致倒退。70 年代的石油斗争就是原油价格长期被压低的结果。如果发展中国家资金倒流的现象长期持续，它们也有可能单方面采取停止支付外债本息的行动。70 年代中，发展中国家提出了改革国际经济秩序的要求，但由于发达国家特别是美国的僵硬态度，南北对话一直没有多少进展。当前发展中国家经济处境困难，缺乏讨价还价的资本，发达国家对于这些要求更加不予重视，甚至收回了一些过去已有的承诺。尽管有关改革国际经济秩序的要求，有些不一定十分现实，有些也不是短期内所能实现，但如果对于这些要求长期缺乏应有的响应，势必使南北关系不时趋于紧张，甚至导致对抗。这无论在经济上，或是在政治上，都将不利于南北双方。

当然，发展中国家的经济困难不能完全归咎于发达国家，也不能完全归咎于国际经济秩序。发展中国家本身也需要调整经济政策，进行经济改革。但是，这些调整和改革需要有较为有利的外部条件。对于发展中国家所面临的一些紧迫问题，需要予以足够的重视，切实予以解决，同时使紧迫问题的解决与逐步改善国际经济秩序相结合。只有这样，南北的共同繁荣才有可能实现。

　　和平和发展是当前世界上的两大问题。这两大问题密切相关。为保证这两大问题的较好解决，要求南北双方共同努力。

　　（在中日知识经济交流会 1986 年 7 月第 6 次年会上的发言）

当前的世界经济形势

今年以来，国际上对世界经济形势的估计，特别是对西方经济的估计，经历了很大的起伏变化。

年初的时候，由于原油价格的下跌和美元汇价的下降，对西方经济和美国经济形势估计的乐观气氛大大上升。原来预计美国今年将出现另一次经济衰退的人纷纷修改他们的估计，认为今年以至明年都不会出现衰退；许多人还调高了他们对今年西方经济增长率的预测。

但是，到今年年中的时候，特别是7月份以来，气氛发生很大变化。整个上半年，美国、日本和西德的工业生产一直不振；今年第一季度，日本和西德的国民生产总值出现下降，第二季度，美国国民生产总值的增长年率只有1.1%，7月间，美国俄克拉荷马第一国民银行倒闭，美国第二大银行美洲银行出现巨额亏损，美国第二大钢铁公司LTV宣告破产，股票市场一度出现暴跌。于是，有关西方经济增长率的预测又纷纷调低，有关今年可能发生经济衰退的论调又重新出现，有人甚至认为新的一次经济危机已经开始。7月底，里根不得不亲自出马，为乐观气氛打气，声称："有人认为美国经济上升可能已经结束，请相信我，他们是大错特错了。"

对西方经济前景估计的这种剧烈变化，反映了西方经济的不稳定，也表现出阻碍着西方经济发展的一些严重矛盾还远远没有解决。

原油价格的猛跌，原来被认为有利于西方石油进口国，包括美国在内。但是，油价下降的直接影响却是使与石油勘探、开发、生产等有关的美国企业、银行和地区立即陷入严重困难。而且，油价前景的捉摸不定还增加了经济发展中的不稳定因素。

美元对日元和西德马克汇率的剧烈下降，原来被认为将有利于美国出口，有利于美国国际贸易逆差的削减，有利于缓和美国的贸易保护主义趋势。但是，美元汇率下跌的直接影响却是使美国从日本、西德等进口的许多货物的美元价格立即上涨；而且由于不少与美国有重要贸易关系的国家汇率随美元而波动，它们对美国的出口量甚至还有所增加。因此，以美元计算的美国进口额至今猛烈增长，美国的贸易逆差并未削减，贸易保护主义还在继续发展。

当前西方经济形势中比较有利的一个因素是物价上涨率较低，为各国政府采取刺激经济的措施提供了一定余地。今年以来，西方各国的利息率也确实有所下降。但是，由于生产能力严重过剩，由于经济不稳定因素的增长，利息率下降对生产性投资至今并未产生多少刺激作用，甚至新兴工业部门，例如大规模集成电路、计算机、机器人等，也没有多大起色，而企业吞并和投机性活动却大大增长。美国的庞大财政赤字已经难以依靠外国资金的流入来弥补，而其他西方国家也并不愿意承担刺激整个西方经济的作用。美国对日本和西德提出的增加国内需求的要求正遭到越来越大的阻力。美国最近降低中央银行贴现率的措施就没有得到日本和西德的响应。美国实际上是以美元汇率继续下跌为威胁，压西德和日本采取刺激内需的措施。但这本身也带来很大的危险。正如美国联邦储备委员会主席沃尔克所指出的，美国继续采取缺乏国际协调的削减利率的措施，有可能使美元汇价暴跌。如果发生这种情况，将不仅对美国经济，而且对整个世界经济，产生严重影响。

绝大多数发展中国家，在1983年以来的西方经济回升中，经济情况始终没有多少改善，在初级产品和原油价格持续下跌的情况下，更陷于严重的经济困境。发展中国家的外债问题至今对整个西方金融体系仍旧形成重大威胁。尽管一时还不致发生大规模的拒付外债本息的情况，但发展中国家的经济困难对西方发达国家的经济发展还将是一个长期的不利因素。

西方经济以致世界经济正处于动荡之中。对前景持乐观看法者往往强调油价下跌和美元汇价下降对西方经济的有利作用将在今年下半年逐步有所体现，西方各国也还会进一步采取一些协调刺激经济的措施。但这将以西方国家及时协调经济政策防止各种不稳定因素的严重恶化为前提。西方经济有可能继续维持一个时期的低速增长。但对西方经济以至世界经济的其他可能变化，也需要密切予以注意。只有这样，才能使我们应付各种不同的局面。

(1986年7月)

走向 2000 年的中国和亚太经济

一

亚太地区的经济发展具有巨大的潜力。这一地区不仅拥有丰富的人力资源和天然资源，而且也有雄厚的资金、先进的技术和广阔的市场。近 20 多年来，在世界各个地区中，亚太地区经济增长最快，在世界生产和国际贸易中的份额显著增加。80 年代以来，这一地区虽然也受到世界经济危机的影响，但相对于其他地区来说，仍旧继续保持了较高速度的经济增长。

另一方面，亚太经济在走向 2000 年的过程中正面临着严峻的考验。西方发达国家经济增长的减缓、贸易保护主义倾向的增长、南北经济矛盾的尖锐化，已经开始愈来愈严重地影响亚太地区今后的经济的发展和潜力的发挥。

亚太地区的一些国家，特别是日本和东亚地区，过去的经济增长严重地依赖出口，尤其是美国的市场。不仅日本对美国有大量贸易顺差，而且东亚地区也对美国有大量顺差，对日本则有大量逆差。这种情况显然不可能长期持续。在美国的压力下，日元已经大幅度升值；东亚的一些国家和地区，暂时由于有利的汇率，对美出口续有增长，但它们也必然会受到美国保护主义倾向越来越严重的威胁。

亚太地区的许多发展中国家还严重依赖初级产品的出口，而且往往是少数几种农矿产品的出口。初级产品价格的下跌已经对它们的经济发展产生显著的不利影响。发达国家的农业补贴和库存抛售使它们不断遭受重大损失。发展中国家普遍需要加强初级产品的加工工业，提高技术能力，加速产品的升级。但是发达国家对纺织品等劳动密集型产品的进口限制仍在加强，对技术转让的条件又十分苛刻，使发展中国家的工业化和产业结构的进化都遇到重重障碍。

亚太地区发展中国家的外债问题虽然不像拉美和非洲国家那样严重，但是官方援助和长期资本流入的停滞和削减也影响着这一地区的许多国家，特别是最不发达国家。美国庞大的财政赤字使实际利率长期处于较高水平；日本的大量资金流向美国。这种国际资金流动的条件和方向，对这一地区的许多发展中国家也产生着不利影响。

同其他地区一样，亚太地区的经济发展要求和平稳定的国际环境。对柬埔寨和阿富汗的侵占仍旧严重地威胁着这一地区的和平和稳定。超级大国还在这一地区加紧部署军事力量，这更将加剧形势的动荡。

尽管亚太地区的经济发展面临着以上种种不利条件，但也出现了一些有利的因素。

在日元大幅度升值的情况下，日本已经开始比较认真地考虑进行必要的产业结构调整，扩大对本地区的投资。关键的问题在于，日本是否真正能够对本地区发展中国家的产品开放市场，采取有利于发展中国家增加出口特别是对日本出口的技术转让措施，同时在制成品的贸易中逐步建立合理的"水平分工"。在走向 2000 年的过程中，日本相对于美国的经济实力势将进一步加强。日本在亚太经济今后的发展中处于十分重要的地位，从而也负有重大责任。

亚太地区的许多发展中国家正力争产业结构的升级，同时也在扩大它们的对外经济联系，避免过分依赖个别国家。随着中国对外开放政策的发展，中国同本地区其他国家的经济关系还会有进一步的开展。

特别重要的是，本地区发展中国家的区域组织正在成长壮大。继东盟（ASEAN）和南太平洋论坛（SOUTH PACIFIC FORUM）以后，去年又正式成立了南亚地区合作联盟（SAARC）。尽管它们在促进各自区域内的贸易和工业等合作方面，还需要克服许多困难，但是它们具有巨大的发展潜力。同时，它们的成立和发展，本身就对促进亚太地区的和平和稳定起着极其有益的作用。

综观以上的不利因素和有利因素，在今后 15 年期间，亚太地区的经济发展虽然难以恢复 60 年代和 70 年代的高速增长，但有可能继续较快于其他地区。有些有利因素，当前还只是处于萌芽状态，但从长远来看，如果能够逐步实现和成长，对于发挥亚太经济的潜力，将起重大作用。当然，这还有待于本地区各国的共同努力。

二

中国是亚太地区的一个大国。随着中国经济改革和对外开放的开展，中国在亚太经济发展中的作用也会增长。中国对亚太经济今后的发展也负有不容推卸的责任。

中国已经确定了本世纪内经济发展的目标，争取在 2000 年时按人口平均的国民生产总值达到 800—1000 美元。中国将力争使人口总数在本世纪末不超过 12 亿，但有可能略有超出。如果这些目标能够实现，到 2000 年时，中国的国民生产总值将达 1 万亿到 1.2 亿美元，比 1980 年约翻两番。

中国的这一目标确实是宏伟而艰巨的。当中国最初提出这一目标时，人们曾经怀疑它能否实现。但是，最近五年中国经济改革和对外开放的成就，使人们有理由认为这一目标是有可能实现的。当然，这一目标的实现还有赖于改革和开放政策的顺利进展，再时也将受到国际环境的影响。

如果到 2000 年时，中国的国民生产总值达 1 万亿到 1.2 万亿美元，这将相当于日本在 80 年代初的水平。但是，就 800—1000 美元的人均国民生产总值来说，中国仍将是一个中等偏下收入的发展中国家。

作为整体，中国将从"潜在的广大市场"变为更加具有现实意义的市场，从而为本地区各国提供更多的出口机会。当然，同日本或美国相比，中国的市场规模还会相差很远。另一方面，人们担心，中国在制成品出口中将会同本地区的其他发展中国家产生激烈的竞争。在发达国家加强对发展中国家制成品的进口限制的情况下，这种担心是完全可以理解的。

发展中国家在工业化初期，普遍着重于资源密集型和劳动密集型产品的出口，从而往往出现相互竞争的局面。当前，在中国的出口构成中，这些产品也占有重要地位。因此，确实会有一定的竞争。但是，只要各国遵守公平竞争的原则，这种竞争将有利于各国产品质量的提高和产业结构的升级。

更为重要的是，正因为中国是一个大国，中国不可能采取"出口主导型"的发展模式，而必须立足于国内。同时，中国具有比较完整的工农业体系，而总的发展水平还不高，因此在相当长的时期内，还会有多层次的技术水平并存的局面和多种类型产品的产业结构。在技术方面，既会有相当先进的技术，也会有中等或甚至落后的技术。在产品类型方面，既会有资源密集型和劳动密集型的产品，也会有一些比较先进的资本密集型和技术密集型的产品。这就使中国具有与不同发展水平的国家进行合理分工，特别是进行"水平分工"的条件。中国的航天技术进入国际市场、中国从东盟国家制成品进口的增长等，都说明了这种"水平分工"的可能。

当然，中国作为亚太地区的一个大国，而同时又是一个发展中国家，在与其他发展中国家的关系中，还特别需重注意加强相互磋商和协调，以便扬长避短，促进合理的分工，加强集体的自力更生。

由于历史关系，从表面上看，在国际经济关系中，似乎发达国家同发展中国家之间更具有互补关系，而发展中国家之间却存在着更多的竞争关系。其实，这正是长期的殖民统治和由此而产生的国际经济旧秩序的后果。发展中国家之间至今经济交往有限，缺乏相互之间合理的分工。亚太地区发展中国家区域性组织的成立和壮大，正是对这种旧秩序的冲击。中国在同本地区其他发展中国家的经济关系中，也应该朝着这个方向努力。

三

由于亚太经济在整个世界经济中越来越成为最有活力的地区，人们纷纷议论："太平洋将代替大西洋，成为世界经济的中心。"个别美国学者甚至提出，今后的世界，特别是国际贸易体系，将走向"日本统治下的和平"的局面（PAX NIPPONICA）。

在人类文明的发展过程中，亚太地区的人民曾经作出过卓越的贡献。但是，当产业革命在西方兴起和蓬勃发展的时候，亚太地区却逐渐落后。随之而来的是殖民主义和帝国主义的长期统治，亚太经济在世界经济发展中沦于从属地位。

第二次大战后，亚太地区的殖民地和半殖民地国家，同其他地区的类似国家一起，先后摆脱了殖民主义和帝国主义的统治，取得了政治独立。从此，亚太地区以至世界经济的发展发生了深刻变化。

当前正处于新的技术革命时期。日本、美国、西欧以及苏联等发达国家，都在争取新的技术革命中的领先地位。日本和美国在这一技术领域的争夺中，拥有一定的优势。但是，历史并不会重演。现实的国际政治经济形势已不再会容许任何国家或地区成为世界上独一无二的中心。

先进技术领域中的竞争，本应推动技术进步，有利于各个地区以至整个世界的经济发展。但是，如果发达国家在技术领域中的竞争，主要是为了确立军事优势，为了建立或重振经济霸权，世界和平势将遭到更加严重的威胁。如果发达国家利用它们在技术领域的垄断地位，阻挠发展中国家的技术进步，使南北之间的分工永远停留在"垂直分工"的水平上，南北之间的矛盾势将更加激化，最终也将不利于发达国家。

因此，亚太地区在今后的世界经济中确实将起更为重要的作用，但发展的方向却不是取代其他地区成为世界经济中心，更不是建立任何国家统治下的和平。需要争取的是，在亚太地区的经济发展中，使社会制度不同和发展水平不同的国家之间建立起平等互利的合作关系，以使这一地区的所有国家都真正能够共同发展。

（原载《世界经济》1987 年 1 月）

动荡中的世界经济

一

在岁末年初的时候，我们不妨回顾一下 1986 年以来世界经济中的大事，或许可以从中对过去一年多的世界经济形势得出一个总的印象，为估计未来发展和进一步探讨一些有争议的问题提供一定基础。

（一）美元汇价下跌，日元和西德马克汇价大幅度上升。从 1985 年 2 月起，美元汇价即已开始下降，9 月间在西方五国财长会议的推动下更开始大幅度下跌。1986 年，美元汇价继续下降，直到 10 月末美日之间有所协议后，才略有回升，并稳定了一个短暂的时期。1986 年一年，美元对日元和西德马克的汇价，在前一年已经下降约 20% 之后，进一步下降 20% 左右。但美国的贸易逆差并没有显著改善，美国与日本和西德的贸易不平衡继续扩大。今年年初以来，美元对日元和西德马克的汇价又开始急剧下降。

（二）原油国际价格暴跌。1982 年以来，石油输出国组织"限产保价"的政策，一再遭到组织以内的国家违反限产协议以及组织以外的国家增产出口的威胁。1985 年 12 月，在沙特的倡议下，石油输出国组织改变"限产保价"的政策为"维持国际市场份额"的政策。1986 年原油国际价格因而暴跌，从 1985 年底的每桶 28 美元，下降到 1986 年 7 月的每桶 10 美元以下。从 8 月起，石油输出国组织成员国重新达成减产的临时协议，非成员的石油出口国除英国以外也纷纷表示同意限制出口，油价才略有回升。1986 年 12 月，石油输出国组织决定进一步削减原油产量，从今年起恢复固定油价制度，每桶油价 18 美元。今年以来，由于欧洲严寒等原因，石油需求增加，原油现货价格实际上已上升到每桶 18 美元以上。但这一价格仍旧大大低于 1985 年年底的水平。

（三）股票行市在剧烈波动中猛涨。1986 年，几乎所有西方主要国家的股票行市都创造了新的最高纪录，今年年初更猛烈上升。与此同时，股票价格也出现了前所未有的剧烈波动，去年 7 月间美国股票行市一日之间的跌幅打破了过去历来的纪录。1985 年以来，西方经济增长速度减缓，但货币供应量大大增加；生产性投资增长有限，大量游资投入股票等金融市场，促成了股票行市的上涨。西方国家金融市场的进一步开放和国际化的趋势，一方面促进了资金在各国之间的流动，另一方面也加剧了各国金融市场的动荡。不仅股票行市大起大落，而且出现了大量发行低等债券（Junk Bonds）、收购股票、兼并企业的现象，以及内幕交易（Insider Trading）等种种非法活动。

（四）国际贸易不平衡严重加剧，贸易保护主义倾向继续发展。1986 年，美国的对外贸易逆差，日本和西德的贸易顺差，都打破了历史上最高纪录。西方各国之间贸易冲突加剧，美国贸易保护主义的倾向进一步加强。1986 年达成的多种纤维协议扩大了产品限制范围，所谓"自愿限制出口"、"反倾销"、"抵消关税"等措施更日益用于保护主义的目的。尽管去年 9 月关税及贸易总协定乌拉圭会议正式开始以进一步放宽和扩大世界贸易为目标的新的一轮多边贸易谈判，但这一轮谈判势将旷日持久，在此期间，贸易保护主义的趋势还将发展。今年以来，美国与西欧共同体之间"玉米战"刚刚平息，围绕着"空中公共汽车"的"飞机战"又起。在民主党控制的美国国会中，又重新提出了去年已在众议院通过的"战后保护主义色彩最为浓厚的"贸易法案。

（五）初级产品价格继续下跌。根据国际货币基金的材料，1986 年尽管美元汇价下跌，但按美元计算的非石油初级产品价格仍比 1985 年下降 4.1%，比 1980 年的高峰下降 27%。去年 12 月，初级产品价格指数已跌到 1976 年以来的最低点。发展中国家贸易条件进一步恶化。

（六）国际债务问题依然严重。1986 年，西方主要国家利息率下降，债务国的利息支出也有所减少。但由于石油和初级产品价格的下降以及发达国家的贸易保护主义，债务国的负担依然十分沉重。实际利息率，特别是按发展中国家出口价格计算的实际利息率，并未下降。1985 年的"贝克计划"并没有得到大银行的响应，资金倒流的现象继续存在。

（七）美国成为世界上最大的债务国，日本成为最大的债权国。1985 年，美国在国外的资产已经低于外国在美国的资产，成为净债务国。1986 年，由于美国庞大的国际收支经常项目逆差，外国在美国的资产猛增，年底时已超过美国在外国的资产 2500 亿美元左右。当然，由于美国积欠外国的债务绝大部分以美国的本国货币计算，由于美国在国外的资产，特别是直接投资，估价往往偏低，美国的外债与其他国家的外债不尽可比。但美国从第一次世界大战起所一直保持的债权国地位的丧失，突出地说明了美国相对经济地位的恶化。日本的资本净输出则急剧增长。根据东京银行的材料，1985年底，日本的资本净输出累计额为1300亿美元，英国为1160亿美元，瑞士为1000亿美元，西德为711亿美元。

（八）苏共二十七大的召开，对经济改革表现出前所未有的决心。戈尔巴乔夫的报告坦率地承认苏联社会经济发展中的缺陷，提出了比较全面的改革设想。

（九）1986年，中国在进一步推进经济改革和对外开放中，比较顺利地从经济超高速发展的不正常情况调整为均衡稳定的增长。当然，在投资规模和财政开支等方面还存在着一些潜伏的不稳定因素，但在调整过程中避免了急刹车，保持了一定的增长速度。这是一项难能可贵的成就，也是1986年世界经济中的一件大事。

二

一年多来，世界经济中虽然没有发生严重的经济危机或金融危机，但总的来说，仍旧处于动荡的局面。从各个地区看，在这期间，不稳定的因素还有所增长。世界经济今后的发展在很大程度上将有赖于西方主要国家之间的经济政策的协调和南北关系的调整，同时也将受到世界政治形势的影响。

（一）1986年西方主要国家仍保持低速的经济增长，增长率一般都在2.5％左右。美国和日本的增长率都大大低于年初政府的预计，日本的增长率并大大低于1985年，西欧共同体的增长率虽然略高于1985年，但也并未出现强劲的上升。

1986年年初，由于美元汇价下降和油价下跌，由于西方主要国家物价上涨率较低，国际上对西方经济特别是美国经济形势的估计，一般比较乐观。但是，美元汇价下降的直接影响是使美国以美元计价的进口增加，贸易逆差进一步扩大，而日本出口企业以日元或其他升值货币计价的出口值及利润却先行下降。油价暴跌的直接影响是使与原油勘探、开发、生产等有关的美国企业、银行和地区立即陷入严重困难。去年 7 月份，美国就因此而出现了银行的倒闭和亏损、大公司的破产以及股票市场的暴跌，乐观气氛因而也有很大变化。另一方面，油价的下跌确实使西方国家在 1986 年保持了多年所未有的较低的物价上涨率，使它们有可能采取一些放松货币政策的措施。去年一年内，美国、日本、西德等也确实多次降低贴现率，增加货币供应量，但是直到今年年初，西方经济并没有多少起色。

对今后西方经济的近期估计，问题首先是：美元汇价下降和油价下跌对西方经济的有利作用今后是否会有更多的表现？西方主要国家的物价上涨率仍旧很低，是否还可以进一步采取刺激经济的措施，使西方经济获得新的活力？

美元汇率下降对缩小美国外贸逆差的有利作用，需要有一段时间才能有所发挥。去年最后几个月内，美国外贸逆差已经开始有一些缩减的迹象，估计今年还可能进一步缩减。但是，仅凭汇率下降，很难解决美国的外贸逆差。根据美国官方比较乐观的估计，今年美国外贸逆差可能减少 300 亿到 400 亿美元，但仍将大大超过 1000 亿美元。实际上，美国的外贸逆差是美国以国外资金弥补财政赤字的一种反映，除非财政赤字大大削减或是改以国内资金弥补，否则不可能得到解决。

原油国际价格今年可能大体稳定在每桶 18 美元左右。这一较低价格对于抑制西方国家的物价上涨还会起一定的有利作用。但是，较低的物价上涨速度并不一定意味着西方国家有很大回旋余地采取刺激经济的措施。在美元汇率下降的影响下，美国今年的物价上涨率势必高于去年，进一步降低贴现率或扩大货币供应量还会招致美元暴跌的风险。就日本和西德来说，它们既不甘心长期为美国弥补财政赤字，也不愿意承担西方经济发展的"火车头"作用，使自己的国际竞争能力遭到削弱。

因此，关键的问题在于西方主要国家之间，特别是美、日、西德之间，是否能够协调经济政策，在美国逐步减少财政赤字和贸易赤字的同时，日本和西德采取增加内需、刺激经济的措施。1985年9—10月间，西方国家在汇率、债务、贸易等问题上，曾经协调政策，并取得一定成就。就汇率方面来说，五国财长会议对美元汇率下降取得一致意见后，在美国降低贴现率的过程中，日本和西德也采取了相应的措施。但到1986年下半年，协调的气氛越来越为对抗的气氛所替代。8月美国再次降低贴现率时，尽管施加种种压力，日本和西德却拒绝响应。10月底，美国和日本以稳定美元与日元比价和日本再次降低贴现率相交换而达成协议；但到今年1月时，美国却背弃协议，推动美元对日元的汇价进一步下降，引起了日本的强烈不满。西德只是在1月下旬才再次降低贴现率，但同时又采取措施，限制货币发行量的扩大。今年年初以来，美国实际上已经是冒着美元暴跌的风险，以美元汇价进一步下降为威胁，压西德和日本降低利率、刺激内需。西方报刊把这种局面称之为"看谁先丧胆的危险游戏"①。

当然，在形势紧急的情况下，西方国家还有可能在一定程度

---

① 从各国官方人士的言论中，也可以看出对抗气氛的逐渐上升。去年10月国际货币基金和世界银行年会时，据称美国财长贝克私下声称："争取使日本和西德明白道理，如果不行的话，就要让它们感到火力"；西德财长回敬说："美国人应该先清理他们自己的猪圈，再来对别人上经济课。"今年以来，在谈到美国的贸易保护主义高压手段时，法国总理希拉克指责美国采取"炮舰政策"，并表示如果不得不为此"同美国开战"，西欧各国将并肩作战；在谈到日本对美国的大量出口时，一位美国众议员甚至表示："上帝保佑杜鲁门，他对日本投了两颗，其实应该投四颗的！"

上取得妥协，达成暂时协议。西方国家正在酝酿再次召开财长会议，讨论稳定汇率和协调财政政策等问题。如果它们能避免这种"危险的游戏"导致严重的突变，西方经济可能还会维持较长一段时期的低速增长，但不稳定的因素势将进一步增加。

（二）1986 年，苏联经济有显著好转，国民收入增长 4.1％，是 80 年代以来增长最快的一年。工业产值增长 4.9％，高于第十二个五年计划的年平均增长率。农业产值增加 5.1％，超过计划规定的增长率的一倍；粮食产量达 2.1 亿吨，比 1985 年增产 1800 余万吨，虽然还没有达到过去的最高纪录，但也是 80 年代以来的最高水平。另一方面，油价和初级产品价格的下跌，使外贸值下降 8％；切尔诺贝利核电站事故和一些河流缺水使发电计划未能完成。

1986 年也是苏联加紧进行改革的一年。经济情况的好转显然与改革有一定关系。但是，1985 年 3 月戈尔巴乔夫担任苏共中央总书记后，首先着重于调整高层领导干部和加强劳动纪律。经济体制方面的改革一直处于小规模的试验阶段。只是到 1986 年 2 月苏共二十七大时，才提出关于经济体制改革的较为完整的设想。嗣后，改革的速度加快，开始陆续颁布一些具体措施和办法，但也还没有大规模推广，而且在实际执行中也还遇到不少阻力和障碍。因此，很难说经济情况的好转究竟有多少可以归功于体制方面的改革。

苏联 1987 年国家计划初步规定，当年国民收入增长率为 4.1％，工业产值增长 4.4％。今年的重要任务是更大规模地进行"经济试验"，并推广施行已经开始的改革措施。苏联的经济发展前景显然在很大程度上要看改革是否能够顺利进行。今年 1 月间的中央全会以及会上戈尔巴乔夫关于改革和党的干部政策的报告，表现出在各级干部中还存在着对改革的重大阻力；戈尔巴乔夫也承认，"改革事业比原来预料的更为困难"。同时，军备竞赛的沉重负担对苏联的经济改革还会是一个严重的障碍。

苏联和东欧国家在经济改革方面的经验，无论是成功或失败的经验，都非常值得我们研究和借鉴。

（三）1986年发展中国家的经济情况很不一样，但大多数国家都在不同程度上受到初级产品价格下降、国际债务负担和发达国家贸易保护主义的困扰。许多国家采取了调整国内经济政策的措施，也取得了一定成就，但在严峻的国际环境下，处境仍旧十分困难。

拉丁美洲国家面临的主要问题仍然是沉重的债务负担。1986年初油价的猛跌使墨西哥、委内瑞拉等石油出口国重新陷入债务危机。非石油出口的债务国，特别是巴西、阿根廷和秘鲁，由于采取严格的物价管制措施，去年年内，通货膨胀率大幅度下降，经济增长加快，但到年底时，又出现了贸易顺差削减、外债偿付能力削弱，物价重新加速上涨的现象。另一方面，债务国家更强烈地提出了在发展经济的前提下偿还外债的主张，在与债权国重新安排债务中，取得了多少比过去较为有利的条件。墨西哥在1986年9月达成延期偿还外债的协议中，除利率、偿还期等比过去较为优惠外，还明确地把偿债与保证每年3%的经济增长率联系起来。继秘鲁之后，巴西也明确提出了偿债必须有一定限额，规定偿债额不得超过国民生产总值的2.5%；今年1月巴西在与债权国政府间的巴黎俱乐部的谈判中，成功地拒绝了债务重新安排必须首先与国际货币基金达成监督协议的条件。

非洲国家1986年农业生产形势较好；由于近两年来，雨量充沛，旱情缓解，一度出现的蝗灾也得到控制，因此粮食生产取得较好收成。喀麦隆、加纳等国家调整经济政策，优先发展农业，改善经营管理，整顿国营企业，对恢复农业生产和缓和经济困难也起了积极作用。但是，由于初级产品价格的下降，出口收入锐减，偿债能力削弱，外资流入减少，外债负担更为严重。去年，联合国就非洲的紧急经济形势召开了特别会议，通过了非洲经济复苏和发展的"行动纲领"，但所需外援仍然有待落实。

亚洲地区中，西亚石油输出国由于油价暴跌，大多仍处于经济衰退中。东盟国家受初级产品价格下降影响较大，1986年印尼、马来西亚、菲律宾的经济增长率，或是负数，或是在1%以下，新加坡在1985年的负增长后也只是稍有回升。只有东亚地区，经济情况有较大好转。南朝鲜和中国台湾省一方面由于进口原油价格下跌，另一方面又由于汇价主要挂靠美元，在日元升值下，出口大大增加，因此1986年经济增长率达10%左右。但它们的出口严重依赖美国市场，美国贸易保护主义的压力对它们形成越来越严重的威胁；它们也同样面临着调整出口地区和产品构成的紧迫任务。

在现实的国际经济秩序中，绝大多数发展中国家的经济前景还不能不在很大程度上受发达国家的影响。它们所面临的严峻的国际经济环境，在相当长的时期内，还难以有很大改善。但是，它们调整国内经济政策和调整南北关系的共同努力，仍旧会起一定的作用。

三

一年多来世界经济形势的发展，对一些有争论的问题，也提供了有益的启示。

（一）近年来，国内对西方国家是否已经走出"滞胀"的问题，一直有所争论。我个人认为，如果把争论的焦点归结于"滞"与"胀"的概念上，如果把个别年份的经济增长率或物价上涨率作为西方国家是否已经走出"滞胀"的标准，那就不会有多大实际意义。实质的问题还在于如何看待 70 年代初期以来西方经济发展中所出现的转折点，这一转折点是否已经发生相反方向的变化。

战后西方经济发展在 70 年代初期从高速增长转变为低速增长，而通货膨胀却反而比过去加快，因此被称为"滞胀"。出现这一转折点的事实已为国内外所公认，但是对产生这一转折点的原因，意见似乎并不完全一致。

是否可以把 70 年代初期①出现这一转折点的原因归结为以下几个方面：（1）美国经济霸权的衰落。战后美国在绝对经济优势下所推行的贸易自由化和资金自由流动的趋势，一方面有利于美国的经济扩张，另一方面在客观上也有利于西方经济的高速增长；随着美国经济优势的衰落，这一趋势已为贸易保护主义和货币金融的激烈动荡以及多极化和集团化的趋势所替代。（2）国家垄断资本主义的发展。西方国家刺激经济的措施，特别是财政赤字，曾经推动了经济高速增长，但也造成严重的通货膨胀，财政赤字刺激经济的作用日益减弱，促成通货膨胀的作用日益加强。（3）石油和初级产品价格的变化。50年代和 60 年代石油和其他初级产品的价格一直被压在很低水平，这对西方经济高速增长也起过重要作用，但这也引起原料生产国的强烈反抗，导致 70 年代的石油斗争和原料价格的上涨。

我想特别强调一下以上第一个原因，即美国经济霸权的衰

---

① 对于出现这一转折点的具体时间，也有一些不同意见。有些学者认为这一转折点早在 60 年代末即已出现，多数学者以 1971 年或 1973 年作为转折点的具体年份。

退。在分析出现转折点的原因时，这一原因往往没有给予足够的重视。如果说，后两个原因近年来有不同程度的反复，那么第一个原因，至少是多极化和集团化的趋势，却肯定仍在继续发展。正是由于这一原因，西方经济低速增长的局面恐怕还要维持相当长的时期。[①]

通货膨胀的情况，确实有很大变化。1973 年石油涨价后，西方国家特别是美国采取加速扩大货币发行量的政策，尽可能以贬值的美元购买涨价的石油，结果大大助长了物价普遍上涨的趋势。1979 年第二次石油涨价后，美国转而采取较紧的货币政策，结果延长和加重了 80 年代初的经济危机，压低了实际工资和包括原油在内的原料价格。从 1983 年起，物价上涨率虽然仍旧高于整个 50 年代直到 60 年代末的水平，但已显著低于 1973 年到 80 年代初的水平。油价的暴跌更进一步压低物价上涨率。1986 年，美国消费物价仅上升 1.1％，这是 1961 年以来消费物价上涨最少的一年；同年，日本的消费物价几乎没有增长，西德还略有下降。

问题在于 70 年代初期出现转折点的后两项原因究竟发生了怎样的变化。西方国家，特别是美国，在一段时期内曾经在保持庞大的财政赤字的同时，采取较紧的货币政策，这种情况已被证明不可能长期维持。1985 年以来，美国又重新放宽货币供应量的增长率，虽然在油价暴跌的情况下并未引起物价加速上涨，但对刺激经济也并没有产生显著作用，反而加剧了股票市场和货币金融的动荡。日本和西德竭力抗拒美国要求它们刺激经济的压

----

①　当然，在个别年份，还可能出现较高速度的增长。事实上，1984 年美国 6.4％ 的经济增长率就超过了 1952 年以来的任何一年。但是，由于西方经济 80 年代以来总的发展情况以及美国经济在 1984 年后的实际表现，现在已经很少有人认为这一年标志着西方摆脱了低速增长或"停滞"的局面。

力，唯恐物价加速上涨，削弱它们的竞争能力。这都说明，尽管当前物价上涨率较低，但西方国家采取刺激经济措施的余地并不很大；指望这种措施再像 50 年代和 60 年代那样起刺激经济的作用，则更不现实。石油和原料价格的变化，确实反复较大；70年代发展中国家联合斗争的成果，在 80 年代发达国家的反扑下，确有很大丧失。但是，压垮石油输出国组织的企图并未得逞，而且发展中国家经济形势的恶化也越来越成为对整个西方经济的威胁。

国际上有少数学者认为，当前的经济形势与 30 年代大危机前有许多相似之处，西方经济可能再次发生生产剧降与物价猛跌的严重危机。我们认为，这种可能性不大。当前西方各国以及国际的金融货币体系不大可能容许再次出现像 30 年代那样大规模紧缩货币的现象。多极化和集团化的趋势也还没有发展到 30 年代大危机前的程度。而且，就美国来说，对外债务的增长还将促使它从通货膨胀中寻求出路。

促成 70 年代初期的转折点的各项原因，虽然有一定反复，但总的说来还在继续发生作用而并未逆转。由于石油和原料价格再次被压低到较低水平，西方国家的物价上涨率一时不会重新达到 70 年代和 80 年代初的水平；西方经济在低速增长的同时，有可能出现一个物价上涨不十分严重的短暂时期。但是，在今后一两年内，物价上涨率重新超过 50 年代和 60 年代的可能性很大。就这个意义而论，我认为还不能说西方经济已经走出滞胀。

（二）另一个有争论的问题是如何评价 80 年代以来美国相对经济实力的变化。

从 70 年代后期起，特别是在 1980—1982 年经济危机后，美国经济增长速度较快，超过了许多西欧国家，个别年份甚至超过日本；从 1980 年底开始，美元汇率也有较大上升。1985 年里根连任总统时，许多美国官方人士公开宣称："力量对比重新朝着有利于美国的方向发展"，"美国已经恢复了实力和信心"。

但是，美国经济的较快发展和美元汇率的上升，在很大程度上是依靠高赤字、高利率和国外资金的流入而取得的。这种政策同时也促成了外贸逆差和对外债务的急剧增长。一年多来的情况表明，不仅美元汇率开始大幅度下降，美国经济增长率下降到类似于西欧的水平，而且美国已经成为世界上最大的债务国。美国的经济实力同它的全球霸权地位不复相称的基本形势并没有改变。

美国在先进技术方面还拥有一些优势。美国还力图通过"星球大战"等计划，一方面对苏联施加压力，增加苏联的经济困难，另一方面也用以控制西方其他国家的技术发展，改善本身的经济地位。但是，西欧的"尤里卡计划"、日本的"高技术发展规划"等都说明它们决不会把自己的技术发展计划完全纳入美国"星球大战"的轨道，而美国把先进技术主要用于军事方面却未必有利于它的经济地位的改善。

当然，美国的相对经济实力也不会直接下降，今后还有可能出现 80 年代初期暂时有所改善的局面。但是，在可预见的将来，这种曲折起伏不可能改变世界经济格局中多极化和集团化的趋势。

（三）日本今后在世界经济中的地位，也是一个有争议的问题。

60 年代期间，日本保持了超过 10% 的年经济增长率；70 年代以来，增长率虽然有很大下降，但仍旧远超过美国和西欧。80 年代以来，日本贸易顺差猛烈增长，1985 年底日本已成为世界上最大的债权国；日本的金融力量也随之大大加强，西方十大银

行中，日本不仅占首位，而且已占七家；随着日元升值，1986
年日本人均国民生产总值已接近于美国①。美国研究日本问题的
专家伏格尔（EZRA F. VOGEL）甚至认为，80 年代中叶是日本
超过美国而成为世界上主要经济大国的时期。今后的世界经济格
局，至少在国际贸易领域中，将会是一种"日本统治下的和平"
（PAX NIPPONICA）。

　　日本相对经济实力的增长，确实十分显著；日本今后的经济
趋势也十分值得研究。

　　在美国和整个国际经济社会的压力下，1986 年 4 月日本发
表了《前川报告》，提出为了国际协调，日本的经济结构应从
"出口主导型"调整为"内需主导型"。但无论从日本的舆论动
向或实际行动看来，迅速消除贸易顺差的可能性极小，较大的可
能性是在保持相当大量的贸易顺差的同时，逐步改变对外投资的
方向，从主要向发达国家特别是向美国投资逐步改变为更加着重
于对发展中国家特别是对亚太地区的投资。

　　日本在世界经济中的地位，特别是在亚太地区的地位，显然
还将进一步加强。这正是世界经济格局多极化的一个重要表现。
但是，日本也有其重大弱点。首先，日本严重地依赖美国市场。
日元的升值、美国贸易保护主义的加强，对日本今后的经济发展
都将成为重要的不利因素。尽管日本的适应能力较强，技术发展
的潜力较大，但今后日本的经济增长率与过去相比势将处于较低
水平，虽然仍旧可能高于其他西方国家，但差距将会缩小。② 其
次，亚太地区的情况与西欧很不相同，既有日、澳、新等经济发

---

　　① 　如果简单地按汇率计算，1986 年日本人均国民生产总值已相当于美国；如
果按购买力计算，则约相当于美国的 80%。
　　② 　日本今后的经济增长率未必高于苏联，因此很难断定日本的经济实力在本世
纪内必将超过苏联。

达国家，也有东盟等许多发展中国家，而东盟等国家的地位同非亚太国家也很不一样。因此这一地区很难形成类似西欧共同体或自由贸易区的组织。日本同这一地区其他国家的经济关系的发展，在很大程度上还要看日本是否能够采取更为平等互利的态度。

近年来，由于包括日本在内的亚太地区在整个世界经济中越来越成为最有活力的地区，因而出现了一种流行的论断，即所谓"太平洋将代替大西洋成为世界经济的中心"。但是，现实的国际政治经济形势已不再会容许任何国家或地区成为世界上独一无二的中心。世界经济格局仍将向多极化和集团化的方向发展。

（四）在世界经济形势发展中，如何估价国际协调的作用？

在世界经济格局从美国的经济霸权逐步趋向多极化和集团化的过程中，一个重要问题是：能否依靠多极之间的国际协调，重行建立一种比较稳定的国际经济体系，避免货币金融剧烈动荡、贸易保护主义加剧等不利于世界经济发展的趋势。[①]

70年代初西方经济发展出现转折点以后，主要西方国家在协调经济政策方面也做了不少尝试和努力。1975年，西方主要国家首脑第一次集会讨论经济问题时，就提出了"协调精神"。嗣后每年一次的首脑会议与多次的财长会议和中央银行行长会议等，也大都以协调经济政策为目的。1986年在东京举行的西方七国首脑会议还具体提出了为加强国际协调的多边监督所应予考虑的各主要国家的经济指标。

西方主要国家之间的经济政策协调在一定时期起过一些有益的作用。但是，近一年多来的实际情况也说明了这种国际协调的

---

① 不少西方学者比较强调这种可能。参见科汉（ROBERT KEOHANE）：《霸权之后》，1984年英文版。

限度。（1）西方主要国家在协调政策的过程中，往往充满着冲突，有时甚至是"危险的游戏"。（2）为了使世界经济能够比较顺利地发展，不仅需要西方主要国家之间的政策协调，而且也迫切要求南北关系的调整。如果说西方国家之间的协调已经不易实现，南北关系的调整则更加困难。至今南北对话基本上还处于僵持和停顿的状态。（3）从更大范围考虑，世界经济的发展还要求比较有利的国际政治环境。例如，无论苏联的经济改革，或是美国财政赤字的削减，就都需要制止军备竞赛。这方面的协调，至今并不容乐观。

世界各国经济联系日益密切，相互依赖日益加深，但这并不会自然而然地导致国际协调。世界经济发展确实迫切要求比较全面的国际协调，但这种国际协调不经过争取和斗争，不可能自动实现。从现有的国际协调的水平看，还不能予以过高的评价。

（原载《世界经济》1987 年第 3 期）

世界经济与政治形势

去年交流会第六次会议以来，世界形势剧烈动荡。美苏军备控制谈判中出现反复，苏联表现得比较主动灵活，美国则显得僵硬被动。世界经济继续低速发展，但不稳定的因素显著增长。无论在世界经济或政治领域中，都迫切要求加强国际间的对话、协调和合作。

一

去年10月美苏首脑冰岛会议中，苏联坚持裁减核武器必须以美国的星球大战计划限制于实验室的试验为前提，而美国则坚持裁减核武器不能与星球大战计划相联系，军备控制的谈判陷于僵局。嗣后，美国更宣布不再遵守第二阶段限制战略武器协议，主张对反弹道导弹条约作"广义"解释，并酝酿提前星球大战计划的部署；苏联也恢复了核试验。今年2月底，苏联重新提出销毁欧洲中程核导弹而不与美国星球大战计划相联系的建议；美国也随即提出关于消除欧洲中程核导弹的条约草案。美苏军备控制谈判重新取得一定的活力。

但是，即使仅就中程核导弹而论，还存在着有关核查和监督和问题，有关与短程核导弹和常规军备相联系的问题，以及有关部署在亚洲的中程导弹问题。至于美国的星球大战计划，则至今并无任何松动。

在地区性的冲突中，美国在中美洲等的军事干涉，由于伊朗事件的影响，多少受到一定制约，但美国政府的基本政策并未改变；苏联在阿富汗等问题上表示出一些灵活姿态，但实际行动非常有限。伊朗伊拉克战争的激化使整个海湾地区的形势更加动荡不稳。

世界各国人民强烈反对战争和军备竞赛的升级，这是美苏谈判取得新的活力的一个重要原因。但是美苏两国是否能就中程导弹问题达成协议并进而创造有利于解决其他重大国际争端的气氛，仍旧有待考验。

二

美元对日元和西德马克汇价的急剧下降，以及美国以此为手段强行要求日本和西德增加内需刺激经济的政策，一度曾使西方经济处于紧张和危险的局面。今年2月下旬，西方六国财长会议达成稳定汇率的协议，外汇市场的动荡暂时有所平息。

但是，美元汇价下降的根本原因是美国庞大的财政赤字和外贸逆差，是西方国际贸易和资金流动中长期的严重不平衡。自从1985年以来，美元汇价虽然已经大幅度下降，但美国的外贸逆差至今并没有多少削减，依靠国外资金弥补财政赤字的局面并没有根本改变。六国财长会议中，美国表示将缩减财政赤字，但除非大规模削减军费或增加税收，赤字的压缩将有很大限度，格拉姆—拉德曼法案的实施还会有很大困难。日本和西德承担了增加内需的义务，也采取了一些降低利率、削减税收的措施，但近期内的作用仍将有限。

问题在于：美国对外债务的急剧增长不可能长期持续，而美国缩减财政赤字和外贸逆差的措施不仅将直接影响依靠对美出口的国家和地区的经济增长，而且也将对整个世界经济产生紧缩的作用。日本和西德在汇价变化导致出口困难的情况下，是否有可能采取足够的增加内需的政策抵消这种紧缩的影响，而且在此过程中避免贸易保护主义加剧等不利于世界经济发展的趋势？从目前情况看，前景并不容乐观。

三

当前世界经济中另一个重大问题是发展中国家债务问题的重新恶化。

去年原油价格的暴跌，使墨西哥等出口石油的债务国首先陷入严重困难。初级产品价格的持续下降、贸易保护主义趋势的加剧，更使越来越多的发展中国家难以偿还债务。到去年年底时，一度在控制物价和偿还外债方面取得较好成就的巴西等国家也出现了贸易顺差急剧下降、偿债能力严重削弱的现象。墨西哥的债务危机虽然在去年9月的债务重新安排后暂时有所缓和，今年2月巴西又不得不宣布暂时停付对国际商业银行的债务利息。

1982年以来，发达国家对发展中国家的债务问题，一直采取所谓"逐个解决"（CASE BY CASE）的办法，在国际货币基金确定债务国的紧缩计划的条件下，重新安排债务，由商业银行延缓债务期限，而债务国则保证至少支付利息。事实证明，这种危机临头、仓促应付、勒紧裤带、偿付外债的办法，只能导致债务危机的频繁爆发，而且债务问题对整个世界经济的不利影响愈来愈严重。

债务国强烈要求"通过发展偿还债务"。1985年的贝克计划虽然多少承认适应这一要求的必要，建议由商业银行和国际金融机构提供一些新的贷款，但这一计划并未取得商业银行的积极响应，资金倒流的现象一直没有扭转。墨西哥在最近的债务重新安排中，虽然在利率和偿还期等方面取得比较优惠的条件，并把偿债的义务同保证经济的增长明确地联系起来，但是国际商业银行至今拒绝把类似的条件推广到其他债务国。在这种情况下，巴西等国家停止偿付外债利息，势在必然。

债务问题只是近年来发展中国家经济严重困难的一个方面的表现。发展中国家的经济发展当然首先需要它们自己采取正确的政策，但也迫切需要比较有利的外部条件。

日本作为最大的贸易顺差国和最大的国际债权国，在推动发展中国家债务问题的合理解决中，既有可能也有责任发挥重要作用。日本方面对此已有不少有益的设想和建议，例如使日本的国际收支经常项目的盈余更多地投放于发展中国家，以及开放市场、转让技术、协助发展中国家发展出口产业等。但这些设想和建议还有待落实，而且人们期望，日本在促进发展中国家债务问题的比较全面的解决以至为发展中国家的经济发展提供比较有利的外部条件等方面，还将发挥更大的作用。

四

苏联在去年2月苏共二十七大会议上对经济改革表现出前所未有的决心；戈尔巴乔夫的报告中比较坦率地承认过去社会经济中的缺陷，提出了比较全面的改革设想。今年1月苏共中央全会中，戈尔巴乔夫一方面强调改革不容后退，另一方面也承认改革比原来预料的更为困难。去年一年中，苏联陆续颁布了一些改革的试验措施和办法，但还没有大规模推广；今年预定将更大规模地进行"经济试验"，并推广施行已经开始的改革措施。今年2月，戈尔巴乔夫在莫斯科召开的一次国际会议上声称，"苏联的国际政策比以往任何时候都更加取决于国内政策……苏联需要持久和平"。

西方对苏联改革的评价，似乎有相当大的分歧。不少估计比较强调苏联"微笑外交"的目的在于争取时间，分化美国及其盟国之间的关系，改善本身的争霸实力。但也有一些意见比较强调苏联改革的可能和诚意，主张在对苏政策中更多地迎合苏联的倡议。

中国的国际问题学术界在这一问题上的看法也并不完全一致。对苏联的国内改革，大多数意见认为既要看到其困难和阻力，也要予以充分的重视。对苏联的对外政策，主导的意见仍旧是"听其言而观其行"。

就中苏关系来看，苏联宣布从阿富汗和蒙古撤退部分军队，但数量有限，意义不大。在中苏边界问题上，苏联表示东段边界线的正式走向可以以黑龙江主航道为界，今年2月中苏边界谈判恢复，双方同意核定中苏边界全线走向并从东段开始。但在中苏关系中最关键的柬埔寨问题上，苏联方面只是在去年第九轮中苏磋商中不再拒绝就此进行讨论，而至今并没有实质性的立场变化。从目前的形势看来，中苏关系在贸易等方面还会有一定发展，但在苏联拒绝促使越南从柬埔寨撤军的情况下，不可能有重大改善。

五

在动荡的世界形势中，中日友好合作关系的进一步发展具有极其重要的意义。今年是中日建交的 15 周年，也是中日全面战争爆发的 50 周年。如何从全球形势的长远考虑出发，促进两国关系在"和平友好、平等互利、相互依赖、长期稳定"的基础上的巩固和发展，而排除诸如光华寮事件等的种种干扰，仍旧需要两国人民的共同努力。

（在中日经济知识交流会 1987 年 3 月第 7 次年会上的发言）

从西方股市跌风中应该看到、想到的

美国华尔街突然刮起罕见的股市狂跌风暴，强烈地震撼了整个西方资本主义世界。我们应该怎样看待这场风暴？为此，北京日报记者走访了中国社会科学院世界经济与政治研究所所长浦山同志。

问：请您谈谈对纽约股票市场股票价格暴跌的看法。

答：美国股票价格的下跌并非出乎意外。当然，下跌的具体时间和规模事先难以确切估计，但是，必然要下跌，这是可以预见的。

近几年，西方经济形势并不好，美国经济形势尤其不妙，但是股票市场却持续繁荣，美国的股票价格已经连续五年迅速上升。产生这种不正常观象的原因是，近年来美国用于生产的投资不大，而大量资本却流向股票市场和金融、货币市场。国际资金的流量大大超过国际贸易额。虚拟资本与实际资本严重背离。这种不正常的现象显然不可能长期维持，股票价格的下跌因而也不可避免。

这次股市暴跌，也是美国经济脆弱的一种反映。近年来，美国连续出现庞大的财政赤字和国际贸易赤字，越来越依靠国外资金的流入予以弥补，因而已经成为世界上最大的债务国。尽管1985年以来，美元汇率不断下跌，但是美国的国际贸易赤字至今没有多少改善，仍然需要由国外资金的流入来弥补。而且，今年年初以来，私人资金的流入大大减少，美元汇率更加依靠其他西方国家，特别是日元和西德的中央银行干预外汇市场来维持。为了吸引国外资金，同时也为了防止通货膨胀的恶化，9月间，美国联邦储备银行提高了贴现率，商业银行更进一步提高优惠贷款利率。利率上升，就促使了投资者和投机者从股票市场抽回资金，触发股市的下跌。而且，美国提高利率的目的之一，在于拉开与其他主要工业国家如西德等国的利率水平，防止资金外流。但是，西德中央银行也提高了利率，这样实际上抵消了美国提高利率吸引外资的作用。美国对此极为恼火。美国财政部长贝克声称，美国不会坐视贸易盈余国提高利率，使世界范围的经济减慢；而且扬言将在某种条件下，使美元对马克的汇率进一步下降。这就更加动摇了人们对美元和美国经济的信心、对西方主要国家协调稳定经济的信心。

问：这次西方股票市场的形势会不会导致像1929年10月华尔街股票市场那样的崩溃？整个资本主义社会会不会进入30年代的"大危机"？

答：我认为，这次西方股市暴跌不仅会波及货币、金融以及初级产品等市场，而且也会对美国和其他西方国家的实际生产产生重大影响。人们早已估计，明年或最迟后年西方经济将难以逃脱另一次周期性经济危机。股市暴跌肯定会使西方周期性危机提前爆发。

但是，这次西方股市暴跌倒也不一定会导致30年代那样的大萧条。当前，人们往往把这次股市暴跌中一天的跌幅与1929年相比较；今年10月19日的跌幅确实远比1929年10月28日股市的暴跌更大。但是当前情况和 30 年代毕竟有很大不同。30
年代，主要各国为维持本身的国际竞争地位，竞相采取紧缩政
策，导致整个世界经济中的恶性循环。今天，尽管西方各国干预
经济与相互协调的作用已大大不如 70 年代之前，但同 30 年代还
有很大区别。这次股市暴跌后，美国联邦储备银行向商业银行保
证提供足够资金，降低商业银行贷款利率。西德和日本等中央银
行也采取了一定的相应配合行动。同时，尽管美国的相对经济地
位已经大大衰落，但在西方经济中仍旧占据主要地位，而美国已
经陷于世界最大债务国，最后势必从通货膨胀中寻求出路。因
此，30 年代那样的大萧条，现在看来，还不大可能重复。

　　问：这次西方股票暴跌，对我国有什么影响？我们从中应吸
取什么经验教训？

　　答：在当今世界经济中，西方经济仍然占主导地位。货币、
贸易体系仍然以它们为主。我国实行对外开放，不能不受到西方
经济动荡的影响。例如，西方经济衰退以及由此而加剧的贸易保
护主义，会对我国出口造成更大困难；美元汇率的进一步下跌以
及利息率的波动不仅涉及我国外汇储备的保值问题，也会涉及我
们进出口贸易的货币结算和对外借款的货币单位问题。在当前西
方经济的动荡和不稳中，我们要格外注意趋利避害，特别要注意
不要因为对西方经济的盲目乐观估计，而造成不应有的损失。

　　无论西方经济怎样发展，即使经济恶化，也还有我们可以利
用之处。只要我们密切注意世界经济形势的变化，实事求是地进
行分析、研究和估计，我们完全有可能在各种不同情况下趋利避
害，促进我们社会主义事业的发展。在这方面，我特别希望我们
的研究工作者与新闻工作者进行密切合作。

　　　　　　　　　（原载 1987 年 11 月 2 日北京日报编印的《内部参考》）

当今时代的任务是争取和平和发展

对于时代的特点，我们确实应该很好研究。总的来说，我们所处的时代当然还是资本主义向社会主义过渡或转变的时代。但是，这是个很长的历史时期。这个大的时代还要分成阶段。过去在这一问题上确实有不少失误，造成不小损失。

资本主义仍占优势

过去"文革"期间有过一种提法，所谓我们的时代是帝国主义走向全面崩溃、社会主义走向全世界胜利的时代。这显然不妥。但即使在打倒"四人帮"以后，还有一段时期强调"天下大乱，形势大好"。这一提法显然也不妥当。在相当长的一个时期，我们把世界革命和世界大战看得好像马上要发生了，对世界革命过于乐观，对世界大战又过于悲观；"农村包围城市"，"燕子低飞，天要下雨"，"山雨欲来风满楼"。这种对时代的错误估计在实际工作中造成了严重的不良影响，例如搞"三线"，搞"深挖洞"等，都出于这种对时代的错误估价，吃了很大的亏。所以，近几年来对时代问题的探讨是十分重要的。

　　有几点看法不知大家是不是同意？一是从资本主义向社会主义转变的过程中，一直到现在，资本主义还是占据优势。"东风压倒西风"，过去没有实现，至今也没有实现，要充分看到这一转变过程的艰巨性。第二次世界大战后出现了两大阵营，斯大林提出统一的世界市场的瓦解和两个平行的世界市场的形成，我们也跟着讲过一个时期。现在我们讲仍然存在统一的世界市场，苏联也开始这样认为。其实，即使就战后初期和 50 年代来说，也谈不上两个平行市场。朝鲜战争以后，美帝国主义对我们进行经济封锁，冻结我们在美国的存款。但即使在那种情况下，我们还不得不用美元作为我们的国际储备货币，把美元存到欧洲，成为"欧洲美元"的起源。人家冻结了我们的美元，可我们还不得不用它，可见并不平行嘛。由于苏联推行霸权主义，由于我们的"文革"动乱，更不能不承认资本主义至今还占据优势。1972 年我从干校回来，有幸听到周总理一次讲话，实际上是批判林彪的时代论的。讲话中强调，现在还是帝国主义时代，还要重读列宁的《帝国主义论》，不要把这点忘了。为什么这么说，正是因为资本主义还占据优势，不会马上出现帝国主义全面崩溃、社会主义全面胜利的局面。当时总理讲的这一点，给我印象非常深刻。

不存在世界革命的形势

　　第二点，我们恐怕还要承认现在不存在世界革命的形势。这是与第一点相联系的。当然，这并不是说，在当今的时代里，任何国家都不可能进行社会主义革命，个别国家完全有可能，过去有过，将来也还会有。但从总的国际形势来看世界革命不是一个现实问题，就斗争的目标和斗争的任务来讲，我还是同意当前应该提出争取和平与发展。争取二字不能省略。我们的任务不是马上争取社会主义在全世界的胜利，而是争取世界和平和发展。但是我不同意把我们的时代称作和平与发展的时代。因为这很容易引起误解，仿佛和平和发展会自然而然地到来。这方面的理论我看还值得推敲一下。比如说国际化，这是大家都十分强调的，市场国际化、生产国际化、经济联系日益密切，相互依赖日益加深。还有科技发展这也是大家十分重视的；科技进步为世界生产力的跳跃发展开辟了广阔的可能。然而，是否能由此而引申说各国之间必然以共同利益为主，必然会协调和合作，因此也必然是和平与大发展。我认为这无论在理论上，还是在实际上都不能成立，实际情况并不是这样自然而然地导致一个新的和平与发展的时代。这是要争取的。我们当前的任务就是要争取和平与发展。只有反对霸权主义，才有可能争取到和平。在这一过程当中，斗争是长期的，我们对此要有充分的估计。

只有反对现存的国际经济秩序中种种不公平、不合理的现象，才有可能争取共同发展和繁荣。如果现在我们对第三世界国家说，现在形势好极了，共同发展的时代已经来到了，我看是要挨骂的！要被狠狠地臭骂！他们会说，目前这个状况下我们是处于共同发展的时代吗？开什么玩笑！

不要光说"形势大好"，要看到
形势中的不利因素

过去我们讲："天下大乱，形势大好"，现在有的同志似乎又有点强调"天下大治，形势大好"。我看天下还没有大治，我们应该清醒地看到，在现今形势下，还存在什么对我们不利的因素。

要有紧迫感和危机感

前几天，我们召开了一个世界经济和政治形势的研讨会，会上意见并不一致，有不少分歧。但大家都有一个感觉，就是我们应该有一点紧迫感和危机感，有的地方确实应该向别国学习。比如说日元升值，在我们看来，对日本既有不利之处，也有有利之处，但日本的舆论却十分强调其不利之处，甚至大喊危机，于是全力以赴地搞合理化，搞产业结构的调整，举国上下一致来解决困难，很有起色，很值得我们学习。他们没有整天大喊形势大好。我们却往往强调形势大好，大乱大好，大治也大好，仿佛不大好就会丧失信心似的。这对我们并不利。要用一种精神激励大家，要艰苦奋斗，拼搏图强，不拼很不利。要多看看国际形势中的不利因素，这才有可能真正将不利转化成有利。

（原载《世界知识》1988 年第 3 期）

世界经济形势回顾与展望

    1987 年，不同国家和不同地区的经济发展形势不尽相同，但总的来说，仍旧是低速增长的一年，而且动荡不稳的现象比过去几年更加显著，突出地表现于股票价格的暴跌和美元汇率的下降。

    世界经济形势中，西方经济还占着主导地位。从这方面看，导致近年来低速增长和动荡不稳的主要原因是三个方面的严重失衡。首先是美国的庞大财政赤字和外贸赤字所表现出的美国经济内在的不平衡，其次是由美国的巨额外贸逆差和日本、西德的外贸顺差所表现出的西方国家之间的不平衡，第三是由发展中国家的庞大外债、资金倒流和贸易条件的恶化所表现出的发达国家与发展中国家之间的不平衡，也即南北之间的不平衡。

一　美国经济的内在不平衡

    1981 年里根政府上台后，一方面增加军事开支，另一方面削减税率，鼓吹减税可以促进经济增长，最终会增加财政收入，消灭赤字。实际的结果是连年创纪录的财政赤字和急剧增长的贸易逆差，财政赤字越来越依靠外国资金的流入来弥补，美国的外债急剧增加，1985年美国就丧失了从第一次世界大战以来一直保持的债权国地位，变为净债务国。

由于美国在世界经济中的重要地位，美国的长期入不敷出以及依靠借外债弥补财政赤字的政策不能不对整个世界经济产生重大影响。这种政策尽管在一个时期维持了美国的经济增长，有利于其他西方国家和一些发展中国家的出口贸易，但也使世界范围内资金流向发生极不合理的变化，实际利息率长期居高不下，不仅妨碍其他西方国家的经济增长，加剧发展中国家的债务和资金困难，而且也导致金融货币方面的动荡不稳，终于引致美元汇率的严重下降和股票价格的暴跌。

由于美元作为国际货币的特殊地位，在美国保持高于日本和西德的利息率的情况下，外国资金不断流入美国，1985年前，美元还一直维持较高汇率。随着外贸逆差的增长，从1985年2月起，美元汇率已开始下跌。美国曾力图使美元汇率实现有控制的下降，一方面避免外国资金的回抽，另一方面也希望藉此减少外贸逆差。但外贸赤字继续增长。1937年初，随着美元汇率的下降，国外资金流入中，私人部分已大大减少，主要依靠其他西方国家的中央银行干预外汇市场和购进美元来维持。为了吸引外国资金，同时也为防止通货膨胀进一步加剧，9月间美国联邦储备银行提高贴现率，商业银行更进一步提高利率。在股市早已"过热"、投机盛行的情况下，利率上升还成为触发股票价格下跌的一个重要因素。10月间股市暴跌后，美国中央银行又转而采取放松银根、降低利息率的政策，但又引起了美元汇率的急剧下降。

美国入不敷出的内在不平衡，是美国经济实力同它的霸权地位不复相称的反映。这是决定当前世界经济以及世界政治形势的一个极其重要的因素。

二　西方国家之间的不平衡

美国的庞大财政赤字导致严重的外贸逆差，而日本和西德却拥有大量的外贸顺差。美国的贸易保护主义倾向大大加剧，美、日、西欧之间的贸易摩擦更加激化。在这种情况下，日本和西德既不甘心长期为美国弥补财政赤字，更不愿意承担西方经济发展的"火车头"作用，削弱自己的国际竞争地位。尽管美国施加种种压力，要求日本和西德降低利率、刺激内需、扩大进口、削减外贸顺差，但日本和西德始终不愿积极响应。去年9月美国提高贴现率后，西德中央银行也提高了利率，引起美国的强烈不满。美国财政部长公开声称，美国不会坐视贸易盈余国提高利率，使世界范围的经济减慢；而且再次威胁将使美元汇率进一步下降。这就更加动摇了人们对美元和美国经济的信心以及对西方国家协调政策的信心，从而成为触发股市暴跌的另一个重要因素。

从当前世界经济形势来说，确有需要由美国逐步削减财政赤字，由日本和西欧等贸易顺差国刺激经济，由西方各国防止保护主义倾向的进一步发展。但西方各国的内部矛盾以及它们之间的利害冲突，却使它们在协调经济政策方面显得软弱无力。近年来，西方七国首脑会议一再肯定协调政策的必要，还确定了一些经济指标，用以审查各国经济趋势，以便在偏离方向时，采取补救措施。但是，这种多边监督的安排并没有强制执行的规定，西方各主要国家也都不愿意承担明确的义务，无论美国或日本、西德都没有根据明显的需要，采取有力的行动。因此，现实的西方国际经济协调至今还处于危机临头、仓促应付的水平。去年国际清算银行的年报也指出：西方政策协调，在缺乏强制规定的情况下，可能仍旧停留于在接近危机时采取一些短期的临时措施。

三 南北之间的不平衡

1982 年发展中国家债务危机从墨西哥开始后，一方面，许多债务国为偿还外债本息被迫采取削减财政开支和进口等的紧缩政策；另一方面，国际金融市场上大量资金流入美国，而广大发展中国家获取新的贷款和投资却日益困难。从 1984 年起，世界经济中出现了资金从发展中国家向发达国家倒流的极不正常现象。尽管延期偿付外债的安排多少起了一些缓和作用，但资金倒流一直并未消除。这就不仅严重阻碍发展中国家的经济发展，而且也影响发达国家对发展中国家的出口。初级产品价格的低落和发达国家贸易保护主义的发展，更加剧了这一恶性循环。

发展中国家与发达国家之间同样地迫切需要国际协调，既需要发展中国家本身进行一定的国内政策调整，也需要发达国家为它们的经济发展提供较为有利的外部条件。1985 年 10 月美国财长贝克提出，由国际金融机构和商业银行向外债沉重的发展中国家提供新贷款，在一定程度上承认债务国在经济发展中偿还外债的原则，但原来提出的贷款数目就十分有限，而且也没有得到债权银行的积极响应。嗣后，巴西、阿根廷等都曾经采取严格控制通货膨胀的紧急措施，一时也取得较大外贸顺差，但从 1986 年底开始，通货膨胀等情况又严重恶化。去年 2 月，巴西宣布暂时停止向外国债权银行支付债务利息。对此，美国大银行向巴西施加了强大压力，只是在股市暴跌后，为避免进一步金融动荡，才初步同意为巴西偿还债务利息提供部分新的贷款。墨西哥在前年 9 月与债权银行达成较为有利的延期偿付外债的协议后，经济情况一度有所好转，但在股市暴跌的影响下，又出现了资金大量外流的现象。

尽管 1987 年发展中国家的债务问题不像美元汇率下降和股票价格暴跌那样引人注目，但仍旧是世界经济中一个严重的不稳定因素。

四　前景中的若干问题

尽管国内外大多数经济学者都在不同程度上承认以上三个方面的严重不平衡是困扰当前世界经济的主要问题，但是，对今后世界经济发展前景的估计仍旧存在着相当大的分歧。

（一）　如何估价金融动荡对实际经济的影响

一种意见认为，股票价格暴跌和美元汇价下降是对过去的不正常现象的"矫正"，过去由于金融活动与生产活动脱节，导致股票价格和美元汇率过高，现在也正由于这种脱节，金融动荡不会对实际经济产生重大影响，而且这种"矫正"还会对实际经济起有利作用。

的确，去年 10 月股市暴跌后，由于美国和其他西方主要国家采取了放松银根、降低利率的紧急措施，没有立即引起实际经济的严重恶化。而且，由于美元汇率下降，美国的实际出口量已经有所增加，日本对日元汇率的上涨也在合理化和产业结构等方面作了比较有力的调整，实际经济的近期前景还存在着一些有利的因素。但是，金融动荡并未平息，股市价格和美元汇率的剧烈波动还相互影响，形成连锁反应，使实际经济的前景更不稳定。关键的问题是，导致股市暴跌和美元汇率急剧下降的原因不仅是虚拟资本与实际资本的脱节，不仅是对过去脱节的"矫正"，而且还有其更加深刻的原因，也就是以上所述的三个方面的严重不平衡。除非这三个方面的不平衡，由于各国的经济政策及其相互协调，而有显著的缓解，否则，即使在近期内，也不能排除金融动荡对实际经济产生严重影响。

（二）如何估价各国经济政策及其相互协调对经济前景的影响

股市暴跌后，西方主要国家在协调政策方面也取得了一些新的进展。美国里根政府与国会终于达成初步协议，同意增税和削减军事预算，使今后两个财政年度原来预计的财政赤字多少有所减少。日本和西德除了配合美国采取放松银根、降低利率等措施外，在增加外援、刺激内需等方面，也多少作了一些进一步的承诺。美国、日本和西德对稳定美元汇率也采取了一些新的共同行动。在发展中国家的债务方面，在美国财政部的支持下，墨西哥也提出了以美国政府债券为担保、发行新的债券、用打折扣的办法换取原来积欠债权银行的一部分债务的新的建议。但是，这些措施中，许多还需要进一步落实，而且步子不大，缓解各个方面的不平衡的作用因此也不能过高估计。西方国家中也有一些步子较大的建议，例如，日本前外相大来佐武郎就建议日本应该主动倡议在今后五年内向发展中国家提供 1250 亿美元的资金，作为日本外贸顺差的"回流"，同时呼吁其他发达国家予以配合。但是，这种建议并没有得到各国政府的响应，日本政府的反应也是消极的。

关键的问题在于美国的财政赤字在若干年内都难以消除，而且还势必依靠外国资金弥补。美国经济的内在不平衡是其他各个方面的不平衡的主要根源。根据当前西方国家的经济政策及其相互协调的实际情况来看，即使在近期内不致于陷入严重的危机或萧条，也只能继续维持低速增长和动荡不稳的局面。

（三）如何估价金融动荡和世界经济前景对我国的影响

在我国进一步对外开放中，不能不密切注意当前的金融动荡和世界经济形势发展的影响。美元汇率的变化以及利息率的波动，不仅涉及我国外汇储备的结构问题，也涉及我国进出口贸易的货币结算和对外借款的币种问题。西方经济的不景气以及由此而加剧的贸易保护主义还会对我国的出口增长造成一定困难。但是，我们的进一步开放并不需要完全建立在对世界经济形势的乐观估计上。无论西方经济怎样发展，即使经济恶化，也还有我们可以利用之处。重要的是，在当前世界经济的动荡和不稳中，要格外注意趋利避害，要努力使不利条件转化为有利条件。例如，在汇率和利息率的波动中，要更好地运用国际上新的金融手段，避免不必要的风险，争取对我最有利的运用外资和开展外贸的条件。只要我们密切注意世界形势的变化，实事求是地进行分析、研究和估计，我们完全有可能在各种不同情况下趋利避害，变不利为有利，促进我们社会主义事业的发展。

（原载《世界经济》1988 年第 2 期）

太平洋地区的合作：问题和前景

一

太平洋地区，或者更具体一些，亚太地区的巨大潜力正在被渐渐地认识。这不仅仅是由于该地区拥有充足的人力和自然资源，而且也由于该地区有先进的技术、丰富的资本和巨大的市场。在过去的20多年中，该地区在世界上取得了最快速的经济发展，它在世界生产和国际贸易中所占的份额也有了惊人的增长。从1980年开始，尽管受到世界经济危机的影响，该地区还是保持了高于其他任何地区的经济增长率。

然而，展望未来，亚太地区将面临严峻的考验。世界经济正受到严重不平衡的困扰：美国经济的不平衡表现在利用外国资本来维持本国巨额的财政赤字，发达国家间的不平衡表现在美国的巨额贸易赤字和日本与西德的贸易顺差，南北国家之间的不平衡表现在债务问题、反向的资本流动（资本不流向穷国反而流向富国）和贸易条件的日益恶化。这些不平衡已经导致了主要西方国家经济增长放缓、许多发展中国家陷入经济困境、贸易保护主义趋势不断增强以及金融货币市场上的动荡，例如股票市场崩溃。到目前为止，对这些不平衡的调整主要集中在汇率的变动方面，即美元贬值而日元升值。但是仅仅调整汇率并不能解决全部不平衡。

尽管世界经济面临着种种困境，亚太地区却发展得很好。日本通过调整本国的工业结构成功经受住了货币升值的考验。有利的汇率条件和不断增长的外国投资也使得东亚和东南亚的一些国家繁荣发展。中国保持了经济的高速增长并且其环太平洋的沿海地区走向了外向型的经济发展。

但是，从长远来看，依然存在着几个严重的问题：

1. 亚太地区的经济增长严重依赖于出口，特别是向美国市场的出口。因此该地区的发展极易受到美国经济动荡和美国贸易保护主义倾向的影响。尽管美元的贬值给美国的出口带来了有利的影响，但是不管是从长期还是从短期来看，除非有效地解决世界经济的不平衡，美国经济的前景不容乐观。

2. 在过去，日本和东亚对美国有着巨大的贸易顺差，同时东亚和东南亚的许多国家和地区却对日本存在巨额的贸易赤字。随着日元的升值，日本的贸易顺差并没有受到多大的影响，然而东亚和东南亚的国家和地区对美国的顺差却进一步增加了。美国已经施加了强大的压力迫使后者的货币升值，对它们进入美国市场实施更多的限制，例如多种纤维制品协议更加严苛、中止普惠制下的优惠贸易待遇。无论如何，像过去那样日本对美国存在巨额的直接和间接的贸易顺差的格局是不可能维持下去了。

3. 日元的升值和日本投资的增长的确对改善本地区发展中国家的产业结构起了一定的促进作用。然而这些国家经济发展还是面临严重障碍。很多国家仍然依靠初级产品的出口，通常是几种农产品或矿产品。长期以来贸易条件恶化妨碍了其经济发展。尽管该地区发展中国家的债务问题不像拉丁美洲和非洲那样严重，但是政府援助不再增加、实际利率高（特别是与出口价格变化相比）对这些国家带来了很多负面影响。这些地区的发展中国家需要发展其初级产品的加工工业、改善技术水平、提升产业结构。但是，和其他地区的发展中国家一样，它们也深受居高不下的关税壁垒和非关税壁垒、对劳动密集型产品出口的限制以及苛刻的技术转让条件的困扰。工业化和产业结构的升级当然有赖于这些国家自身采取适宜的技术，但是适宜的外部环境也是非常必需的。

4. 和平与稳定对于任何国家任何地区的经济发展都是至关重要的。美国和苏联最近签署的中程导弹协议表明未来将有可能出现一个国际紧张局势相对缓和的时期。但是军备竞赛并没有停止，地区冲突仍在持续。在该地区内的动荡仍然存在，尤其是中印之间，朝鲜半岛南北之间的关系也需要改善。为了取得该地区和平稳定的国际环境，各国还需要进一步努力。

亚太地区是目前世界经济中最有前途、最具活力的地区。但该地区是否会成功地成为世界经济的强劲推动力量，或其活力是否会因为世界经济的不平衡而逐渐消失，这仍然是一个不确定的问题。如果该地区认识到自身巨大的潜力，那么太平洋地区比任何时候都需要合作。

二

日本相对于美国的经济实力已经大大增强。它将在亚太地区的经济发展中扮演关键性的角色。因此，在促进太平洋合作和解决世界经济不平衡方面日本也负有巨大的责任。

人们渐渐认识到，美国的巨额财政赤字以及用外国资本流入来为其融资的方式是不能持续的，因此美国有必要减少本国财政赤字和贸易逆差。贸易顺差国，特别是日本，需要刺激本国需求以减少其贸易顺差，因此抵消在世界经济中美国赤字减少所引起的通货紧缩效应。日本和美国都已做出了努力，而日本在增加内需方面也许比美国减少赤字更为成功。

但是考虑到发展中国家对发展资本的迫切需求，也许更应关注让国际盈余流向发展中国家，而不是刺激盈余国的国内需求。日本剩余的储蓄本应更富有成效地为发展中国家和世界经济的整体利益服务，特别是考虑到日本有可能维持很长一段时期的贸易顺差，而且日本经济从出口导向型向国内需求导向型的转变也将是一个长期的过程。Saburo Okita 博士，以及他所领导的世界经济发展研究学会（WIDER）已经就日本利用其贸易盈余为世界发展做出主动贡献提出了一个有力的论证。世界经济发展研究学会的计划提出，即日本可以执行一个总额为 1250 亿美元的 5 年计划，即每年将 250 亿美元的盈余注入发展中国家。他们预测日本每年的贸易盈余将达到 800 亿美元，考虑到国内需求的增加，每年的贸易盈余大概为 500 亿美元。事实上，日本政府已经宣布在这方面承诺一定的义务，并公布了一个总额为 300 亿美元的三年计划，也就是大约每年 100 亿美元，这仍然大大低于世界经济发展研究学会计划的数量。

然而，尽管将贸易盈余回流到发展中国家是十分重要的，但是仅仅就其本身而言并不能满足发展中国家的发展需求，也无法在世界经济中重建一个有效的循环。当年石油美元的再循环就已经充分论证了这一点。必须配合国际贸易和投资环境的改善，而这才能让发展中国家富有成效地运用这些转移来的资源，从而形成偿付能力。

有的学者指出，亚太地区的未来将沿着一条地区产业结构逐渐升级的路径发展，即不同经济发展水平上的不同国家在产业结构上次第提升。日本将瞄准发展尖端技术的工业,并且重新部署一部分低技术密集型工业到新兴工业化国家和地区,如韩国和中国台湾省,近来还将重新部署一些劳动力密集型工业到东盟成员国（ASEAN)。因为日元的升值,以上的一些进程已经可以被观察到了,但是为了该进程的成功性和可持续性,还应该考虑以下的一些要点。

1. 亚太地区产业结构总体提升的战略是建立在该地区继续执行出口导向发展战略之上的。因此,它是以一个公正自由的多边贸易体系为条件的。考虑到现存的世界经济的不平衡性,这一战略还需要转变贸易流向,即日本应该更多地承担美国所承担的角色。除了通过关贸总协定的谈判支持多边贸易体制,同样值得争取而且也是非常必要的是,不管是农产品或工业产品,日本的国内市场都应对其他国家更加开放。考虑到美国对日本强大的压力,也许还必须关注,对美国的让步不应该造成对亚洲发展中国家的歧视。

2. 在亚太地区产业结构总体提升的过程中,也应特别关注处于较低发展阶段的发展中国家。初级产品将仍是这些国家的主要出口品种,国际或地区稳定价格或出口收入的机制对其经济发展仍是非常重要的。这些国家的出口严重依靠劳动密集型产业,它们迫切需要通过新一轮的关贸总协定谈判或地区协议减少现存的对于这一类出口的歧视性壁垒。如同世界经济发展研究学会的计划指出的那样,当日本的贸易盈余流入发展中国家的时候,也许有必要为这些发展中国家提供一些利息补贴。

3. 亚太地区产业结构的提升同样需要从更发达的经济体向次发达的经济体的资本投资和技术转移。日本应改变其资本外流和贸易盈余再循环的方向,不要将目光仅仅盯住美国,也要多着眼于亚洲国家,日本还需要提供更便利的技术转移条款。许多亚洲国家抱怨日本在技术转移方面比欧洲国家甚至美国更加苛刻，因此如果日本能为其他亚洲国家的发展和出口提供更多的资本投资和技术转让，尤其是涉及对日出口方面，这将对这些国家十分有帮助。

以上论述的许多论点已经被包括在 Maekawa 报告中。它们中的一部分已经被执行了。但是全面执行仍是个问题。人们期待着日本，就像在 Maekawa 报告中提及的一样，对亚太合作和世界经济做出与其国际地位相称的贡献。

三

中国是亚太地区的一个大国。随着经济改革的进行和进一步对外开放，中国在地区经济发展中扮演的角色将日渐重要。中国也必须承担相应的责任，为地区发展和太平洋合作做出应有的贡献。

中国是一个社会主义国家，同时也是一个发展中国家。由于生产率相对较低，商品交易相对不发达，中国还处于社会主义发展的初级阶段。新中国成立后长期实施的高度集中的计划体制对建立一个独立而相对复杂的工业体系做出了应有的贡献。但是过度强调中央集权的决策方式，忽视市场机制的作用以及内向型的发展战略导致了中国经济发展的低效率和缺乏活力。

从 1979 年开始，中国开始着手推进经济改革和对外开放政策。农户和工业企业都被赋予了更大的自主决策权，同时对自身的盈亏承担起更大的责任。同时引入和发展了市场机制。计划体系也从直接控制向间接调控转变。政府更强调通过经济调节进行宏观管理，而不是运用强制性的行政手段。面向太平洋的沿海地区实施了有关对外贸易和投资的特殊政策和灵活措施。这些地区包括 4 个经济特区（深圳，珠海，汕头和厦门），14 个沿海城市（上海，天津，广州，青岛，大连等）和 3 个三角区（长江三角区，珠江三角区，福建南部的厦门、漳州、泉州的三角地带）。这些沿海地区大约有 1.6 亿人口，工业产出占全国的 1/3。

经济改革和外向型政策显现出了显著的成效。从 1979 年初到 1987 年底的 9 年间，国民生产总值翻了一番，沿海地区的发展甚至取得了更快的速度。许多乡镇企业在激烈的市场竞争中脱颖而出，它们的产值以年均 20% 到 30% 的速度增长。

中国主动地寻求参与太平洋合作和国际经济交流。它在 1986 年成为 PECC（太平洋经合会议）的成员。目前中国正在申请恢复其在关贸总协定的缔约国资格，并且积极参与新一轮的谈判。它已经计划将海南岛，一个几乎和台湾岛面积一样大的岛屿，变成另一个经济特区，实施对外贸外资更优惠和更灵活的措施。中国不久前宣布，沿海地区将进一步面向国际市场，以利用发达经济体向欠发达经济体转移劳动力密集型工业的机会。乡镇企业所扮演的角色是这个外向型经济发展战略中的重点。因为较之大型企业而言，他们在管理上更有效率，更灵活，更容易适应市场的变化。人们同样开始正视国外投资将在这一战略中扮演的非常重要的角色，他们可以推进技术进步，提高管理水平，向国外行销产品。

中国执行这一战略将毫无疑问地对亚太地区的经济发展产生巨大的影响。然而，该战略的成功还取决于许多因素。

1. 亚太地区整体产业结构的上升。由于中国有相对低廉的劳动力成本和有技术的劳力，特别是在沿海地带，中国的确在发展劳动力密集型工业方面有优势。但是中国国际竞争力方面的优势常常被其低效率的管理和在国际交易方面经验的缺乏而抵消。它对外国投资的吸引力也常常被其相对落后的基础设施和低效率的行政管理所限制。这些问题的解决在很大程度上取决于经济改革的进一步推进。中国的经济改革和外向型发展战略是相互支持的，经济改革通过提高经济效率来为外贸和外资提供一个良好的环境，从而推动外向型发展，而成功推行外向型战略将反过来为经济改革提供动力。

2. 中国外向型发展战略的成功同时还要看国际环境。在发展以出口为目的的劳动力密集型工业的过程中，中国像其他发展中国家一样，仍然由于发达国家强制性的限制而处于不利地位。更好地让这些产品进入到发达国家的市场是绝对有必要的。作为一个社会主义国家，中国还由于 COCOM（多边出口控制调配委员会）的强制性限制而处于不利地位，而且事实上，有时毫无原因地被处罚。因此，建立一个多边受益、多边互信的氛围是十分重要的。

3. 中国进一步推行经济改革和外向型政策将促进本地区市场的扩张，但是这也将导致更多的竞争。人们担心，中国发展劳动力密集型工业将与本地区其他发展中国家产生激烈的竞争。的确，这将不可避免地导致一些竞争，但是只要国家间遵守公平竞争的原则，这种竞争将有利于促进这些国家产品质量的提高，并且有利于提升其产业结构。事实上，中国实行外向型政策的一个原因正好是让国内企业经受严酷的国际竞争，因而提高其管理水平。此外，中国虽已经拥有相对完整的工农业体系，但是其整体发展水平不是很高。在一个相当的时期内，中国将依然保持多层次的技术结构和多样性的产品结构。在其技术结构中将会有一些相当先进的和中等的技术，还会有一些非常落后的技术。除了劳动力密集型产品之外，还会有一些相当先进的资本和技术密集型产品。这将允许在中国和其他处于不同发展阶段的国家之间进行劳动分工，特别是水平分工。这种劳动力的水平分工已经被中国航空航天工业进入世界市场以及中国增加从东盟成员国进口产品所证明。当然，作为一个发展中国家，一个大国，中国在考虑与其他发展中国家的关系时，需要特别关注同他们的磋商、协调，由此推进合理的劳动分工，加强整体的自立。

四

　　亚太地区包括的不仅仅是处在不同经济发展阶段的国家，而且包括不同经济和政治体制的国家。因此，太平洋合作将比其他地区的合作更难，但是如果这一合作可以成功达成的话，它将具有更伟大的意义。

　　在太平洋合作演进的初期阶段，人们认识到发达国家间的欧洲经济共同体式的合作方式不适用于太平洋地区，应该特别关注如何满足发展中国家的需求，包括东盟成员国和南太平洋论坛（South Pacific Forum）成员国这两个区域内现存的发展中国家的机构。PECC 就是在此基础上发展起来的，未来太平洋合作的发展是它最主要考虑的问题。

　　中国参与 PECC 代表了太平洋合作新阶段的开始，它象征了对中国的认同。中国是一个社会主义国家，但是也和非社会主义国家发展了广泛的经济关系，在本地区合作中扮演了一个重要的角色。正常和健康的政治关系对发展全面的经济关系是十分必要的，而推进经济关系也必将有益于更好的政治关系。

　　由于亚太区域成员构成的独特，在本区域的任何一种促进太平洋合作的制度建设都必须遵从平等的成员国之间的共识（因此，没有像欧洲经济共同体那样的副成员资格，associate membership），亚太合作的发展应该循序渐进、缓慢加速。

　　PECC 在这方面做出了值得称道的发展。它为成员国提供了

"相互了解"的机会，确定共同关注的议题，通过它的工作组、论坛和会议得出不同的建议和提案。也许对于该地区的政府而言，有必要更认真地考虑，并在有可能的时候相互商议如何执行这些建议和提案。

但是对该地区政府更迫切的需要也许是采取大胆主动的行动，即不是通过讨价还价、给予和获得的进程，而是通过对自身长远利益认识的基础上，考虑到该地区面临的挑战，除了认识到"缓慢加速"的必要性之外，也许还有必要保持一种"大胆而审慎"的态度。

亚太地区面临巨大的机遇和挑战。太平洋合作可以为处于不同经济发展水平和不同体制的国家间的关系提供一个可供效仿的模式，从而为实现该地区巨大的潜力创造必要的条件，并为整个世界的和平与发展做出应有的贡献。

（本文提交"太平洋世纪：问题和前景"会议，东京，1988 年 3 月；
发表于《中国人民外交学会会刊》1988 年 6 月第 8 期）

国际问题研究应积极参与
必要的对策研究

      国际关系学科片前不久曾围绕要不要开展对策研究问题展开了一场争论，记者最近走访了世界经济与政治研究所所长浦山同志。

      问：如您所知，国际关系学科片在要不要进行对策研究问题上，基本存在两种意见：一种意见认为对策研究是党政部门及其他研究机构的责任，我们的任务是搞基础理论研究；另一种意见主张对策研究并非党政部门及其他研究机构的专利，而是社会科学研究的重要课题之一，我们应该积极参与必要的对策研究。能否谈一下您的观点？

      答：我不赞成把对策研究与基础理论研究对立起来的看法，更不赞成经院式的研究，主张在搞好基础理论研究和学科建设的同时，积极开展一些必要的对策研究，并将对策研究与基础理论研究以及学科建设有机结合起来，不可只强调一方面忽略另一方面。当然，社会科学院和党政业务部门研究机构的重点有所不同，我们在对策研究方面应该更着重于战略性的对策研究，而不是日常的、策略性的对策研究。

问：不论前种观点或后种观点都有各自的道理，而您积几十年国际问题研究之经验发表以上见解，想必有更深刻的思考。

答：不敢说深刻的思考，仅是一点不成熟的意见。第一，一些有关国际问题的战略性对策的制定，直接关系到经济社会的发展，是社会科学不容回避的研究课题。比如，过去由于我们对世界战争形势估价得过于悲观，曾提出"深挖洞，广积粮"，"备战备荒"等国策，结果给我们的经济建设造成巨大损失。实际上，诸如这类问题既是对策问题又是理论问题，我们从事国际问题研究的学者，应该积极参与这类问题的研究，依据实际情况提出我们的看法以至不同意见。对这样的问题不及时研究并提出意见，是我们的失职。今后我们必须对这一类型的问题密切注意，这是历史赋予我们社会科学工作者的使命。第二，参与一些具体对策研究也能促进基础理论研究的深入开展。例如，在一个时期里，我们参与了有关恢复我国在关税贸易总协定中缔约国地位问题的对策研究，推动了我们系统地研究这个世界经济组织的历史、现状和存在的问题，从而加深了对整个世界经济结构的认识，这对基础理论研究大有裨益。第三，国际问题和考古学不同，与现实变化密切相关，不研究这个变化，不进行对策分析，基础理论研究就没有扎实的基础，就不是完整、准确的理论概括，就未必是好的基础理论。

问：显而易见，您的见解不仅是深入思考，而且是切身体会。以您之见，国际问题对策研究宜从哪些方面着手呢？

答：我想大体有以下三个方面：一是参与有关国际问题的战略性、方针性问题的研究。譬如，怎样正确估价我们的时代，再提"帝国主义的全面崩溃，社会主义在全世界的胜利"行不行？不行，怎样概括才恰如其分？这要研究。世界经济与政治格局的变化及其相互关系究竟如何？很需要研究。我国实行改革开放的国际环境如何，怎样适应这一环境？也要研究。中央最近提出我国沿海地区的发展战略，这是一个大的方针政策，我们更要研究。当然，如果要严格区分，可以将战略问题研究和策略问题研究划分为两个方面的问题。二是进行一些有关国际问题的综合性比较研究。如苏联东欧国家经济体制改革对我国经济体制改革的借鉴作用、欧美国家议会制度比较研究等。三是从事一些重要的现实国际问题的专题研究。例如，裁军与军备控制问题，科技革命问题，世界能源与粮食等问题，亚太地区的经济合作问题，美元、股票下跌等金融动荡对我国的影响等等。这些问题既涉及对策，也涉及理论。

问：由于研究对象的不同和认识上的差异，在具体开展对策研究时常常会遇到一些难题，对此应该如何处理为好？

答：首先，就国际问题研究的组织者来说，应该经常注意开展战略性对策研究的必要性和对策研究与基础理论研究的互补关系。当然，应该注意，像《大藏经》一类的国际问题研究，难于同对策研究结合，对这类问题不能苛求。其次，有些学者强调要面壁十年，从历史研究中钻研某一重大理论问题，认为搞当前的对策研究会妨碍自己出成果。对这些学者我们要支持，不强求他们花太多的时间和精力参加现实对策研究，并希望他们能有所成就。但是，我想，国际问题与现实变化密切相关，如不考虑事态的近期发展，很难得出完整的结论，也难以在理论上有所突破。其实，现实的对策研究往往是对理论正确与否的极好检验。还有一种情况是，一些学者鉴于以往的经验教训，主张不但不参与对策研究，而且要摆脱各种既定政策对理论研究的影响，以便开展客观公正的理论研究。的确，过去有一些所谓对策研究，实际上只是对既定政策的附和与鼓吹，甚至是引申，起了帮倒忙的作用。但我想，那主要是极左时期的产物。当前已今非昔比。无论是对策研究或理论研究都应该，而且有可能，采取实事求是的态度，没有必要再躲入象牙塔内。

（原载《中国社会科学院通讯》1988 年 5 月 15 日）

中国对外开放的国际环境

　　十一届三中全会以来，随着改革开放的深入发展，特别是关于沿海地区经济发展战略的制定与实施，表明我国对外开放正进入一个崭新的阶段。

　　但首先应该明确，我国的对外开放和沿海地区发展战略，不应该被理解为整个中国采取"出口主导型"的经济发展战略，或以国外市场为主推动经济发展的战略。从整体来说，这不是我们当前的经济发展战略。正如有人所说的那样，我们不可能把整个中国变成外向型经济为主的国家，变成一个贸易立国的国家。那样做既不可能，也不应该，既没有那种条件，也没有那个必要。但是，我们沿海这一块，完全有可能，也有必要发展外向型经济，甚至以外向型经济为主。我们整个国家的经济还是立足于国内，以国内市场为主。

　　我国对外开放的深化和沿海地区发展战略的实施，要求我们更加积极地参与国际交换和国际竞争，目的是为我国的社会经济发展积累资金、引进技术，提供外在的动力和压力，促进我国的社会主义建设。但这绝不意味着我们放弃立足于国内、以国内市场为主的发展战略。

从当前的实际情况来看，明确这一点似乎还很有必要。既要积极开展对外开放，特别是沿海地区的对外开放，又要防止一哄而起，忽视国内市场，忽视沿海与内地关系。

在这一前提下，我想探讨一些有关我国对外开放的国际环境的问题。我国的对外开放既取决于我们的主观愿望和政策，也要受到国际政治经济环境的重大影响。经济与政治不可分割。我们的对外开放政策既要适合于本国国情，同时也要适应于每个时期的国际政治经济环境。

一

中国的历史表明，每当国家强大和繁荣昌盛的时候，往往采取对外开放政策；在国内混乱、统治不稳的时候，就趋于闭关自守。强大昌盛的时候，就不怕外来影响，而是要影响外界；国内统治不稳的时候恰恰相反，既害怕外来影响，更不可能影响外界。

西汉、盛唐和明初，从张骞出使西域开辟丝绸之路，到郑和下西洋沟通与印度洋沿岸国家的往来，都是中国历史上各个朝代的鼎盛时期。从明末清初，特别是清朝中叶以后，当世界资本主义迅速发展，而中国停留于封建统治时，落后的清朝统治者很自然地趋向于闭关自守。闭关自守在资本主义发展时期，是顶不住生产国际化的冲击的。其结果往往是被动的、被迫开放。鸦片战争以及其后的历次战争和不平等条约的签订，迫使中国割地赔款、开放通商口岸，出让领事裁判权、关税决定权及内河航行权等等。1899 年，美国更公然宣布所谓对中国的"门户开放主义"。要求"利益均沾"。中国的门户是开放了，其结果是中国沦为半殖民地。

旧中国对外关系的历史告诉我们：必须区分"被迫开放"和"主动开放"，区分丧权辱国的开放和维护主权、立足于自力更生的开放。

新中国的成立，结束了中国被迫开放的历史。人民政府废除了帝国主义在中国的一切特权。但新中国并不主张退回闭关自守，而是坚持自主的开放政策、立足于自力更生的开放政策。毛泽东同志指出，我们不对帝国主义的援助抱幻想，但是准备同英美这些国家"做生意"，而且还"假设这些国家愿意在互利的条件下借钱给我们"，"因为这些国家的资本家要赚钱，银行家要赚利息"。这说明当时我们是准备采取对外开放政策的，不仅要做生意，而且准备借外债。

但是新中国成立伊始就遭到美国的封锁禁运。毛泽东同志在评论艾奇逊的"门户开放主义"时指出，"上海解放以后，本来是开放的，现在却被人用美国的军舰和军舰上所装的大炮，实行了一条很不神圣的原则：门户封锁。"朝鲜战争爆发以后，美国更公开出面对我国实行全面禁运，冻结我国在美国的财产，直至1971年才开始解除，长达二十多年。50年代，我国很大一部分对外经济往来是同苏联东欧国家进行的。但是到了60年代初，苏联撕毁合同、撤出专家，加重了我国对外开放的困难。即使在这种困难的环境下，我们还是发展了对外经济联系，特别是对外贸易。为了打破美国的封锁禁运，我们发展了同发展中国家及一些西方工业发达国家的贸易往来。例如，50年代与斯里兰卡用大米换橡胶；与日本，用民间贸易促进两国关系的正常化。因此，不能说我们在这个时期采取了闭关自守的政策。当然在具体执行政策中，也有一些偏差和失误：在指导思想方面，也有一些框框的束缚。"文化大革命"期间，错误倾向发展到了顶峰，似乎发展对外经济关系就必然丧权辱国，坚持自力更生就必须自给自足，确实有点闭关自守的味道了。

回顾这段历史不难看出，解放以后我国对外开放的阻力，既有外部封锁，也有内部失误。主观愿望与外部环境，对于我国的对外开放来讲，互相关联，缺一不可。十一届三中全会确定了对外开放为我国的基本国策，同时也完全有可能争取一个比解放以来任何时期都更为有利的国际政治环境。

二

正确地判断国际形势是我们对外开放政策的出发点。

首先是对我们所处时代能否进行正确的判断。

当今时代当然是资本主义向社会主义过渡或转变的时代。这是一个很长的历史时期。这个大的时代还要分成不同的阶段。"文革"期间有一种提法，所谓我们的时代是帝国主义走向全面崩溃、社会主义走向全世界胜利的时代。这显然是不妥的。即使在打倒"四人帮"以后一段时间，还强调"天下大乱，形势大好"。这显然也是不妥的。在相当长的一个时期，我们对世界革命的估计往往偏于乐观，对世界大战的估计往往偏于悲观：一方面，似乎国际上已经形成乡村包围城市的局面；另一方面，"燕子低飞，天要下雨"，"山雨欲来风满楼"，世界大战又似乎迫在眉睫。在这种对时代的判断下，根本谈不上正确认识和坚决实行对外开放政策。而且这种错误的估计，在实际工作中造成了严重的不良影响，例如搞"三线"，"深挖洞"等。我们应当如实地承认：第一，从资本主义向社会主义转变的过程中，直至现在，资本主义仍占据优势。"东风压倒西风"，过去没有实现，至今也没有实现。要充分看到这一转变过程的艰巨性。第二，现在不存在世界革命的形势。这是与第一点相联系的。这并不是说，在当今的时代里任何国家都不可能进行社会主义革命，个别国家完全有可能。但从总的国际形势来看世界革命不是一个现实问题。就斗争的目标和斗争的任务来讲，当前应该提出争取和平与发展。我们的任务不是马上争取社会主义在全世界的胜利，而是争取世界和平与发展。把我们的时代称作和平与发展的时代，容易产生误解，似乎和平与发展会自然而然地到来。譬如大家都十分强调国际化，市场国际化、生产国际化，经济联系日益密切，相互依赖日益加深，科技进步为世界生产力的跳跃发展开辟了广阔的前景。然而，是否能由此而引申说各国之间必然以共同利益为主，必然会协调和合作，因此也必然是和平与大发展。这无论在理论上，还是在实际上都难以成立。实际情况并不是这样自然而然地导致一个新的和平与发展的时代。这是要争取的。我们当前的任务就是争取和平与发展。只有反对霸权主义，才有可能争取到和平。只有反对现存的国际经济秩序中种种不合理、不公平的现象，才有可能争取共同发展和繁荣。第三，存在着争取较长时期的和平环境的可能，世界大战的可能性虽然不能排除，但并非绝对不可避免。

当前国际形势出现了有利于维护世界和平的迹象，这将有利于我国的对外开放，争取一个较长时期的和平的国际环境。

这一迹象首先表现在美苏达成中程导弹协议。这是美苏双方第一次军备确实有所削减，尽管有限。而且双方仍在进一步讨论裁减战略核武器问题。其次是地区性冲突有所缓和。苏联从阿富汗撤军，尽管阿富汗的内战仍将继续，和平难以实现，但苏军的撤出已表明苏联的态度发生重要变化。两伊战争已出现停战的可能；安哥拉的和平进程有一定的进展；甚至柬埔寨问题也出现了某种松动。上述情况表明，美苏都有从地区性冲突中撤出或避免卷入的迹象。这一方面是美苏两个超级大国内部的困难。美国困于财政赤字、贸易赤字，而且已成为世界最大的债务国。苏联也面临严重的经济困难，经济既不能不改革，同时又阻力重重。美苏两个超级大国都存在不胜巨额军费的负担、经济实力与霸权地位不复相称的状况。另一方面，美苏的霸权主义遭到全世界人民的反对和抵制。美国从越南的撤军是与国内人民反战浪潮分不开的，至今美国侵越战争的失败对美仍是一种制约。如果苏联对阿富汗的侵略没有遭到坚决的抵抗，苏联也没有撤军的可能。全世界反对霸权、反对战争、争取和平的斗争，对世界的缓和和稳定已经发挥着重要的作用。

当然，国际形势也有不利的一面。首先是美苏的军备竞赛还未结束，而且还有发展的趋势。这主要表现在，新技术首先被用于武器的发展，军备竞赛出现向太空发展的趋势。美国的"星球大战计划"（SDI，战略防御计划）的制订与实施，苏联虽然竭力反对，但实际上也早已开始实施类似的计划，只是技术进展相对落后。美苏两国仍是军事方面的两强，它们所拥有的核武器，即使裁减50％，仍占世界的90％以上。其次值得注意的是日本的军费突破国民生产总值的1％。虽然从比率上看仍旧比主要国家要少得多，但是日本是世界第三经济大国，从绝对额上看，军费已经超过英、法和西德，也是第三大国。日本国内确实存在强大的反对军国主义的和平力量，但也有一小撮军国主义势力正在抬头。再次是在地区性冲突方面，美苏虽然都避免进一步卷入，但放弃霸权绝非易事。从现在看，美苏都有一定的战略收缩。在苏联，戈尔巴乔夫提出新思维，提出不谋求军事优势，对霸权主义、大国沙文主义都有所检讨。但实际如何还需要听其言而观其行。基辛格最近到中国来，对苏联的经济改革发表了一些评论。他认为，苏联改革如果失败会铤而走险，如果成功则难以对付，这两方面都对美国不利。最好苏联的改革不死不活、拖下去，对美国最为有利。而我们真诚地希望苏联改革成功，并促使其对外政策往好的方向发展。但究竟如何，现在还很难断言。

综上所述，当前的国际形势及其未来前景中有利于和平、缓和的因素正在生长，同时也存在一些不稳定因素。但从总的趋势看，只要我们坚持独立自主的外交政策，充分利用和发展有利因素，为我们的全方位的对外开放政策和四个现代化建设争取一个相对稳定的和平国际环境是完全可能的。

三

从世界经济形势来看，中国对外开放一方面面临着世界经济低速增长和动荡不稳的局面，另一方面也存在着亚太地区经济繁荣的机遇。

在世界经济中西方经济还占主导地位。80 年代以来，世界经济低速增长和动荡不稳的主要原因是三个方面的严重不平衡。首先是美国的庞大财政赤字依靠外国资金弥补所表现出来的美国经济内在的不平衡；其次是由美国的巨额外贸逆差和日本、西德的外贸顺差所表现出来的西方发达国家之间的不平衡；第三是由发展中国家的巨额外债、资金倒流和贸易条件的恶化所表现出的发达国家与发展中国家之间的不平衡，即南北之间的不平衡。

这三个方面的不平衡，最近虽然多少有所缓解，特别是美国的出口有所增长，生产情况较好，但是美国的财政赤字、贸易赤字、发展中国家的债务都不是短期内所能解决的，金融方面仍旧很不稳定，而且美国的贸易保护主义还在加剧。今年是美国的大选年，现任政府将尽一切可能避免经济衰退或危机，但又面临通货膨胀加剧的威胁，正处于两难之中。一般估计，今年西方出现经济危机的可能性不大，但明年很难避免，至少低速增长、动荡不稳的局面还将继续一个相当长的时期。

总的来说，美国经济进一步衰落，日本经济实力大大提高。日本目前已成为世界最大的债权国。日本《经济白皮书》指出：日本在资金供应方面已取得英国一次大战前和美国二次大战后的地位。西欧经济增长缓慢，80 年代以来甚至落后于美国的增长。但西欧在经济共同体和货币联盟的格局下，保持了货币稳定和经济增长。当前世界经济多极化和集团化有进一步发展的趋势。西欧提出 1992 年建成"真正统一的共同市场"，美国和加拿大已达成自由贸易协定，美国还准备与墨西哥达成协议，逐步形成北美的经济贸易区；日本也已明确提出建立亚太地区自由贸易区的意向。

在世界经济严峻的形势下，亚太地区虽然受到影响，但相对于其他地区来讲，一直保持了较高的经济增长，而且最近还出现了强劲增长的势头。

日本，从 1985 年 2 月至 1987 年底，日元对美元升值 100%以上。在美元汇率下跌，日元大幅度升值的情况下，出口困难、工业生产一度停滞。对此，日本政府一方面追加公共投资，消减税收，以扩大内需；同时积极进行产业结构的调整。经过政府和企业的共同努力，1987 年的经济增长率达到 4%以上，快于其他西方发达国家。"四小"，1987 年增长达 11%以上，南朝鲜、中国台湾和香港地区都在 12%左右；新加坡在渡过 1985 年和 1986 年的困难之后，1987 年增长率也达 7%。东盟，在石油和初级产品价格下跌的情况下，经济曾一度相当困难，去年已经有了明显的好转。特别是泰国经济增长率达 6.6%；此外，马来西亚为 4.7%，印尼为 3.5%，菲律宾为 4.6%。中国，继续维持高速增长，去年国民生产总值增长 9.4%。

亚太地区经济在过去二十多年里一直是世界上最有活力的地

区，至今仍保持着经济繁荣的局面。促使亚太经济持续增长的原因是多方面的：首先，美、日与南朝鲜、中国台湾地区在政治上保持着特殊关系，所以美国市场对它们一直是较为开放的。其次，这些国家和地区采取适应国际政治、经济环境的经济发展战略。特别是中国台湾地区、南朝鲜利用当时的有利时机，积极引进技术、资金，开拓海外市场等。

在当前的经济繁荣中，日本与"四小"发挥着主导作用。最近几年，在日元升值的压力下，日本正积极进行经济结构调整，将劳动密集型产业转移到亚太其他地区。例如，在南朝鲜和台湾地区增加零部件的生产；在东盟特别是泰国、马来西亚增加投资；从去年开始，对中国的投资也有所增加，同时，"四小"由于货币升值不如日元，出口继续扩大，在美国市场上取代了日本原有的一定份额，因此对美国的贸易顺差剧增。对日本的出口由于产业转移的因素也大大增加了。但是，"四小"近年来面临着美国的巨大压力。美国要求"四小"货币升值，取消了对这些国家和地区的普惠制待遇。在这种情况下，"四小"也在力争产业结构升级，同时扩大它们在亚太地区的投资。

亚太经济的发展今后仍面临着许多问题。首先，亚太地区的国家特别是日本和"四小"，过去的经济增长严重地依赖出口，尤其是美国市场。因此，美国的经济动荡和贸易保护主义的发展对这一地区势必产生严重影响。其次，过去日本对美国有大量的贸易顺差，而"四小"也对美国有大量的顺差，对日本却有大量逆差，实际上是一种日本对美国的间接出口，在亚太地区产业转移的情况下，这一问题还将更加突出。美国对此不可能长期容忍。第三，日本势将在一定程度上取代美国过去在这一地区的作用。实际上，在贸易和投资等方面，日本也已经开始起着这样的作用。但日本究竟能起多大作用，以及在什么条件下发挥作用，这还有赖于有关国家和地区今后的争取和斗争。特别是在日本剩余资金向发展中国家回流、日本向发展中国家开放市场、转让技术等问题上，我们都有必要尽力争取对我国较为有利的条件。

亚太地区今后的发展趋势，仍有可能保持较快于其他地区的经济增长速度。亚太地区内部产业结构的调整为这一地区产业结构的普遍提升，也提供了可能。尽管世界经济形势还将比较严峻，但亚太地区的发展仍将为我国的对外开放和沿海地区发展战略提供比较有利的经济环境。

总的来说，我们在尽力争取和充分利用有利的国际环境中，也要清醒认识形势中对我不利之处。在利用亚太地区的有利形势中，还要坚持全方位的对外开放。在复杂的国际政治经济环境中，要十分重视实际情况的调查研究，趋利避害，使开放取得更大成就。

（1988 年 8 月 3 日）

计 划 与 市 场

社会主义的理论与实践

在经济学文献中，很早就有人提出过以生产资料公有制为基础的社会主义制度是否能够有效地组织经济活动的问题。一种观点认为，社会主义制度与市场机制是相互排斥的，因此不能够合理地分配资源和组织经济活动。早在本世纪 20 年代，路德维格·冯·米塞斯（Ludwig Von Mises）就对这一观点作过有力的阐述。然而奥斯卡·朗格（Oscar Lange）、阿巴·勒纳（Abba Lerner）和其他一些学者却提出了相反的观点。他们阐明，在理论上社会主义制度也能够运用市场的原则。尽管他们的观点有时被贴上"玩竞争游戏"或"玩弄资本主义"的标签，这个理论问题还是基本上已经解决。

另一种观点认为，尽管在理论上社会主义制度也可以运用市场机制，公有企业却缺乏遵循市场原则的动力，从而无法对市场压力做出有效的反应。弗里德里克·哈耶克（Friedrick Hayek）长期以来就一直持这种观点。弗里德曼教授的观点似乎也属这一类。这一现实问题确实存在。由于在运用市场方面，还没有一个

社会主义国家已取得了完全成功的经验，应该承认这个实践问题
尚未解决。

中国经济改革的方向

中国经济改革的取向是在社会主义公有制的基础上发展有
计划的商品经济，而不是弗里德曼教授所称的"自由私人市
场"。人民共和国在 1949 年成立以后，动员了大量的人力、物
力和财力来进行大规模的经济建设。在计划经济之下，中国建
立了相对完整的工业体系，满足了广大群众的基本需求，取得
了很大的成就。然而，忽视市场机制的作用，计划体制过分集
中和生产单位缺乏自主权，结果越来越严重地影响了经济的活
力。正在进行的经济改革的一个重要任务就是要让市场机制充
分发挥其积极的作用。因此，指令性计划将被指导性计划所取
代，由国家规定价格的范围将缩小，而由市场决定价格的范围
将扩大。另外，即使是指令性计划和国家规定价格，也要充分
考虑市场的反应和价值规律的作用。总的方向是："国家调控
市场，市场引导企业。"

经济改革也涉及所有制问题。社会主义经济体制以生产资料
公有制为基础，包括全民所有制（主要以国有企业的形式）和
集体所有制。然而在过去，过分强调了全民所有制，却忽视了集
体所有制，特别是忽视了个体私人所有制的必要的补充作用。改
革的一项主要内容是，在维护公有制这个基础的同时，积极发展
集体经济和个体经济，并在全民、集体和个体经济之间在自愿互
利的基础上广泛地推广各种形式的承包经营和合作经营。中国无
意广泛实行国有企业私有化，但在这类企业中也将实行所有权和
经营权的分离，通过诸如经营承包制等措施，使国有企业的经营

者的利益与企业的经济效益和盈亏直接挂起钩来。在这样的条件下，中国正在对股份制进行试验，目的是要使国有企业更能适应市场调节的作用。

在此方面，弗里德曼教授提到了一个对中国来说十分重要的问题，那就是农村劳动力向工业的转移。实际情况是，在中国经济改革的进程中，农村乡镇企业的蓬勃发展在吸收剩余农业劳动力方面发挥了巨大作用。近些年来，乡镇企业新吸纳劳动力的人数每年达近千万人。乡镇企业，主要是由乡和村两级办的集体企业①。1987 年，乡镇企业职工人数已达 8800 万，其产值占全国工业生产总值的 1/4。值得注意的是，农业劳动力向工业的大规模转移是在农村经济的空前繁荣中实现的。这与许多其他国家的情况很不相同。它们在 19 和 20 世纪都经历了大量农民破产的痛苦过程。

中国国有企业的经济效益至今仍然很不令人满意。中国的经济改革也仍然面临许多困难。因此，还没有充分的事实能证明，以中国式的公有制为基础的有计划的商品经济一定会比一个主要基于"自由私人市场"的经济体制优越。另一方面，从实际的证据来判断，任何相反的结论也是没有根据的。

改革的广度与速度

弗里德曼教授还提出了经济改革中"局部或全部放开"和"逐步或立即放开"的问题。在中国的经济改革中，这些都是非常重要的问题。当然，"局部或全部"、"逐步或立即"，都

---

① 根据 1985 年的统计，集体企业职工人数占乡镇企业职工总数的 60%，其他合作企业占 13%，个体和私营企业占 27%。

是相对的概念，也是密切联系的概念。以公有制为基础的有计划的商品经济，相对于完全的"自由私人市场"，可能被认为是一种局部的改革。但是任何重大的改革，都不可能在一夜之间完成，而任何逐步的改革，都必然会不断造成局部改革的局面。

中国的经济改革采取了逐步推进的方式。从中国的实际情况来看，这种方式避免了改革中无可挽回的失误和经济生活中的严重动荡，而且通过不断显示经济改革的实际效益，减少了改革的阻力。但是，在这种渐进的方式中，也确实出现了新旧体制的同时并存，从而造成了许多新的困难。例如，目前就存在着不少同样的产品具有不同价格的情况，因而导致了种种严重弊端。这样，价格改革正日益成为整个经济改革的关键，但却又受到通货膨胀压力等的严重制约。

价格改革涉及经济体制的全局，不可能从"局部或全部"、"逐步或立即"的方式中，作出简单的选择。重要的是，要有全面协调配套的方案，而这一方案实施的步骤和速度，又应考虑各方面的实际情况和相互联系。国务院已经提出了价格改革的初步方案，这一方案正在广泛的讨论和审议之中。

政治改革的问题

改革的深化必然涉及经济权益的调整，因此也必然会遇到政治体制的阻力和障碍。这也是为什么在进行经济改革的同时，必须进行政治体制的改革。当前政治体制改革的首要任务是保证经济改革的正确和顺利推行。但这只能依靠社会主义民主的建设和发展，而不是靠"确定潜在的反对者并使他们分享利益"之类的办法。从长远来看，非常重要的是要在发展物质生产的同时，提高社会成员的思想道德水平，从而逐步建立起人与人之间的新型社会关系。这正是社会主义的实质。

（1988 年 9 月在上海举行的"中国经济改革"会议上对米尔顿·弗里德曼发言的评论，原载 Cato Jounal，1989 年冬季号）

经济集团化对世界格局的影响

世界经济区域化（或称为集团化，或称为多极化），这种趋势早已有之，近年来发展迅速。

欧洲共同体去年进一步确定了到 1992 年底实现商品、劳务、人员和资金等多方面在欧共体内部自由流动的措施。去年美国同加拿大签订了自由贸易协定，从今年起的 10 年内逐步取消两国间的一切关税。去年日本研究机构和政府的咨询机构提出了建立所谓"太平洋经济自由贸易区"或叫"东亚经济圈"的构想。今年以来集团化的趋势又有新的发展。澳大利亚总理霍克提出建立亚洲太平洋经济协商机构的设想，建议今年举行亚太地区部长会议。

日本通产省也提出在今年秋天召开亚太地区贸易和工业部长会议的建议，并于今年 3 月同东盟国家进行了协商。今年 3 月，日本政府还拟定了一个亚太地区经济合作的基本方针概要。从目前情况来看，日本在维持现有的松散的"太平洋经济合作会议"的同时，也表现出想在欧洲进一步集团化、美国和加拿大（还包括墨西哥）集团化发展的情况下，企图使东亚也进一步朝着集团化的方向发展。

对世界经济集团化的可能性究竟如何估计？东亚地区过去的出口市场长期严重依赖美国，美元贬值后，日本与东亚地区的经济联系加强了。但到目前为止，日本在这个地区还不可能完全取代美国的地位。美国与这个地区的许多国家还有很重要的经济联系。从1987年开始，日本从这个地区进口制成品是增加了，但对这些国家来说，至今美国市场还是比日本市场重要，"四小"明显是这样，相当一部分东盟国家也是这样。因此，日本想在这一地区排斥美国、组织自由贸易区或东亚经济圈是相当困难的。美国也绝不会眼看着在这一地区让日本人占据领导地位。

美国长期以来对亚太地区积极推行双边贸易协定的做法。美国与东盟国家谈判双边贸易协定已有数年。美国与中国台湾地区、南朝鲜、澳大利亚甚至与日本都进行了签订双边自由贸易协定的试探。美国在这个地区的做法是以美国为中心签订双边贸易协定，从而树立起它的领导地位，这必然与日本占领导地位的东亚经济圈的设想相矛盾。美国虽然与东盟国家谈了好几年双边自由贸易协定，但东盟国家并不积极，这是因为它们之间不仅经济水平差距很大，而且美国也没有提出足够的优惠条件。南朝鲜也不积极，只有中国台湾地区表示积极，这在很大程度上是从政治上考虑的。日本对此则持反对态度。从目前情况看，在本地区建立经济圈的问题上还处于美日双方相互争夺阶段，很难马上就成立一个比较具有一定形式的、内外有别的东亚经济圈。但很明显的是，日本经济实力是在增长中，对这个地区的经济影响正在扩大，并且正在积极地向建立经济圈的方向前进。

对于世界经济的集团化或区域化，不论是在国内还是国外都有不同的看法。国内有两种不同看法：一种看法是，世界经济一体化趋势表现出由于技术的发展、生产的国际化，相互依赖加深了，因此要突破国家疆界，使更多的国家和地区联合起来，从而促成了区域性的集团化，这就会逐步导致世界经济的一体化；另一种看法是更多地强调力量对比的变化，认为区域化、集团化是力量对比变化的结果。二次大战后初期，美国在经济上占绝对优势，当时美国推行世界经济一体化、贸易自由化、资本自由流动，至少是在资本主义世界里确实产生了一体化的趋势。到80年代，由于日本的经济实力增长，出现了日本与东亚地区的挑战。正是在这种形势下，西欧、日本与美国出现了进一步一体化的趋势。在这种趋势的压力下，日本就不得不进一步考虑建立东亚经济圈和东亚地区集团化的问题。今年2月在巴黎的一次会议上，日本经济与国际关系问题专家、前外务大臣大来佐武郎在发言中明确指出，美欧的贸易保护主义可被认为是对东亚经济兴起的一种反应。他说，东亚主张全球多边的自由贸易体系，可是在美国、加拿大以及欧共体国家加强集团化的情况下，东亚国家不得不考虑加强本身的经济联系。这很明确把集团化趋势看作力量对比变化的结果。

根据两种不同的看法，对经济集团化究竟会产生什么样的影响，也得出两种不同的结论。一种认为，既然这种区域性集团化符合经济一体化总趋势要求，因而也是有利于世界经济发展的。更多的人强调另一种看法，认为世界经济局部的一体化或局部的联合会导致整体上更加严重的分割，是不利于世界经济发展的。从实际情况看来，目前的集团化，还不至于发展到像30年代那样严重对立的程度。30年代经济集团化导致了严重的经济冲突，以至于成为爆发第二次世界大战的重要因素。从目前来讲，还有一个多边的经济体系，虽然它已被削弱，但还未完全崩溃，还在继续进行协商谈判活动。如当前的关税及贸易总协定，它对建立区域性的集团是有一些规定的，现在一些国家在建立经济集团时都自称不排外，自称不搞也不会形成所谓的什么壁垒，但是它们相互又非常担心，认为这样发展下去可能会逐步加剧相互之间在经济关系上的摩擦和冲突。因此，区域化、集团化对世界经济的不利因素可能会大于有利因素，至少在经济关系方面发生摩擦的可能性更大，而不是简单的导致世界经济一体化。但区域性的集团化确实也存在另外一面，就是在技术发展、相互关系加强的情况下有利于加强联合的趋势。不过，在现实的世界政治经济形势下，促成并产生了另外一种力量，使得集团化不可能很顺利地朝世界经济一体化这个方向发展，反而朝着与经济一体化矛盾的方向发展。

对世界政治格局也存在不同看法。大来佐武郎在今年 2 月会议上说，世界可能会形成两大集团，一个是欧共体、东欧（包括苏联），再加上非洲、中近东、甚至印度。另一集团是美国、日本、中国和其他东亚地区（包括"四小"、东盟）以及拉美国家。不能说这种看法没有一点道理，事实也有迹象是向这方面发展的。总的看来，在 90 年代，世界经济的发展还不至于发展到这样程度，呈现出的还是走向多极化的趋势。在区域化集团倾向发展的情况下，经济因素的重要性更加加强，而在军事和其他方面的因素正在削弱。美苏在世界政治格局中的地位也会有所下降，估计还会进一步下降。但仍不能过低估计美苏两家，至少在 90 年代，美苏地位还不会极大下降。在这种情况下，中国要尽量维持多方位的对外经济关系，在政治上应尽量避免卷入对立集团。

总之，世界经济集团化发展到什么程度，发展速度如何，对世界政治有何影响，都是非常重要的问题，值得进一步研究。

（原载《瞭望》1989 年 5 月第 18 期）

东盟经济考察报告

中国社会科学院东盟经济考察团

以浦山同志为团长的中国社会科学院东盟经济考察团一行6人于1989年9月28日至10月31日，遍访了东盟六国（泰国、马来西亚、新加坡、文莱、印尼、菲律宾）。此行的主要目的在于结合东盟各国的经济发展了解它们的对外经济关系。在此期间，我们同各国主管财政、金融、经济计划、投资管理、对外贸易与工业发展等部门的重要官员进行了交谈；同一些有影响的研究机构交换了看法；此外还重点参观了一些企业。在各国的访问中，普遍受到较高规格的接待，印尼和文莱的接待也很友好。现将访问中所了解的情况简报如下：

一 经济发展势头普遍良好

80年代以后，东盟各国经济增长率普遍下降。但1987年以来，显著出现了较强劲的增长势头。东盟六国年均增长率1987年为5.1%，1988年为7.1%。若把文莱排除在外，其他五国平均增长率这两年分别为 5.9% 和 8%。文莱由于油价下降，从 1981 年到 1986 年国内生产总值连年下跌，1987 年才开始回升，增长率为 1%，1988 年为 2%。1989 年东盟国家经济增长率仍旧保持强劲势头，不仅大大高出一般发展中国家，而且高于亚洲"新兴工业国家和地区"。

二　经济结构向多样化发展

新加坡大体上在 70 年代就已经从以转口贸易为主的经济转变为工业与服务业都比较发达的国家，但转口贸易仍占有重要地位。在其他国家中，马来西亚与泰国也已摆脱主要依赖橡胶、锡、稻米等少数几种农矿产品的局面。现在马来西亚的棕油与石油生产和出口额已与橡胶具有同等重要的地位，电子与纺织服装业也有长足进步，集成电路的出口已跃居世界前列。泰国在实现农产品生产多样化方面最为成功，水产养殖业也很发达。在工业方面，资源加工、纺织服装以及电器产品发展很快。目前，它的制成品出口值已超过原产品。印尼近几年下工夫发展非石油产品的生产。目前这类产品的出口值已相当于石油。文莱长期以来单纯依赖石油的生产与出口以换取一切必需品的进口，近几年也在努力发展进口替代的轻纺与食品工业。菲律宾在 70 年代以大量资金投入发展重化工业，走了弯路，80 年代初又受政局动荡影响，经济发展遭到很大挫折。但尽管如此，这十几年来它的工业还是得到了一定的发展。从出口来看，原产品比重已由 1970 年的 93.5% 降为 1986 年的 42.8%，而同期制成品出口的比重则从 6.4% 上升为 54%。

三   东盟经济形势好转的原因

东盟国家近几年经济增长率的提高和经济结构的改善，主要得益于日元升值所触发的东亚（包括东盟）连锁式的产业结构调整和外资的大量涌入。此外，也得益于西方经济的持续增长，特别是大多数东盟国家制成品主要出口市场——美国进口的持续增长，以及最近几年东盟一些国家某些重要农矿产品，如橡胶、锡、铜、棕油、糖价格的回升。同时，东盟各国采取比较符合本国国情和国际环境的发展战略和对外经济政策，也起了重要的作用。

四   发展战略和对外经济政策

1. 结合本地区发展形势，开展外向型发展战略

1985 年后，日元大幅度升值，日本对外投资剧增，部分产业生产据点向外转移，同时也在一定程度上增加制成品的进口。台湾地区等也开始向外转移部分劳动密集型产业的生产据点。在此情况下，东盟各国普遍积极吸引外资，鼓励出口工业。新加坡早在 60 年代即已推行外向发展战略，近年来更着重发展技术和智力密集型的工业部门，特别是电子工业。其他东盟国家都先后采取了吸引外资的优惠办法，或减免税收，或放宽外资投资范围与股权比例，或简化批准手续等。例如印尼在 1983 年后，特别是 1986 年，马来西亚在 1986 年，菲律宾在 1987 年，都制定了鼓励外国投资的法规。新加坡和马来西亚等还设立了负责解决外资问题的统一窗口，称为一次性服务站（ONE－STOP SERV-ICE）。

在发展外向型战略中，东盟各国也都比较注意结合本国国情。例如，泰国十分注意与发展农业相结合，声称不准备成为"新兴工业国"，而将致力于建立"新兴农业工业国"，马来西亚也强调不鼓吹建立"新兴工业国"，以免徒有其名，得不偿失。

2. 在市场经济的运行中，重视计划与管理

东盟各国都是推行市场经济的国家，但对计划与管理也都十分重视。各国都有长期、中期和年度经济发展计划，确定经济社会发展目标，并根据执行情况定期进行审查和修正。计划管理部门在政府机构中据有较高地位，有的直属于总理办公室。计划对私人企业虽然并没有强制性，但通过税收、信贷手段，起着一定作用。在计划管理中，产业政策据有重要地位，通过不同时期奖励不同部门的投资办法，影响投资方向。当前，新加坡以发展服务性行业和较高技术的工业部门为主，其他东盟国家除鼓励出口工业外，还着重鼓励在农村和比较不发达的地区发展工业。例如，泰国、菲律宾、印尼，对边远地区的投资，无论是内资或外资，都有特殊优惠。

3. 在对外开放中，注意外资的引导和管理

在吸收外资中，东盟各国都采取了一些鼓励措施；但与此同时，也按照发展战略和产业政策的规定，对外资进行引导和管理。有的东盟人士表示，一国对外开放的程度应视对外资的管理水平而定。

除新加坡外，各国对外资在企业中的股权比例都有一定限制；除产品80％以上或全部出口者外，一般都不允许外资建立独资企业。泰、马、印尼的一些负责官员认为，外资独资企业难以管理，难以转移技术，也难以与本国企业建立上、下游的产业联系。马来西亚目前已成为世界上集成电路的主要出口国之一，但马来西亚工业发展局的负责人说，这一产品的外资厂家多为独

资企业，而且大多设在出口加工区，同国内企业缺乏联系，随时可能撤走；认为当初对此未加有效管制，是犯了错误。东盟国家大多设有出口加工区，但对这些加工区的评价一般不高。

在银行、保险等服务性行业方面，东盟各国大多还在考虑加强对外资的限制。东盟国家过去多为殖民地，早年开办的外国银行多享有吸收当地存款、参与当地直接投资等特权。近年来，在这方面也大多增加了限制。例如，一般不允许外资银行开设分行，新设立的外资银行不允许吸收当地存款。有的国家，如印尼，近年来对外资银行的业务经营虽然有所放宽，但也规定新设外资银行必须与当地合营，而且限定只能在 7 个城市开设分行；马来西亚在 1989 年还通过新的法令对外资银行普遍加强管制。

4. 重视基础设施与人才培训

新加坡从 60 年代起就把基础设施和人才培训作为经济发展的基础。泰国的第一个五年计划是以"基础设施建设"命名的。菲律宾和印尼在历次国民经济发展计划中也都以基础设施的建设为重点。在人才培养方面，马来西亚与菲律宾的教育支出多年来占政府支出的首位。不少东盟负责官员表示，在争取外资中，完善的基础设施、高质量的劳工和技术与管理人员比税收优惠和低工资更为重要。

五　经济发展中的主要问题

1. 贫富不均

东盟六国中，新加坡在公共住房建筑和社会福利方面成绩比较显著，基本上消灭了赤贫现象。其他五国都在不同程度上出现贫富两极分化的问题。文莱虽然由于石油资源丰富，人均国民生产总值达世界各国前列，社会福利也比较充分，但苏丹皇宫及贵族王府之富丽堂皇与平民简陋的水上村庄形成鲜明对比。印尼和菲律宾等问题更加突出,失业问题至今相当严重。菲律宾的土改成效甚微。阿基诺家族把庞大庄园改为股份公司,用分发部分股份的办法代替土地的重新分配,使整个土改法令丧失应有效力,已经引起原来支持新政权的广大农民和知识分子的不满。我们访问马尼拉期间,不仅政府机构,而且超级市场和大旅馆等,均由手执冲锋枪的军人守卫和检查出入,社会治安问题的严重可见一斑。

2. 经济的依赖性

东盟各国制成品市场严重依赖美国。1986 年,美国吸收了东盟全部出口的 18.5%,工业制成品出口的 32%。美国经济的波动和保护主义的增长,对东盟的经济发展势必产生严重影响。近年来,东盟对日本的制成品出口虽有大幅度增加,但还难以替代美国市场。在出口制成品的技术和生产资料等方面,东盟各国又严重依赖发达国家的跨国公司,特别是日本。由于基础工业和生产中研究和开发力量的薄弱,东盟各国都还面临着技术转让中的不利地位、出口工业国内增值有限等问题。由于近年来经济高速发展,泰国等还出现了交通、电力等基础设施方面的困难和环境保护方面的问题。东盟国家中,除新加坡和文莱外,还有沉重的外债负担。目前四国外债已超过 1200 亿美元,其中印尼超过 500 亿美元,菲律宾近 300 亿美元,还本付息占出口收入的比率,印尼高达 40%,菲律宾约占 35%。

3. 东盟内部经济联系进展缓慢

东盟是发展中国家区域性合作中比较成功的组织。东盟在内部贸易和投资等方面都有一定的优惠安排,近年来这些优惠安排的范围还有所扩大。但是,实际上东盟内部贸易和投资联系的进展有限。东盟各国之间的贸易至今仅占东盟全部对外贸易的

18%—20%，其中属于优惠安排范围的仅为5%左右。原规定的东盟工业互补计划、东盟工业发展项目计划、东盟工业合营计划等，由于各国利害冲突，进展不大。在吸引外资方面，东盟负责官员也承认，至今竞争多于协调。东盟过去由于越南侵入柬埔寨而加强了团结和合作，当前也认识到加强内部经济联系的必要，但迄今为止，东盟仍然主要是作为加强与其他国家和地区的谈判地位而起作用的一个组织。

六　东盟与太平洋经济合作

欧洲经济共同体1992年的统一大市场计划和美加自由贸易协定的签订，使太平洋经济合作问题更显突出，东盟的态度也因此而有所变化，比过去较为积极。但东盟仍力图在太平洋经济合作的组织机构中维持其特殊的地位。太平洋经济合作的各种设想中，日美矛盾日益显著；虽然在实力对比方面，美国相对下降而日本相对上升，但由于对美国市场的严重依赖，东盟国家对美国的压力还不得不考虑作出一定让步。

1. 1989年4月，在美国夏威夷东西方中心和新加坡东南亚研究所的主持下，一些知名的美国和东盟学者提出联合报告，建议美国与东盟订立双边经济合作协定，协定对知识产权、服务性行业贸易等问题规定双边合作的总框架，逐步向双边自由贸易区发展；同时，建议还提出美国可以在总的框架下，同东盟各国分别订立经济合作协定。这一建议已经遭到日本方面的坚决反对。我们这次访问中，新任联合国亚太经社会的副秘书长、原日本外务省官员，就明确表示对此强烈反对。根据参与这一建议的主要东盟学者的解释，由于美国以限制东盟对美出口为威胁，在知识产权和服务性行业的贸易和投资方面压东盟国家让步，已经日益出现美国采取单方面行动的可能，东盟方面同意建议订立双边协定，用意在于争取建立协商解决争端的双边机构，从而避免美方采取单方面的行动。同时，由于东盟国家处境很不一样，例如在知识产权和服务性行业的问题上，新加坡的态度同其他东盟国家就有很大不同，因此同意美国可以在总的框架的规定下分别同东盟各国订立具体协定。这一建议至今还没有取得东盟各国官方的普遍赞同，美国官方对此态度也有所变化，但由此也可看出尽管东盟对美方压力深为不满，但仍然不得不考虑对美作出一定让步的苦衷。

2. 此次访问东盟，正值澳大利亚倡议召开太平洋经济合作部长级会议（APEC）之前夕。东盟对此态度，同样是维护其特殊地位，要求以原有的东盟与有关发达国家的对话机构为这一会议的基础（原有对话机构包括东盟与美、日、加、澳、新，南朝鲜已参加其低一层次的部门性对话）；并主张以东盟的秘书处作为部长会议的秘书机构。在维护东盟特殊地位的要求中，马来西亚和印尼的态度最为坚决。

从事后发展看，这次部长会议在很大程度上满足了东盟方面的要求。部长会议的组成，东盟加上美、日、加、澳、新和南朝鲜，基本上相当于东盟原有的对话机构。部长会议还决定，今后召开会议的地点，每两次至少有一次在东盟国家。1990 年预定在新加坡，1991 年在南朝鲜。中国及其台湾、香港地区参加的问题被暂时搁置。

从部长会议后的太平洋经济合作会议（PECC）的情况来看，当前太平洋经济合作的组织机构实际上已形成两个层次。一个较高的层次是政府间的部长级会议（APEC），据东盟方面告知，原设想由各国主管经济的部长组成，但一些国家的外交部门认为这种会议不能没有外交部长出席，因此不少国家都派外交部长和经济部长同时出席；另一个较低的层次是中国及其台湾地区都已参加的所谓民间组织（PECC）。东盟的态度是尽可能维持APEC为较小范围的官方组织，从而维持东盟的特殊地位，同时扩大PECC的民间组织，逐步吸收拉美沿太平洋国家以至苏联。因此，东盟对我国参加APEC实际上是不赞成的，但为避免引起我国反感，主动在PECC问题上对我国作出一些友好表示。例如，在我们访问的东盟国家中，印尼方面向我们通报，台湾正由美方人士牵线，通过PECC的工作小组，大力向南太平洋岛屿国家做工作，争取建立"外交关系"；台湾还竭力争取PECC秘书处副秘书长职务等；并表示东盟对此都不赞成（关于PECC秘书处问题，事后已确定秘书长由新加坡担任，副秘书长分别由南朝鲜、加、新担任）。另一方面，在太平洋经济合作的问题上，发达国家对东盟态度虽然尽量照顾，但对部长会议基本上限于东盟原有对话机构并不满意，因此澳大利亚等表示希望早日解决中国及其台湾、香港地区参加的问题。

七　东盟与我国关系

1. 我们这次访问的东盟国家中，有些国家还没有与我恢复或建立外交关系，但都比较友好。印尼人士认为，中国与印尼外交关系的恢复在1990年的上半年肯定可以实现。文莱人士十分强调中国与文莱的历史关系（文莱历史上第二个苏丹在明朝访问中国时逝世，葬于南京），并表示愿与中国研究东南亚历史的机构建立联系以及寻找和访问苏丹墓的强烈愿望。

2. 台湾问题是当前东盟与中国关系中最尖锐的问题。台湾与东盟的贸易额已超过大陆与东盟贸易。台湾投资最近几年来在东盟引进外资中更占有极其重要的地位。马来西亚、菲律宾、泰国最近几年外来投资中，台湾都曾经或仍然处于首位。菲律宾有关引进外资的方案中，以台湾作为首要的重点。马来西亚也在考虑与台湾订立避免双重税收协定和投资保证协定；据称，避免双重税收协定已大致肯定以双方民间组织的名义签订，但投资保证协定势必涉及双方官方机构，尚未最后确定是否签订。台湾投资的增长势必影响东盟国家与我关系。我们访问菲律宾时，正值菲外长访台之后；菲原已内定从我国进口的商品必须有对我国同等出口的保证，但这一规定最后延期到 1990 年执行；另一方面，菲对台关系法很可能在国会通过。泰国在柬埔寨问题上态度也有所变化，泰总理强调"变战场为市场"，鼓吹开发印支、缅甸等市场，这一主张在泰国虽然仍有不同意见，但已开始实施。

3. 华人问题在不同程度上存在于东盟各国。华人除在新加坡占绝对多数外，在其他东盟国家都处于少数地位，但在经济实力方面，特别是在商业方面，往往又据有首要地位，因而也受到不同程度的限制和歧视。近年来，东盟一些国家在与我国关系中对华人的限制多少有所放松，例如放宽对访问我国大陆的限制等。同时，由于东盟经济的较快增长，华人资本虽然仍旧遭到歧视和限制，但经济实力继续有所发展，已从商业领域发展到生产领域，有的已发展为具有相当规模的跨国集团。因此，华人一般来说对当前处境的意见并不十分强烈。另一方面，华人问题在东盟不少国家中仍旧是一个潜在的尖锐问题。例如，马来西亚的一位年轻华裔陪同就向我们表示，对华人与马来人的关系问题不便多说，否则有可能要"吃咖喱饭"（在马来西亚，"吃咖喱饭"意味着坐牢）。在印尼，还有二三十万没有国籍的华人，在就业以至迁居等方面至今备受歧视。

4. 东盟与我国的经济关系中，既有竞争，也有互补。进一步发展双方关系还有很大潜力。1979 年以来，我与东盟国家的经贸关系，总的来说，一直稳步发展。在贸易方面，双方农矿等原料产品有明显的互补性，通常占贸易额的 1/3 以上。制成品的贸易近年有所上升，但增长不快。我国的工业制成品，如纺织服装等，在第三国市场上与东盟虽然有所竞争但东盟方面也有不少人认为，当前我国的竞争对象主要还是所谓新兴工业地区，而非东盟。我国向东盟的机电产品出口，还有很大发展余地，但亟须改进售后服务。在印尼参观一规模较大的推土机工厂时，厂方表示原来购买了一台天津产的摇臂钻床，价格与质量都不错，但由于缺乏售后服务，不能及时提供零部件和保证维修，因此第二台摇臂钻床不得不从台湾进口。台湾在印尼已设有商务代表处，而且往往通过代销商，派出工程人员，负责产品的零部件供应和维修。

东盟国家中大量华人的存在，对发展我国与东盟经济关系有其有利的一面。我们这次接触到的华人资本家，不少具有强烈的民族意识，希望为中国的经济发展作出贡献。在这方面，我们既要充分发挥这一有利因素，也要注意严格执行我国有关双重国籍的政策，以免引起当地政府的不满和排华势力的增长。

5. 我们在这次访问中，一般都避免涉及南海岛屿等敏感问题。在马来西亚战略与国际关系研究所座谈时，当我们问及东盟国家之间存在的争端时，对方提到南海一些岛屿的归属问题，并提及东盟各国正在考虑在主权未确定前共同开发的办法。我对这种办法表示赞赏，并提到中国与东盟之间似乎也可以考虑类似办法时，马方对此似乎相当警惕，在起初表示同意后，又补充表示，中国方面最好不要把南海岛屿全部划归己有。

6. 我们这次访问东盟各国，时间短暂，虽然增加不少感性知识并收集了不少宝贵资料，但深感进一步深入具体地对东盟进行调查研究以及加强学术交流之迫切需要。东盟不仅是我国的重要邻邦，而且也是亚太地区中日益增长的重要力量。加强对东盟国家的研究工作，增进我国与东盟关系，刻不容缓。

（原载《世界经济与政治》1990 年第 4 期）

亚太地区的前景和中国
经济政策和展望

一

世界总的形势正在从紧张走向缓和，从对抗走向和解。因此，维持世界和平和促进经济发展已成为可能。然而，导致不稳定和混乱的不利因素仍然存在。

1. 美国和苏联在武器控制上取得了显著的进步。苏联和中国的关系逐渐正常化。地区之间的冲突也有了改善的迹象。一些热点地区也逐渐降温。但是两个超级大国之间的军备竞赛和地区冲突没有完全停止。在这个地区，柬埔寨的冲突还有待解决。

2. 从1983年以来，发达国家长期处于经济增长，虽然只是低速增长。很多发展中国家却遇到了严重的经济困难。另一方面，世界经济仍然处于严重失调状态，就像为填补外资引起的巨大财政赤字而需要提供资金所证明的那样，美国经济内部存在着不平衡性。美国巨大的贸易赤字和日本、西德的贸易顺差证明了发达国家中存在的经济失调。而债务问题表明了南北失衡、资本倒流和发展中国家之间的贸易恶化。除非采取果断措施，这些失衡不但将更进一步威胁到世界，也将在这个区域范围内更加蔓延。

3. 世界经济逐渐分化为不同的地区性群体。欧洲经济共同体在 1992 年制定了完成统一的目标。美国和加拿大之间的自由贸易协定指出了统一方向。亚太地区确实是越来越需要提高它的区域内部经济关系和经济合作。但是由于这一地区对地区外出口市场的高依赖性，如果地区集团发展成为贸易集团，该地区将可能受到极大的影响。

4. 很多社会主义国家正在经历经济改革过程和逐渐与世界经济融为一体。如果成功的话，这种改革不但对这些地区国家的人民有利，而且也有助于世界的和平和发展。但是每个国家的社会体系只能由本国人民决定，外国的任何干涉都对改革和世界和平不利。

二

1979 年中国开始了大范围的经济改革，其结果是显著的。从 1979 年到 1988 年，每年的净国内生产总值年平均增长率达到了 9.6%。农村地区的人均净收入的增长率为 11.8%，城市地区人均净收入增长率为 6.5%。

在中国经济改革中，还存在很多潜在的基本影响因素：

1. 中国社会主义发展的现阶段，私有制是公有制的必要补充。因此，在包括国有和集体企业的公有制仍然是主要所有制形式的同时，允许私人和个体企业的发展。

2. 市场机制和公有制不是不相容的。计划和控制可以防止经济发展中的过度波动、不均衡和垄断趋势。然而，为了获得更有效的经营和资源配置，公有制企业和私有企业同样应该逐渐增加在市场机制下运作。计划体系将从高度集中的直接控制转变为间接控制，通过经济和法律手段着重对经济进行宏观管理。

3. 发展战略和自力更生原则不是不相容的。中国是一个人口大国，经济发展必须主要依靠其自有的资源和努力。但是同时还应该充分利用对外贸易和外商投资来补充国内市场和国内资源，最终来发展自己的比较优势和促进新技术的引进。

4. 物质刺激和思想教育，应成为激发广大群众自主性的必要方法。农户和企业在其行为中必须具备更大的自主决策权力。工人和管理者的报酬将直接同他们的贡献挂钩。在另一方面，随着物质生活的提高，需要更为关注道德和观念标准。因为社会主义的本质就是在人类中创造一种新的社会关系。

基于这些考虑，中国已经在其经济改革中探索一条正确的道路。虽然已经取得了显著的成果，但是这条道路并不是一帆风顺。虽然计划体系在逐步的分散，但是宏观控制手段并没有及时到位。道德观念的维持和发展被忽视。许多诸如通货膨胀和腐败等新的问题因此而出现。今年晚春和夏季发生的政治风波也或多或少是由于这些因素而造成的。

现在，中国正采取通货紧缩政策来缓解通货膨胀压力，同时也采取了严厉的措施来打击腐败。目前将不得不暂时搁置或放缓价格改革，直到通货膨胀和经济失衡得到一定的控制。但是，中国对于根本性问题的看法并没有改变，决心将经济改革进行到底。

中国经济改革的目标是发展一个与现实情况相适应的社会主义体系，如果预期中国的经济改革将使中国成为一个资本主义社会，那将是严重的错误，这种预测必然将以失望告终，并且很可能引起不明智和不适宜的行为和反作用。

三

亚太地区的长期发展和繁荣要靠全体相关国家的共同努力，当然也包括中国。

在社会主义发展道路中，中国必须坚持不懈地进行经济改革和实行对外开放。通过改善产业结构和市场秩序，目前的紧缩政策将为深入贯彻包括物价改革在内的基本政策打下一个更坚实的基础。因此，通过完善法制和民主体系，进一步加深政治改革也是必须的。

中国人口超过世界总人口的 1/5，中国经济的发展和它对社会主义社会演化过程所作的探索对亚太地区具有重要意义，事实上对整个世界也具有重要意义。

中国也是一个发展中国家，其经济发展水平在这一地区仍处于相对较低水平。在对外开放过程中，特别是沿海地区的发展过程中，中国充分利用了这一地区产业再重组所提供的机会。在这一进程中，中国有利于并仍将有利于该地区贸易和投资的发展。有些人有顾虑，认为这将导致更激烈的竞争，尤其是劳动密集型产品的出口。有些竞争也许是不可避免的，但是这种竞争也可能同样有利于该地区产业结构的普遍升级。更为重要的是，既然中国已经有了一个较为综合的产业结构，一个多层次的技术结构和一个多元化的产品结构，那么，中国也许就可以在不同的经济发展阶段的国家之间实现更为合理的劳动分工，特别是实现真正的横向劳动分工。

在亚太地区中国与其他国家发展了广泛的经济关系。事实上，中国对外贸易的主要部分和外资的主要来源依赖于这一地区。在当今的世界形势下，加强亚太合作对中国有利，对这一地区的其他国家也同样有利。中国已经在寻求并积极参与这种合作，这种合作不会加剧互斥性贸易集团的形成趋势，相反，将构建出一个更为自由、开放的多边贸易体系，这有利于整个地区，当然也包括中国。从这方面来看，如果中国恢复在 GATT 的缔约方地位那将有重要的意义。

中国是一个发展中国家，同样也是一个社会主义国家。中国必须为维持这一地区的和平和稳定承担责任。在和平共处五项原则基础上，中国主张与所有国家建立友好关系。在多边互惠互利的基础上，中国对外开放面向的是所有国家。尽管现在困难很多，但是中国可能做的最大贡献是在不同经济发展水平和不同政治经济体制国家之间努力营造的这种具有示范性意义的关系。

（在太平洋经济合作委员会［PECC］1989 年 11 月
新西兰第 6 届大会上提交的论文）

海湾战争后的国际形势

一

这次海湾战争，以伊拉克入侵科威特开始，以多国部队的绝对军事优势结束。结果，伊拉克侵略军撤出科威特，科威特的主权和领土完整得以恢复，值得庆幸；但科威特和伊拉克人民蒙受重大伤亡，财产遭到巨大损失，令人遗憾。这次海湾危机中，联合国起了重要作用，这也值得庆幸；但是，和平解决争端的可能性没有被充分利用，在多国部队的军事行动中美国实际上起着主要作用，这也不能不令人遗憾和担忧。

这次海湾战争是在美苏关系缓和的背景下发生的。人们曾经希望，美苏缓和将导致比较持久的世界和平，"和平红利"将有助于世界各国经济的发展；然而却发生了被称为"第 2.5 次世界大战"。海湾战争表明，美苏缓和并不能保证世界的和平与发展。战争期间，美国特别是军方竭力渲染高技术武器的作用。战前原已存在的军备质量竞赛和先进武器扩散的危险，战后更加突出。联合国对侵略者的制裁，可能在今后对侵略行动起一定的制约作用。但是，大国使用武力解决国际争端的危险也在增长。美国就曾经公开宣称："我们随时准备使用武力去维护世界各国间正在出现的新秩序"（布什）。甚至西欧也出现了一种论调，认为欧洲有必要建立一支"快速反应部队"，以便"满足欧洲干预美国不感兴趣的动荡地区的需要"（密特朗）。

这次海湾战争也是在美苏两大国在国际事务中的实力地位都有所下降的背景下发生的。美国在这次战争中明显地以军事力量弥补其经济实力之不足。美国动用了全国将近一半的军事力量，却要求日本和德国、沙特和科威特提供资金，把自己置于"雇佣军"的地位。但与一般"雇佣军"不同，"雇佣者"在很大程度上反而要听从"雇佣军"的意志。在战后海湾地区的安全安排中，美国正加强其军事存在。美国加强在这一地区的战略地位以及对石油的控制能力，其影响将不仅限于这一地区，而且也将涉及所有与这一地区有密切关系的国家。另一方面，海湾战争后，巴勒斯坦人民的民族权利和阿拉伯国家被占领土的问题更加突出；如果美国继续采取偏袒以色列的政策，反美情绪还会迅速增长。

苏联正处在国内严重困难之中，在这次海湾危机中作用有限。但是，苏联仍旧拥有巨大的军事力量，而苏联国内形势的前景还难以预测。无论是美国对苏联国内形势发展的反应或是苏联对美国在海湾和中东这一临近地区扩张势力的反应，都存在着多种不同的可能。从目前情况看，美苏缓和至少还会持续一段时期，裁军的趋势也不会完全逆转，但海湾、中东以至整个国际形势势将更加动荡不定。

二

海湾战争的迅速结束，在近期内，可能有利于美国等经济的衰退较快地转入复苏。石油价格在战争期间曾经一度高涨，但是科威特、伊拉克石油生产和出口的损失早已为沙特等石油增产所补足，战后油价已处于较低水平。对于美国来说，各国为海湾战争向美国提供的军费可能超过美国的全部支出而有余；在科威特的重建中，美国还将占有绝大部分的份额。战争的结束也将消除一些海湾危机对消费和投资的不利影响。另一方面，这次衰退前较长时期的经济增长中所积累起来的银行、金融等方面的严重不稳定因素，远未解决。西方经济虽然有可能避免一次普遍的、长期的、严重的衰退，但今后的增长速度总的来说仍将比较缓慢。

苏联和东欧的经济仍在恶化。苏东之间的经济联系正遭到严重冲击。海湾战争使东欧国家寻求新的石油等供应来源的努力遭到更大困难。东欧以至苏联的对外移民可能成为国际形势中的一个新的严重问题。不少发展中国家也受到海湾危机的不利影响。它们与科威特、伊拉克经济联系的中断、大批劳务人员的撤出、海湾国家财政支援的削减，加重了它们的经济困难。发展中国家与发达国家经济差距的进一步扩大，将继续是国际形势动荡不稳的一个重要根源。

从较长远的形势看，世界经济的前景既受国际政治形势的影响，也同国际贸易和金融的发展趋向密切相关。当前，国际贸易的发展在很大程度上有赖于关税贸易总协定谈判的结果和经济集团发展的趋向。关贸总协定的谈判虽然没有完全破裂，但势必旷日持久，而且发展中国家所关心的问题至今没有得到应有的重视。经济集团如果朝向对外贸易保护主义的方面发展，对所有国家都将不利，特别是对发展中国家不利。在国际金融方面，发展中国家的债务问题和资金倒流问题亟待解决，但东欧国家和苏联又急需资金援助，科威特和伊拉克的重建以及德国统一还需要大量资金，如果美国不能及时改变依靠国外资金弥补贸易和财政赤字的现象，前景也不容乐观。

美国在国际贸易和金融等方面，特别是在南北关系问题上，一直采取比较僵硬的立场。如果在海湾战争后，美国沉浸于胜利的喜悦之中，采取更为僵硬的态度和高压的手段，世界经济将面临更加严峻的形势。

三

海湾战争后，建立国际新秩序的问题日益为人们所关注。

在美国相当一部分舆论中，建立"美国统治下的和平"、21世纪还将是"美国世纪"、世界将成为"一极世界"等论调甚嚣尘上。的确，在多极化的趋势中，美国在相当一段时期内还将是综合实力最强的一极，仍旧有可能运用军事力量弥补其经济力量之不足。但是，美国的霸权地位与经济实力不复相称的基本形势并没有改变，多极化的趋势仍将进一步发展。任何坚持和扩大霸权地位的企图必然会遭到其他国家的反对；英国前首相希思就已经提出："美国所说的世界新秩序只不过是一种新帝国主义。"其实，这种企图也必然会进一步削弱美国的经济实力，最终对美国也并不有利；基辛格就承认："美国的经济实力已经无法支持政府无限制地对全球事务进行干涉"，"国际新秩序无法依照美国的方案拟订"。

世界相当一部分舆论，包括美国一部分舆论，更多地倾向于以联合国为基础逐步建立有利于世界和平与发展的国际政治和经济新秩序。联合国作为一个国际机构，比较符合于所有国家不分大小、强弱、贫富都是国际社会的独立自主的平等成员的基本原则。海湾危机证明，联合国在大国意见一致的情况下有可能在新的国际秩序中发挥重要作用；但同时也说明，为了促进世界的和

平与发展，联合国的成员国，特别是大国，还必须严格遵守互相
尊重主权和领土完整、互不侵犯、互不干涉内政、平等互利、和
平共处五项国际关系准则。根据当前国际形势的实际情况，各个
大国应该特别重视不以自己的价值观念、意识形态和发展模式强
加于别国，不以武力或武力威胁解决国际争端；在建立平等互利
的国际经济关系中，还应该特别重视为发展中国家的发展提供有
利的国际环境，防止 90 年代再次成为发展中国家的"失去的十
年"。

　　建立国际政治和经济新秩序将是一个长期而曲折的过程。促
使这一过程向有利于世界和平与发展的方面发展，需要世界各国
的共同努力，包括中日两国的共同努力。

　　　　　　（中日经济知识交流会 1991 年 4 月第 11 次年会发言稿）

全球政治与经济变化的现实和前景

一 世界政治形势

美苏争霸的世界格局发生了重大变化，国际形势总的来说继续趋于缓和，但在世界格局多极化的趋势中，不稳定的因素也在迅速增长。

1. 东欧剧变，德国统一，苏联陷入国内严重危机，华沙条约集团瓦解。苏联的霸权地位大大削弱。北大西洋公约集团的性质也在发生变化，美欧之间的矛盾有所增长。苏联和东欧的经济困难和政治动荡还孕育着严重冲突的危险。

2. 海湾战争中，美国的军事实力占有绝对优势。战后，美国在盛产石油的海湾地区加强了军事地位。但海湾战争也说明美国经济实力之虚弱，不得不要求其他国家提供军费。这种以军事力量弥补经济实力之不足的办法，势难长期维持。世界政治格局中多极化的趋势仍在发展。

3. 海湾战争迅速结束，伊拉克侵略军被迫撤出科威特，联合国在此过程中起了重要作用。但和平解决争端的可能性没有被充分利用，大国使用武力解决争端的危险有所增长。同时，联合国在以色列问题上至今表现出软弱无力和"双重标准"。巴勒斯坦人民的民族权利和阿拉伯国家被占领土的问题，如果长期不能解决，中东局势势将继续动荡。

4. 美苏之间军备控制谈判续有进展，但是军备质量竞赛和先进武器扩散的危险并未消除，海湾战争后还有所增长。

5. 过去原有的一些地区性冲突，包括柬埔寨，有一定缓解；但由于不少国家内部民族、宗教等矛盾而引起的新的地区性冲突，也在增加，例如南斯拉夫。大国干涉别国内政、卷入地区性冲突的可能性仍旧不能排除。

二　世界经济形势

世界经济区域性集团化的趋势进一步发展。南北之间的矛盾更形突出。

1. 美国等经济衰退中出现了复苏迹象。海湾战争的迅速结束，油价在一度高涨后重新处于较低水平，为经济复苏创造了有利条件。但是，这次衰退前较长时期的经济增长中所积累的银行、金融等方面的严重不稳定因素，远未解决。今后的经济增长仍将是缓慢不稳的。苏联和东欧的经济困难，短期内更难以解决。

2. 关税贸易总协定乌拉圭回合的谈判仍旧处于僵局，而且发展中国家关心的问题至今没有得到应有的重视。区域性集团如果朝向对外贸保护主义发展，对所有国家都将不利，对发展中国家尤其不利。

3. 发展中国家的债务问题和资金倒流问题亟待解决，但东欧和苏联又急需资金援助，德国统一以及科威特、伊拉克等的重建还需要大量资金，如果美国不能及时改变依靠国外资金弥补贸易和财政赤字的现象，国际金融的前景也不容乐观。

4. 南北之间的经济差距仍在扩大。这一趋势如果长期持续，不仅将不利于世界经济的发展，也将不利于世界政治的稳定。

三 东北亚形势

在当前世界政治和经济形势的急剧变化中，东北亚地区的形势变化相对来说比较有利。东北亚应该，而且也有可能，在促进世界和平和共同发展中起更大作用。

1. 东北亚是东亚地区的重要组成部分。世界经济中，东亚地区不仅在经济增长速度方面，而且在发展水平不同的国家相互推动各自产业的升级方面，都处于领先地位。另一方面，东亚地区的经济发展在很大程度上有赖于开放的多边贸易体系，欧美区域性集团的发展对东亚的经济前景势将产生重大影响。东北亚国家有必要同其他东亚国家一起，在努力维护多边贸易体系的同时，加强相互之间的经济合作。东北亚国家也有必要和可能加强本身的次区域经济合作。

2. 朝鲜问题是东北亚形势中的一个关键问题。南北朝鲜关系的改善在东北亚形势中起着重要作用。在南北朝鲜关系改善的形势下，中国和南朝鲜的关系已有很大的实质改进，日本与北朝鲜的关系也在向正常化方向发展。中、日以及美、苏等大国，都应该承担促进南北朝鲜关系改善的义务，而绝不应该对此设置任何障碍。

3. 苏联主要是一个欧洲国家，但苏联的很大一部分领土属于东北亚。中苏关系的正常化、苏联与南朝鲜的建交以及苏联远东地区经济发展的需要，对于东北亚地区的经济合作提供了有利条件。另一方面，日苏之间有关北方四岛的问题还有待妥善解决，苏联内部局势也还存在着许多不稳定因素。

4. 美国虽然不属于东北亚地区，但与东北亚各国关系密切，至今仍是东北亚各国的主要市场。东亚以及东北亚的经济合作中，不可能完全排除美国，但也有必要逐步减少对美国的过分依赖。日本在这方面起着关键作用。

四　世界新秩序

世界秩序今后的变化对于世界政治和经济形势将产生重大影响。

1. 海湾战争后，建立"美国统治下的和平"、21 世纪仍将是"美国世纪"、世界将成为"一极世界"等论调，在美国相当流行。海湾战争确实说明，在多极化的趋势中，美国在相当一段时期内还将是综合力量最强的一极，仍旧可能运用军事力量弥补其经济实力之不足。但是，美国的霸权地位与经济实力不复相称的基本形势并没有改变，任何坚持和扩大霸权地位的企图必然会遭到其他国家的反对，而且最终对美国本身也并不有利。

2. "美苏合作解决地区性危机，避免战争"将是"未来的模式"、"美欧日合作将创建 90 年代的国际新秩序"等论调，在美国和其他发达国家中也有一定市场。但是，把中小国家排斥在创建世界新秩序的国家之外，认为"中小国家在国际秩序方面只能处于被动地位"，不仅将进一步加剧日益尖锐的南北矛盾，而且也将激化少数大国与广大的中小国家之间的矛盾。

3. 世界相当一部分舆论，包括美国一部分舆论，更多地倾向于以联合国为基础逐步建立有利于世界和平与发展的世界新秩序。联合国作为一个国际机构，比较符合于所有国家不分大小、强弱、贫富都是国际社会的独立自主的平等成员的原则。海湾危机证明，联合国在大国意见一致的情况下有可能在世界新秩序中发挥重要作用；但同时也说明，为了促进世界的和平与发展，联合国的成员国，特别是大国，还必须严格遵守互相尊重主权和领土完整、互不侵犯、互不干涉内政、平等互利、和平共处等国际关系准则。根据当前国际形势的实际情况，各个大国应该特别重视不以自己的价值观念、意识形态和发展模式强加于别国，不以武力或武力威胁解决国际争端；在建立平等互利的国际经济关系中，还应该特别重视为发展中国家提供有利于发展的国际环境。

4. 建立世界新秩序将是一个长期而曲折的过程。促使这一过程向有利于世界和平与发展的方向进展，需要世界各国的共同努力。东北亚地区如果能够在不同社会制度和不同发展水平的国家之间创建相互合作的范例，将是对此的重大贡献。

（1991 年 7 月在汉城召开的中、日、韩三方会议上的发言）

苏联解体后的国际形势

一

去年12月，苏联解体、独立国家联合体成立，标志着苏联的瓦解已无可挽回。但苏联解体的过程并没有结束，独联体的前景未可乐观。戈尔巴乔夫基金会今年3月发表的报告声称："保留独联体的可能性不大；在最理想的情况下，它只能扮演'撤销委员会'的角色，以保证'文明离婚'。"

独联体的经济危机和政治危机相互交织，互为影响。各成员国之间原有的经济联系遭到严重破坏。俄罗斯所采取的"休克疗法"更使生产和生活水平急剧下降。统一的货币和统一的军队越来越难以维持。民族矛盾和领土纠纷不断爆发，武装冲突仍在蔓延。俄美之间的裁军谈判续有进展，在外来压力下，核武器也没有失控；但是，核材料、核技术、核人才流失的威胁并未消除，以出口武器和军事设备生产缓解军事工业经济困难的倾向还有所增长。

独联体的前景仍然有两种可能。一是"文明离婚"，成员国在不同范围内逐步建立必要的联系，使局势逐渐缓和和稳定。二是动乱加剧，甚至超越原苏联的疆界，导致其他国家的参与和干涉。当前，独联体内外都把很大期望寄托于依靠外援稳定形势；其实外援所能起的作用有限，独联体的前景主要还决定于内部力量对比和方针政策的变化。

二

苏联解体，美国成为唯一的超级大国。美国的战略意图自然引起广泛的注意。

今年3月，美国报刊揭露了国防部在2月间制定的《1994—1999年财政年度防务计划指导方针（草案）》。这一文件强调："美国的战略必须把注意焦点集中于防止出现任何可能的全球竞争者"；在西欧、东亚、前苏联和西亚，不能允许有可能成为美国对手的势力崛起。这一文件还把"德国和日本加入了美国领导的集体安全体系"，同苏联瓦解和反伊拉克战争，并列为美国在成为"全球性领导者"的过程中的三大胜利。

如果说，国防部的这一文件还比较含蓄和暧昧，那么，在美国颇有地位的传统基金会今年4月发表的《美国对外政策蓝图》的研究报告则更加明确和直率。报告认为，德国或俄罗斯可能会主宰欧洲，破坏力量均衡，损害美国利益；美国应支持欧洲共同体和西欧联盟来遏制德国，但不能让欧共体或西欧联盟取代北大西洋公约组织。报告还认为，在亚洲只有日本拥有发展对东亚形成威胁的经济和技术力量；而与欧洲情况不同之处在于日本没有像欧共体和西欧联盟这样的组织遏制德国那样受到遏制；密切美日防务合作将有助于遏制日本。

《防务计划指导方针（草案）》的泄露引起了轩然大波。美国国防部不得不对草案作了修改。但是，事实上，草案的指导思想早已包括在今年 2 月公布的《国防部长致总统与国会的年度报告》中。报告中同样提出："美国希望确保其他国家不会支配世界上的其他地区，从而使它们不能构成严重的全球性挑战。"从实际行动中，也可以看出美国以武力或武力威胁解决国际争端的倾向以及以军事力量弥补经济实力的不足的意图。在利比亚、南斯拉夫以至北约扩大军事干预范围等问题上，都表现出炫耀武力的趋向。最近，美国最高法院公然裁定允许从外国绑架违反美国法律的嫌疑犯到美国受审。美国甚至还在酝酿同俄罗斯共同建立全球反导弹系统；据美国报刊报道，"美国政府希望把反导弹武器设置在空间，并使美国指挥官有能力向世界任何地方打下导弹"。

但是，美国的经济实力与霸权地位不复相称的趋势仍在发展。美国国内本身的经济问题和社会问题也日趋严重，洛杉矶事件正是一次明显的爆发。美国舆论也认为，"想当唯一的超级大国的观念，今天看来与美国公众的心理和国际社会的心理都是背道而驰的"。

三

苏联解体的同时，西欧加快了联合的步伐。《马斯特里赫特条约》虽然由于丹麦全民公决的拒绝而遭到挫折，原定联合速度可能受到一定影响，但西欧一体化的进程仍将继续和扩大。

西欧联合过去一直起着三个方面的作用。首先是共同对抗苏联的威胁。其次是在联美抗苏中抵制美国的控制。第三是在西欧联合中遏制德国的重新崛起。

苏联的解体，一方面消除了欧洲东西对抗的形势，使西欧的联合获得向东扩展的机遇，但另一方面也使西欧面临东欧和原苏联地区动乱加剧的威胁。南斯拉夫的局势表明，西欧国家特别是德国在这一地区的作用已经显著增长，但还没有能力解决这一地区由于动乱而产生的问题。正如德国外交部长在 6 月初的西欧联盟会议上所声称："欧洲还远没有发展到解决南斯拉夫这种新挑战的程度。"正是在这种形势下，美国鼓动北大西洋公约组织扩大军事干预范围，竭力维持美国在欧洲的存在；而与此同时，法国和德国决定组建欧洲联合军团，推动欧洲共同防务政策的发展。德国当前仍在忙于解决由于统一而产生的种种问题，至今仍旧强调"欧洲的德国"，而不是"德国的欧洲"。但是，在西欧联合的进一步发展中，美国维持唯一超级大国地位的企图肯定还将遭到更加强烈的抵制，德国的地位还会有所提高。无论是西欧或是北约都不具有平息东欧和原苏联地区动乱的能力，而它们相互之间错综复杂的矛盾却有使动乱加剧的危险；欧洲仍将是多事的地区。

四

与欧洲的动荡形势相比较，亚洲形势特别是东亚形势继续表现出缓和和稳定的趋向。阿富汗、柬埔寨等问题虽然还有不少困难，但都在朝着政治解决的方面发展。南北朝鲜之间的关系也有显著改善。对于亚洲来说，美苏对抗的消失对地区性冲突的缓和起着有利影响。但是，独联体的动乱如果进一步加剧也将影响亚洲的稳定。独联体高加索和中亚各国的动向对西亚的影响值得注意。

对中国和日本来说，苏联的变化消除或至少是大大减轻了来自北方的威胁。中国和原苏联各共和国在不干涉内政和不受意识形态干扰的基础上发展了关系，边境谈判也有进展。日本北方四岛问题解决的可能性也有所增长。

美国在与亚太地区的关系中，强调所谓"扇形结构"，强调以北美为基地，以美日联盟为骨干，以共同的价值观念为基础建立"太平洋共同体"，作为"全球共同体"的一部分。美国强调美日之间建立"全球伙伴关系"，强调日本应该承担更多责任，强调日本在对外政策中应该更加重视与美国的共同价值观。从美国的所谓"扇形结构"，所谓"太平洋共同体"和"全球共同体"中，不难看出，美国的实际意图仍然是维护它在亚太地区的作用，维护它作为唯一的超级大国的地位。

建立"新的全球伙伴关系"是发展中国家的普遍要求，也是亚太地区发展中国家的要求。这一要求已经写入最近召开的联合国环境与发展大会的"里约宣言"中。但是，真正的"全球伙伴关系"应该是世界所有国家的互助合作关系，应该建立在尊重各国主权、新生各国选择自己的社会制度和发展道路的权利的基础上。美国在亚太地区确实据有重要地位，但是以唯一的超级大国自居，把自己的价值观念强加于其他国家，把意识形态引入国际关系之中，显然无助于建立真正的"全球伙伴关系"，也不利于建立任何双边的"全球伙伴关系"。

五

世界经济的发展也迫切要求加强国际协调和合作。

美国的经济回升至今微弱不稳。德国由于统一而产生的财政赤字和高利率影响着欧洲经济的复苏。日本股票市场的暴跌，显然有利于消除"泡沫经济"，但也使经济增长率显著减缓。发展中国家绝大多数仍然陷于严重经济困难，几乎有一半国家1991年的人均生产总值仍在下降或陷于停滞。除了东亚国家经济情况较好外，拉美国家在将近十年的停滞之后，经济前景只有微弱的改善；非洲国家则几乎没有进展，南部非洲还再次面临严重干旱的威胁。事实表明，当前任何一个国家或少数几个大国都难以承担带动世界经济较快发展的火车头的作用；发达国家的新的繁荣也难以继续建立在发展中国家贫困的基础之上。

80 年代以来，世界经济的两大特点，一是集团化趋势的发展，二是贫富差距的扩大。这两大特点如何发展，对世界经济的前景影响很大。

首先，世界经济集团化的趋势是否能避免相互树立壁垒？集团化趋势的发展表现出美国经济实力的相对削弱。如果美国执意维护其唯一超级大国的地位，在集团化的过程中，凭借其仍旧拥有的实力，强迫其他国家或集团作出单方面让步，则对抗和壁垒势难避免。关贸总协定的谈判至今陷于僵局；即使谈判达成一定协议，其后的发展还将决定于主要国家是否能遵守关贸总协定的精神，避免采取单方面的行动。

其次，南北差距扩大的趋势是否能够有所扭转？80 年代以来差距之扩大表现出发展中国家经济实力的相对削弱。如果因此对发展中国家改革国际经济秩序的合理要求采取僵硬和漠视的态度，对抗也将难以避免。在经济国际化的发展中，世界各国相互依存的关系日益密切，发展中国家的经济困境不仅将使发达国家的经济繁荣难以实现，而且也会影响国际局势的稳定。

同时，许多全球性问题，诸如环境问题、人口问题、发展问题等等，只有在加强国际协调和合作中才有可能得到逐步解决。最近的环境与发展首脑会议表明，任何违反这一要求的国家，即使是当前仍旧处于超级大国地位的国家，也只能使自己陷于孤立。

（中日经济知识交流会 1992 年 7 月第 12 次年会上的发言）

亚洲崛起中的国际形势

一　亚洲的崛起

亚洲的崛起是近年来国际形势中的一项重大的发展变化。

在世界经济处于不景气的情况下，亚洲经济，特别是东亚经济，持续繁荣。亚洲各国之间的贸易、投资等关系大大加强。

亚洲各国的政局也相对稳定，各国之间的关系比较和谐，地区性冲突虽然没有完全消除，但逐步走向和缓。

正是在这种情况下，世界其他地区和国家加强了对亚洲的重视。亚洲在国际事务中的独立声音也有所加强。

二　国际形势

从总的国际形势看，多极化的趋势还在进一步发展。苏联的解体使美国成为唯一的超级大国。在西方国家中，美国这次进入经济复苏比较早，国际竞争能力也有一定改善，但经济实力越来越不符合于霸权地位的趋势并没有扭转，超级大国地位衰落的趋势没有改变。

世界经济的重心向亚洲转移、日本地位的加强和中国经济的蓬勃发展，是多极化趋势中的重要因素。

区域性经济集团的措施还在发展。关贸总协定乌拉圭回合谈判达成协议，虽然为多边国际经济体系提供了进一步发展的可能，但是协议并没有充分考虑发展中国家的需要，能不能遏制区域性经济集团的排他性和制止大国采取保护主义和片面行动的倾向，还有待考验。

在新的国际形势下，联合国在维护国际和平与安全方面的作用有所加强，但这种作用也有一定限度。

在当前的国际形势中，仍旧存在着两种不同的趋向。一种趋向是促进世界和平和共同发展，这也是世界人民的共同愿望。另一种趋向是推行霸权主义和强权政治，富国欺侮穷国，强国欺侮弱国。

亚洲在国际形势中具有特殊的地位。亚洲既有发展水平不同的国家，也有社会制度不同的国家。随着亚洲的崛起，应该在促进不同类型的国家的合作关系方面起更大的作用。这也将大大有利于促进世界和平和共同发展的趋向。

三　中国的国际地位

最近，西方报刊广泛宣传，由于中国经济在改革开放下迅速增长，中国的国民生产总值已经接近日本，而且在 21 世纪初将超过美国。这显然是一种夸张，并不符合事实。

比较各国的国民生产总值是一个复杂的问题，牵涉到换算各国的货币。

一种方法是按美元汇率换算各国的货币，计算各国生产总值的美元数。根据世界银行 1993 年的世界发展报告，按照这种方法计算，1991 年中国的按人口平均的国民生产总值只有 370 美元，总的国民生产总值只有 4250 亿美元。

另一种方法是按实际购买力换算各国的货币。按照这种方法计算，根据世界银行的数字，1991 年中国的人均国内生产总值是 1680 美元，总的国内生产总值大约是 1.9 万亿美元，离日本的国内生产总值还差得很远（更不可能在 2002 年达到 9.8 万亿美元）。

按购买力计算的方法有它合理的地方，但有许多实际困难。特别是在中国，因为中国还没有国内生产总值按开支分类的详细统计，也没有有关价格的分类详细统计。正因为这样，对中国按购买力计算的人均国内生产总值的估计，差别和变化都很大。例如世界银行 1993 年对 1991 年中国人均国内生产总值的估计就大大低于它在 1992 年对 1990 年中国人均国内生产总值的估计。

中国已经进入了一个经济高速增长的时期。无论用什么方法计算，作为一个整体，中国在世界经济中的地位肯定会加强。但是，在一个很长的时期内，中国还将是一个发展中国家，一个从很低的人均收入水平的发展中国家逐步发展为较高人均收入水平的发展中国家。即使按照购买力的方法计算，根据世界银行的统计，在 127 个国家中，中国的人均国内生产总值只排在接近第 100 位。提高人民生活水平将是中国的长期的、首要的任务。

四　中日合作

中日两国的关系应该成为发展水平不同的国家以及社会制度不同的国家之间合作关系的典范。这不仅对亚洲，而且对整个世界，都将具有重大意义。

中日两国的国际关系，包括对美国的关系，应该以维护世界和平和共同发展、反对霸权主义和强权政治为目标。这不仅仅是一个相互实力对比变化的问题。尽管美国的经济实力相对衰落，美国对中、日两国的关系当前都比较紧张，但是美国有利于维护世界和平和共同发展的行动都应该得到支持；当然，美国的霸权主义和强权政治的行动也都应该遭到反对。

（在中日经济知识交流会 1994 年 5 月第 14 次年会上的发言）

中国社会主义市场经济的前景

一

1992 年，中国正式宣布，其经济改革的目标是发展社会主义的市场经济。

这将是一种市场经济，因为市场机制将得以充分地发挥，并将在资源的配置中起主要的作用。

这将是一种社会主义经济，因为生产资料公有制仍将是所有制的主要形态，而"按劳分配"仍将是收入分配的主要形式。

在经济学文献中，早就提出了以生产资料公有制为基础的社会主义制度是否能够在资源的配置中运用市场机制的问题。1920年，路德维格·冯·米塞斯就有力地争辩说，社会主义制度与市场机制是不相容的，且不能为资本货物制定合理的价格，从而也无法合理地配置资源和组织经济活动。然而在本世纪 30 年代末40 年代初，奥斯卡·朗格等经济学家却提出了相反的看法。他们阐明，在理论上社会主义制度也可以运用市场原则。所必需的只是，计划部门在需求过高时提高价格，而在供应过剩时降低价格。这样，这个理论问题就基本上解决了。

　　但是这一争论仍在继续。在 40 年代，出现了另一种观点。这种观点认为，尽管在理论上社会主义制度也可以运用市场机制，计划部门或公有企业却缺乏遵循市场原则的动力，而市场机制只有在私有制下才能有效，因为只有在私有制中才会有个人的主动性和赢利的动机。弗里德里克·哈耶克就一直持这种观点。米尔顿·弗里德曼和许多其他西方经济学家似乎也持同样的看法。

　　在这方面十分有意思的是，在许多年中，社会主义国家或前社会主义国家惯常的传统看法也是社会主义制度与市场机制是不相容的。其论据当然是不一样的。这种看法认为，市场经济是资本主义的特征，社会主义的任务就是要以计划经济取代市场经济，而不加约束地运用市场机制，必然会导致社会的两极分化和私有制的复辟。论据虽然不同，但结论却是一样的：社会主义的市场经济，是一个自相矛盾的说法。

　　在社会主义或前社会主义国家中，当然也有相反的观点。这种观点认为，市场机制只是资源配置的一种手段，资本主义经济可以用，社会主义经济也可以用。持这一观点的人还指出，在社会主义社会中，政府的调节或监控，能够抵消或消除市场机制的负面影响。

　　上述各种观点表明，这些实践的问题并没有完全解决。由于许多前社会主义国家现在已彻底放弃了社会主义，中国发展社会主义市场经济的决定，必然被看作是社会主义发展中的一个伟大试验的继续，其意义之大是无论怎样强调都不会过分的。

二

　　中国发展社会主义市场经济的决定，是依据其过去的成功和挫折的经验而做出的。

1949 年人民共和国成立后，中国逐渐建立了高度集中的社会主义计划经济。它在动员人力、物力和财力进行大规模经济建设方面相当有效，满足了广大人民群众的基本需求，建立了相对完整的工业体系，特别是以前几乎不存在的重工业。但是，计划体系的过度集中、对市场机制的忽视、对国有企业的过分重视和各个经济单位自主权的缺乏，越来越严重地影响了经济的活力。尽管中国的经济增长率比大多数国家都高，经济效益却很低，生活水平也没有令人满意的提高。

因此，1978 年底开始的经济改革的总的方向是，让市场机制发挥更大的积极作用。指令性计划将越来越多地被"指导性计划"或宏观经济调控所替代。国家规定价格的范围将缩小；市场决定价格的范围将扩大。与此同时，在公有经济的领域内，集体企业将与国有企业受到同样的鼓励；而属于非公有经济的个体和私营企业，将被视为对公有经济的必要补充而受到重视。

经济改革是从农村地区开始的。随着家庭联产承包责任制的实施，人民公社解体了，但土地却并未变为私有。农民有了生产的自主权，也有了在完成承包合同后在市场上出售他们的剩余产品的权利。集体的职能，从实际掌管土地，转变为对农户承包合同的监督、为农户提供服务和组织农户从事诸如建设灌溉工程之类分散的农户难以完成的工作。结果农业产量和收入迅速增加，通过市场销售的农产品的比例也大幅度提高。由于改革开始时，80% 的人口居住在农村地区，农村改革的成功激活了整个经济。

在农村改革成功的基础之上，乡镇企业像雨后春笋般地蓬勃发展起来。它们大多数是集体企业，从事中央计划以外的非农业生产。它们在生产和管理方面比国有企业有更大的自主权，主要通过市场采购投入和销售产品，并自负盈亏。在经济改革中，它们的壮大，不但得益于农户收入和储蓄的增加，也受到优惠的税收待遇的鼓励。乡镇企业的迅猛发展进一步增加了农村收入，扩大了市场机制起作用的领域，推动了农村地区的工业化，也在吸纳剩余的农业劳动力方面发挥了巨大的作用。

中国经济改革的另一个重要组成部分是对外开放。经济特区的建立和沿海地区对外贸、外资的特殊政策，为整个经济提供了与世界市场联系的特殊桥梁，也树立了外向型发展战略的榜样。外贸管理权力的下放、对外资的优惠政策和与国际惯例接轨的努力，进一步促进了对外经济关系。对外经济关系的迅猛发展，不仅使长期以来受到忽视的中国的比较优势得以发挥更大的作用，而且用让经济直接面对国际竞争的办法，给以市场为导向的改革提供了其十分需要的推动。

中国的国有企业，过去是在高度集中的计划体制下运作的，在经济改革中，也无意对它们实行广泛的私有化。但是，正在有意识地努力把所有权和经营权分离。国有企业被授予了更多的自主权，超出计划指标的产品可以在市场上销售，并且通过各种利润提成的措施，把给经营者的报酬与各个企业的经济效益和盈亏直接挂钩。

1978 年以来，以市场为导向的改革已经走过了很长的一段路。由国家定价销售的零售商品的份额，已从 1978 年的 97% 下降到 1993 年的 5%；在农产品中，这一份额从 94% 降到了 10%；而在资本货物中，这一份额从 100% 降到了 15%。这样的进展，使世界银行得出了如下的结论："现在市场机制在决定商品价格方面起着主要的作用。"

经济改革成果丰硕。1995 年的实际国民生产总值，增加到1980 年的 4 倍。这一期间的平均年增长率达近 10%。实际人均收入增加了两倍以上。以美元计算，1995 年的商品进出口贸易是 1980 年的 7 倍多，而中国在世界贸易中所占份额增加了两倍多。中国成了发展中国家中吸收外国直接投资最多的国家。同样值得注意的是，农业劳动力向工业的大规模转移，在农村经济的空前繁荣中得到实现，而其他许多国家却经历了农民大量破产的痛苦过程。

中国的经济改革与大多数前社会主义国家的经济改革相比，有以下几个不同的特点：

首先，中国在经济改革中采取的是逐步实施的办法，而不是"休克疗法"。渐进的办法，往往通过反复试验、不断摸索和在干中学，不但避免了无可挽回的失误，而且不断地向占人口绝大多数的群众展示了改革的实际利益，从而使改革赢得了越来越多的支持。判断经济改革中每一个重大步骤是成功还是失败的标准，就是看它是否有助于社会主义社会生产力的发展和人民生活水平的提高。

其次，中国的经济改革，并不建立在对公有经济部门广泛私有化的基础之上。中国承认生产资料的私有制是对公有制的必要和有益的补充，也承认在公有经济中应更加重视集体所有制。然而中国又同时认为，生产资料的公有制仍然应该是所有制的主要形态。经济改革的重点是引进市场机制，或者说是"商业化"，而不是私有化。经济改革的目标，是建设有中国特色的社会主义，而不是把社会主义改造成为资本主义。

再次，中国的经济改革是在政治相对稳定的情况下进行的。在经济改革的同时实行政治改革，当然十分必要，但对中国来说，现阶段政治改革的首要任务，就是确保经济改革的顺利进行。没有政治稳定，就不可能有经济改革的成功。

三

尽管中国以市场为导向的改革进行得相当成功，并已取得了很大的进展，要建成社会主义市场经济，却还有很长的一段路要走。从高度集中的计划经济向社会主义市场经济的过渡，还远远没有完成。在这一过渡中，还有许多必须解决的问题和必须克服的困难。

首先，存在着经济活动起伏波动的问题。随着经济改革的实施，中国已经走上了经济高增长的道路。然而高增长非常容易导致经济过热，结果往往是不得不强行实施紧缩计划。即使平均增长率仍然相当高，经济的波动却会造成巨大的经济浪费和损失。

1992 年以来，中国经济再次过热。1992 年和 1993 年，实际国民生产总值的增长分别达到 14% 和 13.3%。1993 年和 1994 年，零售价格分别增长 13% 和 21.7%。于是从 1993 年下半年起，又不得不采取紧缩措施，虽然为了避免增长率的急剧下降，这次紧缩是以更有选择的方式实施的。提高了利率，收紧了银行业的监管，压缩了新的基建项目，特别是房地产开发项目和地方政府建立的开发区，但对重点部门如交通运输业和基础设施的投资，则没有减少，甚至还有所增加。到目前为止，紧缩措施执行的结果相当不错。1995 年零售价格增长率降到了 14.8%，而 1994 年和 1995 年的国民生产总值增长率则分别保持在 11.6% 和 10.2%。不过通货膨胀的压力仍然相当大。

通膨压力一再发生的主要原因之一，是投资活动的过度扩张。在旧的计划体制下，投资基金主要是由中央政府调拨的，省级政府和国营企业总是要求得到尽可能多的拨款。在经济改革中，投资拨款改成了贷款。可是随着各省的自主权越来越大，又缺乏一个真正独立的银行体系，信贷控制已经变得越来越无效。1993年以来的紧缩措施，仍然在很大程度上不得不依靠行政手段，例如直接限制新的基建项目和信贷的扩张。不过对货币和财政改革更加重视了，这包括要建立一个独立的中央银行和一个真正的商业银行体系。人们正越来越认识到，适应市场经济需要的宏观管理十分重要，也非常必要。

其次，经济发展和收入分配中日益扩大的不平衡，正在成为问题。沿海地区和内地之间存在着失衡。现在沿海地区在经济发展方面已大大领先于内陆地区，生活水平因此也高出许多。农村和城市之间也存在着失衡。在改革之初，农村地区的收入曾有非常迅速的增加，从而缩小了这一已经存在了很久的不平衡。但是近些年来，农村地区收入，特别是农业生产收入的增长，再一次落到了城市地区收入的后面。所以会如此，主要是由于相对物价的变化，但也是由于各地地方政府发展工业的头脑过热。还有一个失衡，是不同职业和不同阶层之间收入的失衡。一些职业，如教师和政府公务员，薪金的增加大大慢于其他职业。有的国营企业工人和退休人员收入的增加，还赶不上近年来的通货膨胀。城市的失业也在增加，今年第一季度已接近劳动力总数的3%。一些新富起来的人的炫耀消费，往往引起人们的不满和愤怒。这些失衡中，有的已存在许多年，有的则是新产生的。

以市场为导向的改革的主要着力点，就是扩大收入差异，以刺激经济效益的提高。其主张是允许一些地区和一些人先富起来，其他地区和其他人随后跟上，最终达到共同富裕。从某种意义上说，对外开放政策的扩展就是这种情况。从经济特区开始，对外开放政策先是扩展到沿海城市和沿海地区，然后再扩展到边境城市和江河沿岸城市，最后进一步扩展到内陆地区。同样确实的情况是，尽管有种种的不平衡，人民的绝大多数从改革中得到了好处，改善了生活。但是，市场机制本身的确有扩大不平衡的倾向。在许多情况下，经济宏观管理仍然是必要的。

在市场经济中，税收制度，除了其他作用外，行使着为了在平等和效率之间维持均衡而对收入进行再分配的职能。在中国，个人所得税是经济改革开始以后才开征的，而且至今仍很不健全，作用不大。过去国营企业一直把它们的全部利润上缴给国家，这成为国家收入的主要来源。经济改革开始后，对国营企业的利润征收很重的税，企业提留税后利润的一部分。对许多非国有企业则给予了税收优惠。在权力下放的进程中，各级地方政府也在国家收入中赢得了更大的份额。结果是，中央政府在国家收入中所占的份额以及国家收入在国民生产总值中所占的份额，明显下降。1994 年以来所实行的税收改革的一个目的，就是要扭转这一局面。然而，尽管税收收入的总额是上升了，国家和中央政府收入的相对份额下降的趋势，却没有改变。为了使中央政府在市场经济中能更好地行使职能，包括行使收入再分配的职能，在税制，甚至整个财政体制方面，还有许多工作要做。

第三，重新激活国营企业，仍然是一个重大问题。国营企业，是经济改革中最不成功的部门之一。它们中很大部分仍在亏损。对它们的补贴仍然是政府预算的沉重负担。公平地说，国营企业本身也是在沉重的负担下运转。它们缴的税一向比其他形式的企业要高许多。它们为它们的工人提供大量的社会服务，包括住房、医疗、养老金等。尽管现在给了它们不少自主权，使它们能够像自负盈亏的独立经济实体那样来经营，它们的这些权力又往往受到政府机构权力的侵蚀。为了重新激活国营企业，给予它们的自主权必须得到充分的行使，社会服务和福利必须由一个统一的社会保险体系而不是各个企业来提供，住房、医疗、养老金和失业保险等制度的改革必须加速进行。政府机构也必须重组，使它们的职能从对国有企业的直接管理转变为宏观经济的调控。

第四，还有一个社会的道德水平的问题。在以市场为导向的改革时期，社会道德和职业道德明显下降，贪污受贿等腐败现象有所增加，在中国早已根除的卖淫嫖娼和吸毒贩毒等犯罪和堕落行为死灰复燃。这其中，有的也许是对外开放的副作用所致，但是，更为重要的事实是，在高度集中的计划经济向市场经济过渡时，人们的价值观和心态会不可避免地受到影响，法律、规章和制度往往落后于变革的步伐，给各种腐败和弊端造成了可乘之机。

在社会主义社会发展的进程中，在发展物质生产的同时，必须提高社会成员精神道德水平。只有这样，才能逐步建立起一种新型的人际关系。在中国社会主义市场经济发展的进程中，也必须充分注意，通过教育和社会主义民主及法制的完善，来实现道德伦理的进步。

以上提到的，只是中国在这一过渡中所面临的许多问题中的几个。这些问题的解决有赖于以市场为导向的改革的扩大和深化，包括适应市场经济需要的宏观经济调控和法律及政治制度的建立。中国决定把建立社会主义市场经济具体地确定为经济改革的目标，表明了中国在这条道路上继续走下去的决心和信心。

四

最近，西方媒体广泛报道说，由于中国经济改革以来的高增长率，中国的国民生产总值已经接近，或者甚至已超过了日本，还将在 21 世纪初超过美国。

国民生产总值的国际比较，是一个困难和复杂的问题。现在对中国目前和未来在世界经济中的地位有各种各样的估计，但它们的结论差别很大，因为有的估计是按汇率来计算的，有的则是按购买力来计算的。据世界银行的统计，如把汇率作为换算系数，1992 年中国的人均国民生产总值仅为 490 美元，其总的国民生产总值也仅为 5770 亿美元，还不到美国国民生产总值的 10%。然而如把购买力作为换算系数，1993 年中国的人均国民生产总值就是 2330 美元，其总的国民生产总值就达 2.7 万亿美元，大约相当于美国国民生产总值的 40%。近来西方媒体的报道，依据的就是这种把购买力作为换算系数的比较方法，并把过去的增长率当作推断的根据。

以购买力为依据的国际比较，也许比以汇率为依据的比较更符合逻辑，也更合理。但是在不同的国家之间，购买力如何计算，却颇为困难。对中国来说，尤其如此，因为中国现在还没有关于其国民生产总值的详细的分项目统计，也没有全面综合的物价资料。因此，毫不奇怪的是，即使都是根据购买力作出的对中国国民生产总值的估计，相互之间也有很大的差别。有的估计称，中国的人均国民生产总值 1000 美元左右，这还不到世界银行估计的一半。然而即使是世界银行根据购买力的估算，中国人均国民生产总值也还是不到美国的 10%。而在世界银行所统计的 132 个国家和地区中，中国的排名仍然在大约第 90 位。

事实上，在用过去的趋势对长远的未来进行推断时，必须非常谨慎，绝不能想当然地把中国的高速增长，看成是未来趋势的先兆。最近中国全国人民代表大会通过的新的五年计划和十五年发展规划表明，中国为自己制定的目标是，从 1996 年到 2000年，把年增长率保持在 8% 左右，从 2000 年到 2010 年，则保持在略高于 7%。中国的设想是，在 2010 年前完成向社会主义市场经济的过渡，到 21 世纪中达到中等发达国家的经济发展水平。

中国仍然是一个发展中国家，并正在从一个低收入发展中国家向中低收入发展中国家迈进。中国经济的前景，取决于许多因素。有些因素是有利的，另一些因素则可能成为对高增长的制约，还存在着一些对中国未来的经济有很大影响的不确定因素。

最重要的有利因素是，中国人民已从以市场为导向的改革中得到了很大的好处，在这一进程中获取了经验，并已决定要建立社会主义市场经济。改革还面临许多问题，向市场经济的过渡也还远未完成。但中国人民正毫不退缩地面对这些问题，找到了解决这些问题的正确方向，尽管所采取的措施，有的太晚了些，有的起初不太有效。中国人民还已从经验中认识到，政治稳定是经济发展的前提。政治改革必须与经济改革携手并进，但是政治稳定和国家统一是最首要的。

然而对经济的快速增长也有许多制约因素，其中包括资源、基础设施、环境问题等。中国的大多数自然资源是丰富的，但是由于其巨大的人口，许多种自然资源的人均占有量，却比世界的平均值低得多。例如可耕地就是如此。从数量上看，中国的人力资源也十分丰富，但其教育水平仍然相当低。由于近来的经济高增长，运输和发电设施已使用到了极限，环境问题也日益严重。这些制约因素的缓解需要时间，而它们对经济增长的制约作用却越来越明显。

另外，还有一些不确定因素。

第一，技术进步这个因素正变得越来越重要。在世界经济中，科学技术及其应用，正成为决定不同国家相对地位的最重要的因素。在一些基础科技领域，中国是相当先进的，但其总的水平仍然相当低。在把研究成果应用于实际生产方面，中国也既缓慢又低效。对这一问题正在给予更大的重视，以市场为导向的改革的深化可能会解决这个问题。但是能否赶上世界技术进步的速度，仍然不能确定。

　　第二，自中国经济改革开始以来，国际环境对中国一直颇为有利，在最近的将来，可能仍然如此。但是从长期来看，甚至从中期来看，这种情势能否一直保持下去，依然是一个不确定的问题。如果在经济关系中的保护主义和在世界事务中的霸权主义盛行起来，中国的经济发展将受到严重影响。

　　总的说来，随着以市场为导向的改革的进行，中国似乎进入了高经济增长的时期。其增长率可能仍会有波动，但直到2010年以前，中国的增长率可能会大大高于世界平均水平。其在世界经济中的相对地位将会提高，但至多中国也仍然是一个中等收入的发展中国家。其人均国民生产总值，在21世纪的前半叶，仍会大大低于大多数先进国家。

　　最后，我要回到我在一开始提出的问题，即社会主义制度与市场机制是否不适配，或者说，社会主义的市场经济究竟是否可能。中国近些年来的经验也许已经为这个问题提供了某种答案。但是，只有中国未来的经济发展才能对这一问题做出最终的回答，也许在下一世纪的上半叶，也许甚至在更远的将来。

　　　　　　　　　　　　　（1996年5月在日本和美国的大学的演讲）

国际形势与中日关系

（一）世界经济正处于90年代以来最景气的时期。发达国家进入了90年代以来首次的同时增长。东亚国家出口增长虽然有所减缓，但仍旧保持了较高的经济增长率。拉美国家也较快地摆脱了墨西哥金融危机的影响，重新开始了经济的普遍增长。非洲国家也出现了经济增长率超过人口增长率的较好势头。大多数东欧国家已经转入经济增长，即使是前苏联国家也出现了经济走出低谷的前景。

有的经济学家认为世界经济已经进入了一个新的"黄金增长时代"，并认为这一时期将持续几十年。然而，世界经济中还存在着许多不稳定的因素。在"全球化"的过程中，金融形势的动荡，失业问题的长期持续，贫富不均的加剧，贸易保护主义的抬头等等，都威胁着世界经济持续稳定的发展。

（二）国际形势总体上仍旧趋于缓和，通过和平谈判解决国际争端的势头仍旧处于上风。多极化的进程进一步发展，发展中国家独立自主和团结自强的意识更为强烈。

但是，国际形势中动荡和不稳定的因素依然存在。国际军控和裁军虽然取得较大进展，但是争夺以质量优势为核心的军备竞赛远没有停止。北约东扩在美俄之间虽然可能取得一定妥协，但仍会产生一系列严重的后果。地区热点中，波黑和车臣等战争虽然有所平息，但形势并不稳定；阿富汗内战仍在扩大，非洲地区种族冲突和战乱仍在继续，中东和平进程严重受挫。美国的"霸主地位"虽然遭到强烈挑战，但并没有终止推行霸权主义和强权政治的行径，这仍旧是国际形势中最严重的不稳定因素。

和平与发展是世界各国人民的共同愿望，但是，为争取世界的和平与发展，还需要各国人民作出更大的努力。

（三）1. 近年来，中日关系从总体来说是好的，两国经贸合作保持了良好的发展势头。但是，两国关系也受到了严重的干扰。从对历史的认识问题、核试验问题、钓鱼岛（尖阁列岛）问题、一直到日美安全保障体制的重新定位问题等等，对中日两国友好关系的发展都形成了严重的障碍。特别令人担忧的是，民意测验显示，两国的舆论中，特别是在青年中间，出现了不利于两国友好的趋势。

2. 对历史的认识问题，是长期困扰两国关系的一个问题。在日本方面似乎总有人，包括一些政界重要人物，并不真正承认过去的侵略战争，似乎也还有人对一再反省和谢罪感到厌倦。但是，在中国方面来看，对历史的正确认识是吸取教训的必要前提，如果能够真诚地认识过去并以此教育后代，就没有必要一再道歉，完全有可能一劳永逸地消除历史问题的干扰。

3. 台湾问题已成为越来越尖锐的问题。和平统一是中国的一贯方针。但是中国不可能同意在外国怂恿和支持台湾独立的情况下，承诺不以非和平的方式解决台湾问题的义务。由于历史原因，日本在台湾问题上似乎应该格外慎重。

4. 对于日美安全保障体制的重新定位，中国方面有很大疑虑。

　　根据日本报刊的报道，修改后的"日美防务合作方针"将把"防御的威胁对象"从冷战时期主要对付苏联改为对付所谓"亚太地区的不稳定因素"，把条约的适用地理范围由原来的日本本土和远东地区扩大到整个亚太地区，"作为防止地区纠纷的机制"。日本还在酝酿修改宪法，以适应修改后的日美安全保障的要求。

　　日本方面经常强调，日美安全保障体制的修改并不针对任何国家。但是，日本外务省当局在参议院外委上宣称：加强日美安保体制可以对中国使用武力解决台湾问题起到"抑制"作用。

　　日本和美国方面也经常强调，日美安保体制的一个作用是防止日本扩充军备成为军事大国。但是，日本不仅早已是军费仅次于美国的国家，而且正是在安保体制的修改中，公开改变了"专守防卫"的方针。

　　令人惊讶的是，最近"日美同盟计划研究会"在向两国首脑的建议书中还公开提出："日本的经济实力和军事实力已相对大为增强"，"日美联合军事实力远远超过其他国家的总和"，"双方的联合经济力量几乎可以垄断东亚、东南亚所需的资金、技术和市场"，"只要日美同盟得到巩固，其他国家可作政策选择的余地就极小"，"日美对中国问题要进行协调"。

　　绝大部分研究日本的中国学者至今认为，由于日本人民的反对，日本不会重新走上军国主义的道路。但是，日美安保体制的修改不能不引起中国方面的忧虑和不安。

　　5.今年是中日关系正常化25周年，明年还将迎来中日和平友好条约20周年。为了今后中日两国人民世世代代的和平友好，当前似有迫切需要重申关系正常化的联合声明和和平友好条约中新确定的原则，并在此基础上增进相互之间的理解和信赖。

　　（1）联合声明中，日本方面表示"痛感日本国过去由于战争给中国人民造成的重大损害责任"并"表示深刻的反省"。希望日本方面切实加强有关正确认识历史的教育。就中国方面来谈，也应该根据联合声明的精神，为了中日两国人民的友好，继续进行区分过去的日本军国主义者和当前的日本人民的教育。

（2）台湾是中华人民共和国领土不可分割的一部分。联合声明中，日本方面表示充分理解并尊重中国政府的这一立场。希望日本方面在对待台湾问题上真正体现这一原则，并严格遵守互不干涉内政的原则。

（3）联合声明和和平友好条约都强调，中日任何一方都不谋求霸权，并反对任何其他国家或国家集团建立霸权。中日两国都是大国，在考虑各自的安全需要时，都有必要充分体现这一原则。中国是拥有核武器的国家，也是联合国安理会常任理事国，还应该继续强调永不称霸和反对侵略扩张的教育。日本与美国是盟国，关系密切，希望日本在这一同盟关系中也切实贯彻不谋求霸权和反对霸权主义的原则，并在必要的时候，对美国不符合这一原则的行为保持一定距离并进行规劝。

（4）中日关系，无论从广度或深度来看，都愈益密切。在这种关系的发展过程中，难免会出现一些分歧和误解。中日两国都在进行改革，既有经济方面的改革，也有着政治方面的改革，在改革中有一些类似的问题，也有不少很不相同的方面。但只要两国按照联合公报和和平友好条约，遵照睦邻友好、平等互利、互不干涉内政的原则，加强相互了解和信赖的交流，就完全有可能避免对抗和不和，把合作关系提高到一个新的高度，维护和平友好的持续发展。

6. 值得庆幸的是，中日两国首脑去年在马尼拉的会晤，日本外长最近对中国的访问，对中日关系的改善，起了促进作用。中美两国关系，在美国表示理解台湾问题的敏感性、保证不支持台湾独立、不支持台湾加入联合国后，也正走上比较健康的发展道路。中日美三国之间的关系，不应该形成两国联合对抗另一国的关系，而应该是相互促进信任和合作的关系。就中日两国来说，重要的是首先加强相互了解和信赖，增进平等互利的合作，维护两国的长期和平友好。这还需要我们两国人民，包括我们的交流会，做出更大的努力。

（在中日经济知识交流会 1997 年 4 月第 17 次年会上的发言）

东亚金融危机与东亚模式

一　东亚金融危机

东亚金融危机显然还没有过去。最近几天日元的大幅度贬值对东亚金融市场开始了一次新的冲击。尽管这次汇率的下降可能不会像上次那样急剧，但是至少在以下两个方面，危机还将更加恶化。

1. 金融危机对实际生产的不利影响还将更加突出。不少人原以为东亚国家汇率的下降将会有利于出口，从而使生产较快地回升。但是这种估计并未实现，日本经济的恶化和日元的贬值不仅使其他国家的出口更难实现增长，而且将使整个东亚经济更难出现转机。

2. 金融危机还将进一步蔓延。俄罗斯和部分东欧国家已经卷入金融危机，其他地区可能出现金融危机的迹象大量涌现。东亚金融危机其实不仅是东亚的问题，而是世界经济的问题，大量游资在各国之间的迅猛流动，对世界各国和各个地区都是潜在的威胁。金融领域中不稳定性的大大增长，是 90 年代世界经济中的一大特点。金融危机绝不会止于东亚。

二 东亚发展模式

60 年代以来东亚国家经济的高速增长，引起了人们对东亚发展模式的浓厚兴趣和多方面的探讨。但是，对于究竟什么是东亚模式，并没有达成共识。

克鲁格曼在《东亚奇迹的神话》中把东亚经济的高速发展归因于劳力与资本等生产要素的巨大增加，认为这将必然导致收益的递减，因而不可能持续。这实际上是把东亚模式看作是仅有生产要素的增长而缺乏科技进步的经济发展。克鲁格曼所引用的统计数字有不少可以争议之处，因此他的结论也不为大多数人、特别是东亚学者所接受。但是，他强调科技进步之重要，倒确实是值得东亚国家、至少是我们中国所重视的。

有些学者比较重视东亚经济高速发展中政府所起的作用，并由此得出东亚模式优于西方自由资本主义模式的结论。东亚金融危机后，有一些学者，特别是一些西方学者，又强调政府在经济发展中的不利作用，用以否定东亚模式的优越性。其实在各个东亚国家和地区的经济发展中，政府作用本来就有很大不同，而政府作用对经济发展有利与否更不仅决定于其大小，更有赖于其具体政策之是否正确。

为较多学者所接受的东亚模式，也许可以概括为：通过外向型经济逐步提高产业结构的发展模式。就每个国家或地区来说，这个模式有时被称为出口替代的发展模式。就整个东亚地区来说，这个模式往往被称为雁行发展模式。

雁行发展模式是二次大战前日本学者赤松要提出的。当时所强调的也是单个国家，所指的是在一个国家的工业化过程中，从轻工业、耐用消费品到重工业等，每种产品大多是开始时进口，逐步增加产量替代进口，进而开始出口，但一段时间后，由于产业结构的提高，出口为更高级的产品所替代，产量开始下降，最后甚至又重新进口。如果把不同产品的产量画成图表，每种产品都会形成人字形，而把不同产品列在一起就形成一批飞雁的总的图像。

二次大战后，特别是70年代以来，大来佐武郎等日本经济学家重新鼓吹雁行发展模式，这回是把东亚作为一个整体，强调东亚经济发展中各国和各地区之间产业的转移和产业结构的逐步提高。由于雁行模式多少有些以日本为领头雁的含义，因而引起一些东亚学者的反感。大来佐武郎还特意把雁行模式解释为"连续起飞和追赶"的模式。

其实，在东亚模式中，日本确实起着特殊的重要作用。过去，在日元升值的过程中，日本通过对外投资逐步把一些产业转移国外，推动了其他东亚国家和地区通过出口提高产业结构的过程。在这方面，也应该承认，美国在提供广大市场中，对东亚发展也起了重要作用。但是，相当一个时期以来，日元的贬值对东亚地区内产业的转移显然产生了一些不利的影响。这也是东亚金融危机的一个深层次的原因。

目前，一般估计，各个东亚国家或地区经过一段时间的调整，东亚经济仍将恢复较高速度的发展，因为东亚经济的一些基本因素，例如高储蓄率和对教育的重视等，仍将继续有效。这是一种比较乐观的估计，是从每个东亚国家和地区本身因素来考虑的。如果把东亚作为一个整体，从东亚模式的角度来考虑，则至少还需要强调东亚整个地区适应新的形势协调调整的必要性。这个问题还值得进一步探讨。

（原载《世界经济与政治》1998年第7期）

一 点 希 望

　　《世界经济与政治》与我国的改革和开放同龄，已经经历了20年的发展过程。在这20年里，这一刊物从最初的《世界经济增刊》转变为独立的刊物，从《世界经济与政治内参》和内部刊物发展为公开发行的刊物，不断地充实内容，提高质量，到今天，已经成为在全国具有较大影响的一份月刊。这20年的发展和成长，同广大作者的踊跃奉献，同编辑部同志们的辛勤耕耘，同世界经济与政治研究所的精心培育，显然是分不开的。

　　当今国际形势瞬息万变，世界经济与政治中不断出现新的现象和新的问题，需要及时介绍和分析，研究和探讨。随着我国对外开放的扩大和深化，世界经济和政治对我国的影响以及我国在世界经济和政治中的作用，都必然会大大加强；战略性和政策性研讨的需要一定会大大增加。为了适应形势发展的需要，《世界经济与政治》在许多方面都有必要进一步作出努力。

　　趁此机会，我想提出一点久已有之的希望：长期以来，我就希望我们关于世界经济和政治的研究应该是经济与政治密切相结合的研究，而不是越来越成为两个互不关联的独立学科的研究。由于过去历史上分工的原因，以及近年来把世界经济这一学科等同于西方国际经济学的倾向，世界经济与政治的研究中经济与政治相割裂的现象始终没有完全消除。其实，世界经济与世界政治的划分，只是课题的划分，重点的划分；至于问题的分析和研究，理论的探讨和建树，经济和政治是不可能完全割裂的。没有任何世界经济的问题可以不考虑世界政治的作用，也没有任何世界政治的问题可以忽视世界经济的因素。

　　非常高兴地注意到《世界经济与政治》的主编，在最近的本刊中，已经明确提出了这一问题。我也非常希望《世界经济与政治》在这一方面，和其他许多方面一样，今后作出更大贡献。

　　　　　　　　　　　（原载《世界经济与政治》1999 年第 10 期）

学习周恩来总理的外交思想和实践

周恩来同志的外交思想和实践极其丰富。我不准备全面地予以阐述。联系当前实际情况，我想着重强调谈谈，独立自主在周恩来同志的外交思想和实践中所占有的重要地位。

早在 1949 年 9 月周恩来同志逐字逐句审定的《中国人民政治协商会议共同纲领》中就明确规定："中华人民共和国外交政策的原则，为保障本国独立、自由和领土主权的完整，拥护国际的持久和平和各国人民之间的友好合作，反对帝国主义的侵略政策和战争政策。"独立自主不仅表现于坚决反对帝国主义的侵略，同时也表现于反对大国沙文主义，表现于支持民族解放运动，表现于对外经济技术援助的原则，特别是表现于周恩来同志亲自制定、并同印度和缅甸共同提出的和平共处五项原则。

值得注意的是，周恩来同志关于独立自主的外交思想和实践不仅涉及政治，而且涉及经济、文化、教育等各个方面。在建国初期，周恩来同志一再强调："旧中国不仅在经济方面，而且在文化教育方面也是依赖帝国主义的，不但经济上受剥削，思想上也受毒化，这是很危险的"，"帝国主义的军事力量被赶走了，但帝国主义在我国百余年来的经济势力还很大，特别是文化影响还很深，这种情况会使我国的独立受到影响"，"我们过去是半殖民地国家，羡慕资本主义国家的文明，不审查其中有无毒素，盲目崇拜。说中国一切都好或一切都不好，都是不对的，应该批判地接受一切中外的文化"。在总结革命和建设的经验时，周恩来同志一再提出："各国的革命和建设要靠各国自己独立自主和自力更生"，"生产建设上要自力更生，政治上要独立自主"。

当然，独立自主绝不是闭关自守、盲目排外。在反对盲目崇拜西方文明的同时，周恩来同志提出："应该批判地接受一切中外的文化"，而且还指出，"新中国当然比旧中国好，祖国是可爱的，但我们仍然必须向外国学习"。在各个不同时期，周恩来同志为贯彻在平等互利的基础上发展对外经济关系的原则，更进行了不懈的努力。

尽管当前国际形势和我国的地位发生了很大的变化，但周恩来同志的外交思想和实践仍具有极其重要的现实意义。

1982 年以来我国外交政策有所调整，确立了不与超级大国结盟或建立战略关系的方针，取得了很大的成就。但同时也出现了一种提法，似乎独立自主就是不与超级大国结盟或建立战略关系，把两者完全等同起来。我认为，这种提法是错误的。

首先，是否与其他国家，包括超级大国结盟或建立战略关系，是由形势所决定的。形势需要的时候，独立自主的政策完全可能要求结盟或建立战略关系。建国初期与苏联结盟，70 年代与美国的战略关系，都绝不能认为不是独立自主。当然，在结盟和战略关系中，必须注意保持独立自主。正是在这些方面，周恩来同志的外交思想和实践提供了辉煌范例。

其次，不论形势如何，独立自主都不仅是与超级大国是否有结盟或战略关系的问题。政治及其他方面，经济、文化、教育以至生活方式等各个方面，都有独立自主的问题，把独立自主简单地同不与大国结盟或建立战略关系等同起来，很容易导致对其他方面的忽视。正是在这些方面，周恩来同志不仅以他的外交思想和实践，而且以他充满着民族自尊和自信的工作作风和生活方式，为我们提供了卓越的表率。

周恩来同志的外交思想和实践是中国人民的珍贵宝藏。周恩来同志是永远值得我们学习的榜样。

（外交学院学术讨论会上的发言，原载
《外交学院学报》1989 年第 1 期）

忆万隆会议

——在万隆会议 40 周年纪念
暨研讨会上的发言

整整 40 年前，万隆会议在印度尼西亚召开。

万隆会议是科伦坡会议五国——印度、缅甸、印度尼西亚、巴基斯坦和锡兰（即当今的斯里兰卡）——共同发起的。除了发起国以外，24 个被邀请的亚非国家的领导人参加了这次会议。周恩来总理率领中国代表团出席。

无论是在战后国际形势变化中，或是在战后中国国际地位的变化中，万隆会议都具有重大意义。

万隆会议是战后第一次没有西方大国参加的原殖民地和半殖民地的亚非国家领导人的大型国际会议（日本参加了万隆会议，但它当时还不是西方大国，在会议中的作用也比较有限）。当时，新中国还处于被帝国主义包围的状态。出席万隆会议的国家中，同新中国有外交关系的还是极少数，绝大多数都还同国民党台湾政府保持着外交关系。许多国家同美国还订有军事协定。会议中，周总理以他无比的外交才能，为会议的顺利进行和圆满结束，为拓展反对殖民主义和帝国主义的统一战线，作出了突出贡献，同时也为扭转一些亚非国家敌视新中国的局面，取得了显著成就。

应该说，参加万隆会议的 29 个国家确实是比较复杂的，既有共产党执政的社会主义国家（中国和北越），也有资本主义国家；既有同美国订有军事条约的国家，也有反对军事集团、宣布中立的国家。但是绝大多数国家都有过殖民地、半殖民地的共同经历，都有独立发展经济的共同任务，都有要求和平的共同愿望。

正是在这样的情况下，中国代表团确定了"求同存异"的与会方针。这个方针在参加会议前在代表团内经过相当广泛的讨论。我当时只是一般的工作人员，但也参加了讨论，而且还提出过不同意见。我当时认为，"存异"不可能。与会国家中必然会有人挑起争论；你要存异，他不存。我还提出了与"求同存异"不同的"求同立异而不争"的方针。事后证明，这种主张非常幼稚。

万隆会议大体上可以分为三个方面：1. 大会发言；2. 小组会议；3. 会外活动。

1. 大会发言

原来根据尼赫鲁的意见，大会尽量减少口头发言，除东道国印尼以外，各代表团的发言稿尽可能以书面的形式分发，以便尽早进入不公开的小组会议。周总理也分发了书面发言稿，不准备在大会上作口头发言。但是，在大会发言中，既有强调"对殖民主义和种族主义的共同厌恶"和"维护和稳定世界和平的共同决心"的发言，也出现了反共、反华的言论。以伊拉克的贾马利的发言为开端，随后是一些参加军事集团的国家，声称除了西方殖民主义之外，还有所谓"共产主义的殖民主义"。还有个别国家指名攻击中国，声称中国华侨的双重国籍对他们形成威胁。

在这种情况下，周总理决定在第二天下午的大会上作补充发言。这就是那篇著名的"中国代表团是来求团结而不是来吵架的"发言。在这篇发言中还明确提出，"中国代表团是来求同不是来立异的"。

总理下午的这篇发言稿是在中午口授的。口授之后，除了增加一些标点符号以外没有也用不着做任何改动。我在万隆会议参与了写稿工作，当然那些稿件也是根据总理指示而写的，但最精彩的无疑还是总理口授的这篇发言稿。

总理在发言中指出，我们参加会议的目的是"求同而不是立异"。"同"就是"解决殖民主义所造成的灾难和痛苦"。然后，总理指出本来可以向会议提出的问题，例如由于美国而造成的台湾地区紧张局势的问题和中国在联合国席位的问题，但是他不准备提出这些问题。他在发言中还合情合理地就华侨问题、宗教问题和颠覆活动问题等答复了大会发言中的反华论调。

当周总理准备在大会上作口头发言的消息传出后，许多人都以为总理将会严词驳斥大会中的反共、反华论调，他们没有估计到总理会提出"求同存异"这样的和解方针。平常在大会进行中。会场上交头接耳，进出频繁，但这次在周总理发言的时候，会场上挤满了听众，而且是全神贯注，鸦雀无声；发言后，掌声雷动。

事后，我常想，我当时的主张，所谓"求同立异而不争"，同"求同存异"的方针相比较，会有什么不同的后果。其实，"求同存异"是首要的，"争"与"不争"是次要的问题。"争"有的时候还是必要的，但必须符合于"求同存异"的总的方针。总理根据实际情况运用"求同存异"的方针，是永远值得我们学习的。

我也常想，还像《古文观止》那样，我们也应该有一本外交文献的《观止》。总理的这次发言无疑应该列入《观止》之内。

2. 小组会议

大会发言后，小组会议分为三个小组：政治、文化与经济。其中政治小组由各代表团团长参加。

文化与经济小组进展比较顺利。政治小组在自决问题和种族歧视问题等方面，也取得许多共识。但是，不久又出现了激烈的争论。

一种争论仍旧是所谓"共产主义的殖民主义"问题。在小组会中发难的是某国领导人。陈毅同志称他为"哇啦哇啦"。总理在会外还同他进行了心平气和的辩论。

另一种争论，而且是更为激烈的争论，是在参与军事集团的国家和主张和平中立的国家之间进行的。尼赫鲁在会上严词谴责"集体防御的概念"，谴责北大西洋公约是殖民主义的保护伞。

会议一度明显陷入僵局。人们怀疑会议是否能够达成任何共同决议。

在这种情况下，周总理在小组会上即席作了又一次关键性的发言。总理指出，尽管参与会议的各国在意识形态和承担的国际义务方面有所不同，但都有维护世界和平和进行合作的共同目的。总理申述了中国反对军事集团的立场，但同时指出：如果有人不赞成"和平共处"的提法，也可以采用《联合国宪章》的"和平相处"的提法。总理还提出，和平共处的五项原则也完全可以增减。随后，他提出中国代表团关于会议决议的主张，其中的七项原则不仅包括了和平共处的五项原则，同时也包括了大多数与会国的共同意见。周总理的发言打破了僵局，形成会议最后决议的基础。

当然，会议的最后公报还是一种妥协的产物。例如其中指出，"殖民主义在其一切表现中是一种应当迅速予以根除的祸害"。这里既否定了以多种不同的殖民主义的提法掩饰实际存在的殖民主义的倾向，也容忍了不同主张的国家作出不同的解释。又如，会议公报的十项原则中，既提到"尊重每一个国家按照《联合国宪章》单独或集体地进行自卫的权利"，也提出"不使用集体防御的安排来为任何一个大国的特殊利益服务"。从总的来讲，万隆会议的公报体现了亚非国家反对殖民主义和帝国主义、维护世界和平和促进合作的共同愿望。

周总理在会议形成僵局中，推动会议获得成功，这也是根据实际情况运用"求同存异"方针的辉煌实例。

3. 会外活动

会议期间，周总理进行了大量的会外活动，个别会见和午宴、晚宴等几乎没有间断。周总理以他坚定的信念，诚恳谦和的态度，周全而细微的礼貌，丰富渊博的知识，以及他非凡的个人魅力，赢得了广泛的友谊和尊重。

周总理还配合着会议采取了两项引起人们普遍注意的行动。一个是与印度尼西亚签订了关于双重国籍的条约，确定了在国外的华人不再拥有双重国籍，而是在中国国籍和当地国籍中选择其一。另一个是发表了关于中美关系的声明。声明中指出："中国人民同美国人民是友好的。中国人民不要同美国打仗。中国政府愿意同美国政府坐下来谈判，讨论和缓远东紧张局势的问题，特别是和缓台湾地区的紧张局势问题。"这两项行动不仅表现出中国的和解态度，消除了一些疑虑，而且也为中美关系打开了一个新的局面。

万隆会议结束的时候，即使原来对中国心怀疑虑甚至敌意的一些国家领导人都公开承认中国的和平诚意和周总理的卓越超群的人格力量。

今天，同 40 年前相比，国际形势已有很大不同，中国的国际地位也有很大变化。但是在争取和平与发展，在建设新的国际政治与经济秩序中，万隆会议的精神仍旧适用。周总理在万隆会议上对外交战略和策略的运用，更永远值得我们认真研究，认真学习。

（原载《世界经济与政治》1995 年第 6 期）

作者主要著述目录

美国援华的讽嘲（英文稿）
中国留美学生刊物《中国学生意
见》，1945 年 12 月

国民大会和宪政民主（英文
稿）　《中国学生意见》，1947 年
1 月

留美学生在做什么　上海《大
公报》，1949 年 9 月 28 日

宏观经济学简论　美国《计量
经济学杂志》，1946 年 10 月第 14
卷第 4 期

技术进步与就业　美国哈佛大
学经济系博士论文，1949 年 5 月

关于研究经济危机的方法问题
1961 年 4 月

法美货币战和资本主义世界国
际货币体系的危机　世界知识出版
社，1965 年 3 月

国家垄断资本主义是垄断资本
主义发展的新阶段　《世界经济》
1978 年第 4 期

三十年来第三世界、中国和卡
尔登大学的变化（英文稿）　在卡
尔登大学的演讲，1980 年 10 月

中国的经济发展和中美关系
（英文稿）　在美国对外关系委员
会的演讲，1980 年 12 月

中国的新形势（英文稿）　在
美中关系委员会的演讲，1981 年 2 月

中国的经济展望　美国宾夕法
尼亚大学《沃顿杂志》1981 年春
季号

苏美争霸与当前矛盾　《世界
知识》1982 年 1 月

中国和国际经济新秩序（英文
稿）　在阿尔及利亚第三世界经济

学家会议上的演讲，1982 年 5 月

世界经济和政治形势与中日关系　《世界经济》1984 年第 9 期

世界经济形势的回顾和展望　《世界知识》1985 年第 2 期

世界经济与政治形势　中日经济知识交流会第 5 次年会上的发言，1985 年 4 月

2000 年中国的国际环境　《经济日报》1985 年 11 月 20 日

严峻的世界经济形势　《人民日报》1985 年 12 月 27 日

中国的对外开放和国际环境　《世界经济与政治内参》1986 年第 1 期

世界形势与南北问题　中日经济知识交流会第 6 次年会上的发言，1986 年 7 月

走向 2000 年的中国和亚太经济　《世界经济》1987 年第 1 期

动荡中的世界经济　《世界经济》1987 年第 3 期

世界经济与政治形势　中日经济知识交流会第 7 次年会上的发言，1987 年 3 月

从西方股市跌风中应该看到的　北京日报社印 1987 年 11 月

当今时代的任务是争取和平和发展　《世界知识》1988 年第 3 期

世界经济形势回顾与展望　《世界知识》1988 年第 2 期

太平洋地区的合作：问题和前景　《中国人民外交学会会刊》1985 年第 8 期

国际问题研究应积极参与必要的对策研究　《中国社会科学院通讯》1988 年 5 月

中国对外开放的国际环境　世界经济与政治研究所讲学班上的报告 1988 年 8 月

计划与市场　美国《卡多》杂志 1989 年冬季号

经济集团化对世界格局的影响　《瞭望》1989 年第 18 期

东盟经济考察报告　《世界经济与政治》1990 年第 4 期

亚太地区的前景和中国经济政策和展望　在太平洋经济合作委员会 1989 年 11 月第 6 届大会上提交的论文

海湾战争后的国际形势　中日经济知识交流会第 11 次年会上的发言，1991 年 4 月

全球政治与经济变化的现实和前景　在汉城召开的中、日、韩三方会议上的发言，1991 年 7 月

苏联解体后的国际形势　中日经济知识交流会第 12 次年会上的

发言，1992 年 7 月

亚洲崛起中的国际形势　中日经济知识交流会第 14 次年会上的发言，1994 年 5 月

中国社会主义市场经济的前景　在日本和美国的大学的演讲，1996 年 5 月

国际形势与中日关系　中日经济知识交流会第 17 次年会上的发言，1997 年 4 月

东亚金融危机与东亚模式　《世界经济与政治》1998 年第 7 期

一点希望　《世界经济与政治》1999 年第 10 期

学习周恩来总理的外交思想和实践　《外交学院学报》1989 年第 1 期

亿万隆会议　《世界经济与政治》1995 年第 6 期

《关注将来——人口及生活质量独立委员会报告》（英文版，编著者之一）　牛津大学出版社，1996 年

技术进步与就业及其他论文（英文版）　外文出版社，2004 年

作 者 年 表

1923 年

11 月 27 日生于北京，祖籍江苏无锡。

1940—1941 年

在上海沪江大学肄业。

1943 年

毕业于美国密歇根大学经济系。

1945 年

加入美国共产党，同年转为中国共产党党员。

1949 年

获美国哈佛大学经济学博士学位。

1947—1948 年

曾任美国卡尔登大学和密歇根州立大学经济学副教授。

1949—1957 年

在外交部情报司和政策研究室工作，1956 年任政策研究室专员。

1950 年

作为中国政府代表团成员出席联合国安理会会议，控诉美国侵略台湾。

1951—1954 年

参加中国人民志愿军朝鲜停战谈判代表团。

1954 年

作为中国政府代表团成员参加日内瓦会议。

1955 年

作为中国政府代表团成员参加万隆会议。

1956—1957 年

随周恩来总理访问十一国。

1973—1982 年

在外交部国际问题研究所工

作，任研究员、副所长。

1980 年

参加中国知名人士访美团，任副团长。

1980 年

任中国财政部赴世界银行代表团团长。

1980 年

被美国卡尔登大学聘任为政治经济学凯能专设讲座教授并被授予名誉博士学位。1996 年再次被该校聘为客座教授。

1981 年

作为中国政府代表团成员参加坎昆会议。

1982—1988 年

任中国社会科学院世界经济与政治研究所所长、研究员。

1982—1985 年

任中国世界经济学会副会长。

1985—1997 年

任中国世界经济学会会长。

1997—2003 年

任中国世界经济学会名誉会长。

1991—1994 年

任中国社会科学院研究生院院长。

1988—1993 年

任第七届全国政协委员和第八届全国政协常委。

2003 年

2 月 7 日病逝于北京。